高校英语教学探索

刘　敏　著

中国海洋大学出版社

·青岛·

图书在版编目(CIP)数据

高校英语教学探索 / 刘敏著. —青岛：中国海洋
大学出版社，2022.6
　　ISBN 978-7-5670-3182-1

　　Ⅰ.①高… Ⅱ.①刘… Ⅲ.①英语一教学研究一高等
学校　Ⅳ.①H319.3

中国版本图书馆 CIP 数据核字(2022)第 103553 号

出版发行	中国海洋大学出版社		
社　　址	青岛市香港东路 23 号	邮政编码	266071
出 版 人	杨立敏		
网　　址	http://pub.ouc.edu.cn		
电子信箱	wangjiqing@ouc-press.com		
订购电话	0532-82032573		
责任编辑	王积庆	电　　话	0532-85902349
印　　制	北京虎彩文化传播有限公司		
版　　次	2022 年 6 月第 1 版		
印　　次	2022 年 6 月第 1 次印刷		
成品尺寸	170 mm×240 mm		
印　　张	13.5		
字　　数	223 千		
定　　价	49.00 元		

作 者 简 介 ↘

　　刘敏,女,汉族,1981 年 7 月 20 日生,毕业于山东财经大学,硕士,就职于山东青年政治学院,任国际交流合作处副处长;自 2005 年参加工作以来,一直工作在英语教学一线,先后在国家级、省级期刊发表《艺术类专业中的实用型大学英语教学》《大学英语分级教学模式刍议》《〈理智与情感〉埃莉诺与玛丽安形象比较》《论〈简·爱〉中的多种母亲形象》《从巴斯妇形象解读乔叟的妇女解放思想》等数篇论文,并主持和参与了各级课题、信息化课程建设项目、应用型人才培养体系研究项目等。

前　言

英语教学是我国高校教学中的重要组成部分。大学英语是我国各大高校的公共课程之一，自开设以来，一直受到国家的高度重视，并取得了很多可喜的成绩，如高校英语教材的种类逐渐增多，高校英语整体教学质量明显提高，高校英语教师队伍不断扩大，高校教学设施逐渐完善等。随着我国改革开放的进一步深化、经济全球化的不断推进以及国际合作的日益紧密，社会对高素质并具备跨文化交际能力的人才的需求持续增长，对各种英语人才的标准和要求也逐步提高。同时，在传统英语课堂教学中存在的一些教学问题也逐渐显露出来，如英语教学模式单一、课时耗费多、学生英语交流能力弱等。面对这种人才需求的提高及问题的存在，必须深化高校英语教学改革，制定出相应的对策，促进高校英语教学的有效性和实效性的全面提高。

本书以高校英语课程教学为基础，从理论基础到教学实践，对高校英语教学的改革与实践进行研究。首先对英语教学的内涵、高校英语教学的发展现状与新要求、高校英语教学改革的内容及发展方向进行了概述；其次分析了高校英语课程与教学的理论基础，并对高校英语课程改革中存在的问题进行了研究；接着分章节分析了高校英语基础知识、高校英语听说、高校英语读写、高校英语翻译等教学中存在的问题、教学方法以及教学实践；最后分章节对高校英语文化教学、课外活动教学、双语教学的教学改革与实践进行了探讨，提出了相应的策略及建议。

随着社会的不断发展，高校英语教学会出现一些新的问题。教学改革成为一项长期而艰巨的任务，需要高校英语教学工作者积极研究，共同努力，不断推进教学方法的改进。由于时间仓促，作者水平有限，书中难免存在不足之处，欢迎专家学者批评指正！

编　者

2021 年 11 月

目 录

第一章　高校英语教学概述 ·· 1

   第一节　教学与英语教学 ·· 2

   第二节　高校英语教学的现状与新要求 ·············· 9

   第三节　高校英语教学改革与发展方向 ············· 20

第二章　高校英语课程与教学理论基础 ··············· 29

   第一节　高校英语课程与教学理论基础 ············· 30

   第二节　高校英语教学法的理论基础 ·················· 36

第三章　高校英语课程改革中的问题研究 ·········· 47

   第一节　高校英语课程改革现状及原因分析 ······ 48

   第二节　高校英语课程改革对策分析 ·················· 53

第四章　高校英语基础知识教学改革与实践 ······ 77

   第一节　英语基础知识教学中的问题 ·················· 78

   第二节　英语语音教学方法与实践 ······················ 83

   第三节　英语词汇教学方法与实践 ······················ 89

   第四节　英语语法教学方法与实践 ···················· 101

第五章　高校英语听说教学改革与实践 ············· 111

   第一节　英语听说教学中的问题 ························· 112

   第二节　英语听说教学有效开展的策略 ············· 116

   第三节　英语听说教学的实践 ···························· 119

第六章　高校英语读写教学改革与实践 ············ 123

　　第一节　英语读写教学中的问题 ············ 124

　　第二节　英语读写教学模式 ············ 129

　　第三节　英语读写教学的实践 ············ 132

第七章　高校英语翻译教学改革与实践 ············ 141

　　第一节　英语翻译教学中的问题 ············ 142

　　第二节　英语翻译教学方法 ············ 144

　　第三节　英语翻译教学的实践 ············ 146

第八章　高校英语文化教学改革与实践 ············ 149

　　第一节　文化教学的重要性 ············ 150

　　第二节　文化教学的目标与内容 ············ 153

　　第三节　英语文化教学方法与实践 ············ 163

第九章　高校英语课外活动教学改革与实践 ············ 175

　　第一节　英语课外活动与课堂教学的关系 ············ 176

　　第二节　英语课外活动的意义与作用 ············ 178

　　第三节　英语课外活动教学方法与实践 ············ 182

第十章　高校双语教学存在的问题及改进 ············ 195

　　第一节　双语教学的含义 ············ 196

　　第二节　双语教学的发展历程 ············ 197

　　第三节　全面推广双语教学的必要性 ············ 202

　　第四节　双语教学存在的主要问题 ············ 203

　　第五节　双语教学的改进策略 ············ 204

参考文献 ············ 207

第一章

高校英语教学概述

第一节　教学与英语教学

一、教学的内涵

1.教学的定义

教学是一个非常基本的概念,同时也是一个比较复杂的概念。关于"教学"的定义有很多。有人认为教学是过程;有人认为教学是活动;有人认为教学是状态或努力等。中外学者对教学的定义各执己见,可谓众说纷纭。下面列举一些比较有代表性的定义,以便更全面、更准确地理解"教学"这一概念。

孙国友在《教学新议——对教学定义的再探讨》一文中提出,教学就是在学校教育的条件下,教师和学生借助一定的手段,围绕着课程的实施而有机地组合在一起的整体活动。[1]

吴也显在其主编的《教学论新编》中提出,教学是一种由教师、学生相互作用,以课程为中介而专门组织起来的教育活动。[2]

胡春洞在其主编的《英语教学法》中提出,教学的含义应该包含两个方面,第一是教与学,即并列关系;第二是教学习,即使动关系。两方面结合,就包括了教学的辩证关系、双向关系。教要以学为基础,从学出发,并以学为目标。所以教与学是统一的,教的规律和学的规律是统一的。[3]

李秉德在其主编的《教学论》中提出,教学就是指教的人指导学的人进行学习的活动。进一步说,指的是教和学相结合、相统一的活动。[4]

贾冠杰在《英语教学理论基础》中提出,教学一词包括 3 层含义:教学,即 teaching;教与学,即 teaching and learning;教如何学习,即 teaching how to learn。[5]

教学一词的定义当然不仅仅局限于以上这些。实际上,随着社会的变化发展,随着研究的不断深入发展,教学一词的含义将越来越丰富。

---

〔1〕孙国友.教学新议——对教学定义的再探讨[J].广西教育学院学报,1996(02):19-24.

〔2〕吴也显.教学论新编[M].北京:教育科学出版社,1991.

〔3〕胡春洞.英语教学法[M].北京:高等教育出版社,1998.

〔4〕李秉德.教学论[M].北京:人民教育出版社,2000.

〔5〕贾冠杰.英语教学理论基础[M]上海:上海外语教育出版社,2010.

2.教学的内涵

在对教学的定义进行探讨的基础上,可以从以下几个方面来理解教学的内涵。

(1)教学是一个过程。

教学不仅是教师教的过程,也是学生学习并在学习中全面发展的过程。

(2)教学是一种活动。

对于教师而言,教学就是指导学生学习的教育活动;对于学生而言,教学是在教师的指导下进行的学习活动。在教学活动过程中,学生在教师的指导下掌握知识、技能,发展能力,同时身心也得到一定的发展,形成相关的思想品德。

教学活动是有目的的活动。教学是学校教育最主要的教育活动,具有明确的目的。虽然不同学科的教学具有共同的教学目的,但是也有各自不同的教学目的。在不同的学年、学期、星期,教材、单元、课文、活动不同,教学目的也不同。

教学是师生双方教与学的共同活动。没有教师的有计划地教,就不可能有教学活动。但更加关键的是,没有学生主动积极地学,就更没有教学活动。总之,教学是教与学相结合、相统一的活动。因此,从师生活动这一角度看,教学是教师引导、学生主导的互动活动。

(3)教学具有具体的内容。

教学是一定知识与技能的传递,是人类生存经验的传递。这些知识、技能、经验表现为具体的课程内容和教学内容。教学内容具有不同的具体内容和层次。

(4)教学具有计划性、系统性。

教学是系统的、有计划的学校教育活动,通常表现在课程计划上以及教学计划上。即使某一次的具体活动没有明确的系统性和计划性,教学在总体上仍然具有系统性和计划性。教学计划是由教育行政机构、学校以及教师制订的。

(5)教学需要采用一定的教学方法,还要借助一定的教育技术。

教学由于具有深厚的历史沉淀而形成了大量有效的教学方法。而现代科学技术,特别是信息技术的发展,为教学提供了众多可以借助的教育技术。

综上所述,教学是学生在教师的引导下,在有计划的、系统性的过程中,依据一定的内容,基于一定的目的,借助一定的方法和技术,主动学习和掌握知识、技能,同时全面发展的活动。

二、英语教学的内涵

1.英语教学的定义

在对教学的内涵进行分析的基础上,我们更容易理解英语教学的内涵。

英语教学是我国语言教学中的重要组成部分。英语教学活动的整个过程是一个教育过程,涉及教学质量和方法之外的很多因素,比如外语与母语,外语与社会文化、历史传统、民族认同乃至国家利益之间的关系等等。同时,英语教学是一项系统工程,具有自身的系统性。它既受语言教学和语言习得规律的支配,又受外语教学和外语学习规律的影响;既受教师和学生本身主观条件的制约,又受众多客观条件的局限。它不仅是对语言理论和学习理论的理解和应用,而且还是对心理学、教育学、跨文化交际学等理论的理解和应用。

英语教学是我国语言教学中的重要组成部分,是在教学原则指导下解决问题的职业活动,它的成功在于理论的正确指导,教师采用适当的教学手段。因此,我们可以这样定义英语教学:英语教学是教师以英语语言知识与应用技能、学习策略和跨文化交际为主要内容,以外语教学理论为指导,通过多种教学模式和教学手段,培养学生的英语综合应用能力的教学体系。

2.英语教学的属性

(1)英语是一种语言,英语教学自然是对这一门语言的教学。所以,英语教学属于语言教学。

(2)在我国,英语是学校课程设置中的外语学科的主要语种。所以,英语教学属于外语教学。

(3)对我国英语学习者而言,英语教学是以英语知识教学为基础的、培养运用英语的能力的活动,其目的是培养运用英语的能力,而英语知识教学只是为培养运用英语的能力这一目的提供基础。因此,从本质上说,英语教学是能力教学,而不是知识教学。

(4)英语教学是一种文化教学。英语不仅仅是一门语言,而且是以英语为母语和工作语言的人类群体的文化的重要内容,还是这些文化的载体,甚至是世界文化的重要载体。对于我国学生而言,英语国家文化是不同于我国文化的外在的文化,因此英语教学对我国师生而言还是一种跨文化教学。

三、英语教学的特点

1.实践性很强的理论学科

英语教学实践性很强。英语教学这门学科必须对英语教学的实践有指导作用,并使学习和研究本学科的人受到实践训练,系统地掌握英语教学的技能;然而英语教学学科却绝非只是应用技术之学。英语教学学科对实践的指导,首先是战略上的、决策性的和方向性的。它着眼于教师的认知水平、理论水平、整体修养和素质的提高,使教师把英语教学作为科研对象,作为事业的追求目标。它所倡导的教学方法是从人出发,而不是从物出发,教师乐教带动学生乐学,化教的活动为学的活动,在教人之中教外语。

英语教学学科是一门理论学科。当前,英语教学学科的实际理论水平与应有的理论水平差距极大,这是本门学科建设的最大问题。

英语教学学科要面向实际,解决实际问题。而现实是五光十色的,问题是错综复杂的。它所关注的首先是外语教学实际存在的本质问题。例如,教师本人对教师工作性质认识肤浅的问题,教师教而不学和学而不用的问题,只教语言知识、不教学习方法的问题,轻视理论研究和学习的问题等。就以常见的英语课堂纪律来说,这实际上是一个人际关系问题。

教师要成为一名合格的教师。这是每位英语教师,尤其是青年教师必须达到的目标。这是一个身体力行的实践问题,又是一个认识不断深化的理论修养问题。

完善的教学学科应把实践中各种问题置于理论层面上进行研究,总体解决。承认英语教学学科的理论性,本学科才更有学习、研究和发展的价值。

2.一个发展中的学科

作为高师和师专学科建设和教学对象的英语教学,是一个正在发展中的学科。作为教育科学研究项目的教学,也是这样。首先,英语教学体系还不够完整,国内外的各种普通教学书和外语教学书,在结构和内容上都有较大差别,目前尚未形成一个相对统一的框架和相对稳定的基本内容。其次,名词术语还有待统一。例如,在学科范围之内,口语和口头、技能和能力、练习和实践等重要名词术语,常常代表同一概念而不加以区分。另外,在内容安排上,种属概念不分,不同层次的问题被放在一起,把适用于各科教学的教学原则(如以学生为主体,或以学生为中心的原则),同只适用于英语教学的教学原则(如交际性原则)放在同一层次上并列论述。值得注意的是,本学科在理论上尚未形成一个严格的演绎系统,在教学的研究法上,演绎法就显得过于薄弱。因此,在国内出版的外语教学书中,外语教学主要流(学)派,有时排在前面,有时排在后面。

英语教学是发展中的学科,这既是其弱点,也是其长处。既然是发展中的学科,在学科建设上保守性自然就少,在本学科内实现百家争鸣、百花齐放,就更容易,也便于广泛吸收其他学科的研究成果。同时,也有利于青年人在本学科内较快地崭露头角,后来居上。每一位青年英语教师,都不应放过在英语教学学科建设中大显身手的机会。

3.一个多边缘的学科

正在发展中的外语教学是一个相当典型的多边缘学科,与哲学、教育学、心理学、语言学、社会学、人类学等有密切联系。

(1)哲学。

哲学,特别是辩证唯物主义认识论和方法论,是我国外语教学指导思想的理论基础,是认识外语教学中各种矛盾的本质和正确地予以处理的根本武器。

英语教学研究英语的教与学,在研究过程中,我们会碰到各种各样的现象和问题。根据当时、当地的实际情况对现象和问题进行分析和探讨,需要掌握认识和分析问题的方法。从这个意义上来说,学好马克思列宁主义的哲学体系,以它的世界观和方法论来武装自己,也是研究所需要的,因为这种世界观和方法论是"最完整深刻而无片面性弊病的关于发展的学说"。

掌握好马克思主义的世界观和方法论,有助于我们在研究英语的教与学时客观、准确、全面、辩证地研究教与学的现象和问题,探讨教与学之间的关系,摸索教与学的规律。这样,我们才能按照学生的年龄实际、不同的心理特点、不同的语言背景、不同的个性,在不同的教学阶段、按照不同的教学目标来制定不同的具体要求和教学方法;我们才能从实际出发,辩证地看待各个教学流派,认识它们的长处,同时也理解它们的不足,并能按照教学实际,灵活地使用各种教学方法;我们也才能对国外学者的研究成果做实事求是的分析,并能按照自己的实际情况,运用他们的研究成果来进行自己设计的实验。

一些哲学家对语言的研究促成了哲学中一个分支——语言哲学(Philosophy of language)的产生。哲学家对语言的研究成果也作用于英语教学。例如,哲学家格赖斯(Grice)提出了会话含意理论。在会话含意理论中,格赖斯提出了他的"合作原则",并说明了组成此"合作原则"的四个准则,即质的准则、量的准则、相关的准则和方式的准则。格赖斯会话含意理论为我们在正确理解会话意义方面提出了原则性的意见。在英语教学中,应如何使用这些原则和准则,以达到更好地理解语言的目的,也是英语教学要研究和探讨的问题。从这个意义上来说,哲学不但为英语教学提供了研究的方法,还提供了对教学有启发作用的理论。

(2)教育学。

教育学要求把外语教学作为整个教育活动的一个组成部分,在使学生全面发展的过程中进行外语教学,把外语教学作为教育的目的,也作为教育的手段。

教育学阐述教育知识、研究教育现象、探论教育问题并揭示教育规律。英语教学属于教育范畴,教育学的原则、原理和方法对英语教学有指导作用并能在英语教学中得到应用。在研究英语教学时,我们会应用教育学的理论去处理教学中出现的问题。

教育目的、教育方针和培养目标从大的方面影响着英语教学,英语课的开设、开设的时数、开设的目的和要求无不受制于它们。

在教育学中,教育要适应社会发展和学生发展,这能帮助我们更好地理解历史上的各种教学方法是怎样因社会需要而发展起来的,同时它们也可以帮助我们根据学生年龄、心理和生理发展的特点选用适当的教学内容和教学方法。教育学中所论述的教学原则也能用来设计课堂活动,这些原则包括:科学性和思想性统一的原则、理论联系实际的原则、直观性原则、启发性原则、循序渐进原则、巩固性原则、因材施教原则等。

英语教学与其他学科一样都应处理好教师和学生之间、教与学之间的关系。在进行教育的过程中,教育学提出"教师主导,学生主体"的思想,它为我们正确处理教师与学生之间的关系,摆正教师和学生在英语教学中的作用提出了原则和依据。我们可以把这些原则应用于英语教学实践,建立尊师爱生、民主平等的良好的师生关系,积极创造一个良好的语言环境,调动学生的学习积极性并激发他们学习的兴趣,把英语教学搞好。

《现代教育学》中对课外教育活动的论述也给了英语教学有益的启示。在英语教学中,我们也应结合语言学习的特点,设计英语的课外活动以促进英语学习。

除了应用教育学的原理、原则之外,我们还可以应用教育测量的理论和方法去进行测试命题和测试结果的研究、英语教学实验的设计、数据的处理,并对英语教学工作进行评估等。可以说,在英语教学实践中,我们都在应用教育学有关的原理、原则和方法。

（3）心理学。

心理学要求在外语教学中注意智力因素、非智力因素和个性因素的和谐作用和发展,同时把行为主义心理学和认知心理学的基本规律联合作为指导外语技能训练和学习能力培养的重要依据。

心理学是研究心理现象的科学,它不但对构成认识过程的感觉、知觉、记忆、思维、想象进行研究,而且还对构成个性心理的因素:需要、动机、兴趣、能力、性格等进行探讨。英语教学是教师和学生之间的教学活动,对认识过程中心理现象的理解及对学生个性心理的掌握,能帮助教师认识学习过程的特点,遵照学习英语的规律,结合学生的个性特征,寻找出能加快英语学习、帮助不同学生学习好英语的教学路子。

学习是心理学(特别是教育心理学)的一个研究得较多的问题。不同的学者从不同的角度对学习进行了不同的实验并提出了不同的学习理论。而英语学习是人们进行学习的一种活动,它同样受学习理论影响。事实上,不同的学习理论,如斯金纳的操作条件反射论、布鲁纳的认知发现学说等,都在创建不同的英语教学过程中与不同的语言理论相结合,构成了不同的英语教学的理论依据。

心理语言学主要研究语言的学习和使用,即个体怎样理解、生成和获得语言。心理语言学关于儿童习得语言的特点的论述,如"儿童置身于语言环境是儿童习得语言的必要条件""语言的理解先于语言的生成",为英语教学中教学原则的制定、教学方法的设计以及第二课堂(课外活动)的开展提供了原则和理论根据。

在心理语言学中,语言知觉的认知模式和阅读过程模式的研究为英语聆听理解和阅读理解课堂教学应采用什么样的教法提出了理论依据。英语阅读的相互作用模式就是根据"图式理论"设计的英语阅读路子,而"图式理论"来源于德国的格式塔心理学派——一个很有影响的心理学派,这个例子也说明了英语教学与心理学及其分支学科之间的紧密联系。

(4)语言学。

语言学要求把所教的外语看作一个复杂的体系,将语法、结构、情景、功能和意念诸方面统一起来进行教学,既进行刺激反应训练,又培养生成能力和交际能力,使学生在使用所学外语时表现出熟练性和灵活性。

语言学是研究语言系统的科学,英语教学是研究一种语言——英语的教学的学科,两者的研究都涉及语言,因此它们之间的密切关系是不言而喻的。

在语言研究的领域里,理论语言学或普通语言学研究语言的一般原则和人类语言的特点。这些原则和特点反映了人们对语言的看法,可称为语言观。人们从各个不同角度对语言的探讨加深了人们对语言特点的认识。人们对语言不同的观点、不同的认识致使人们在不同的时期、按照不同的社会需要创立不同的英语教学方法。例如,听说法、情景法是以结构主义语言理论为基础建立起来的教学方法;认知法可以说是受乔姆斯基转换生成语言理论的影响而创立的教学方法。当然,不同英语教学方法的建立除了根据不同的语言理论外,还得依赖语言学习理论。

除了普通语言学,语言学的其他分支对英语教学也有影响。描述语言学集中研究某一语言的系统、结构,它向我们提供有关英语结构和规则的描述;英语语音学描述英语语音的特点、语音现象和语音规律;英语语法学陈述英语语法规则和英语的结构;英语词汇学对英语的词汇特点作详细的描述。这些语言学的分支能为英语教学研究提供丰富的材料,在选取英语教学内容方面,我们也可以从这些学科里得到原则和依据。

(5)社会学。

社会学要求教学集体多方面和谐。师生和谐,学生之间和谐,教师与学生家长和谐,学生与家长和谐,外语教师与其他课教师和谐。各方面在心理上、认识上、情感上、行动上和谐一致。学生在外语学习中表现出强烈的自尊和自信,在学习和使用外语时有高度的自觉性和自主感,学习效率便会大大提高。

作为语言学的一个新的分支,社会语言学将语言作为一种社会现象进行研究,研究语言运用中不同的功能变体、不同的文体(Style)、不同的语域(Register)、不同的话语范围(Domain)和不同的语码使用(Code)。社会语言学唤起人们对语言得体性的注意,这一点对英语教学也是有启示作用的:英语教学应注意培养学生使用得体语言的能力。

（6）人类学。

人类学要求英语教学注意文化交叉问题，在语言中教文化，在文化中教语言，使二者相互促进。文化既是英语学习的目的，又是英语学习的手段。教师对英语的讲解和学生对英语的理解，一旦提升到文化的高度，就会富有情趣，从宏观上悟透语言的本质。例如，从思维严谨的高度来学习英语的时态，就不只是学习语言，而且也学习思维方法。对于英语定语从句、名词＋of＋名词结构、倒装句结构等的学习，也同样如此。学英语深入到文化，就自然会学习用英语想，同时在学习中开动大脑，进行思考。

世界人类各个民族在文化上的差异是历史、地理、经济、政治、生活方式差异的反映。英国人和中国人对"西风"和"东风"的感觉相反，因而在生活用语和文学作品中用这两个词所表达的意思就有明显的地理文化差异。

各民族的文化不只有差异，也有相同之处。英语学习从另外一个角度来说，就是要求取得文化上的认同，消除与英语格格不入的情绪。从文化的高度把握英语，情景和功能问题会迎刃而解，交际目的也易于实现。

第二节　高校英语教学的现状与新要求

一、高校英语教学的现状

1.过分重视应试能力

英语是我国学校教育中历时最长、学时最多的学科之一。但是，许多学生在花费大量时间、精力学了那么多单词和语法后，依然没有真正掌握语言的运用技巧，不会用、听不懂、说不出。这是因为传统英语教学模式以应试教育为目标，在这一目标之下，人们只看重考试的选拔功能，以考试结果评价学校、教师的教学效果和学生的学习效果，从而制约了英语教学的发展。

为了检验学生对英语学习的掌握程度，我国每年举行的大大小小的英语考试种类繁多，既包括小学到大学的各种期中考试、期末考试、升学考试，又包括托福、GRE等出国必备的考试，还包括各种英语证书考试，其中最著名的是全国大学英语四、六级考试。以大学英语四、六级为例，这一考试的设置为提高大学生的英语水平和能力做出了很大贡献，推动了我国的英语学习，也使我国英语教学走上了正轨。但是，大学英语四、六级考试主要是考查学生对大纲规定的英语单词、语法等的掌握程度,标准化的测试方法主要是让学生做选择题,而且通过率的高低是评价学校及教师好坏的一个主要标准,这在某种程度上助长了应试教育的风气,使其失去了原本意在改进大学英语教学的作用。

在应试教育的影响之下,教师将重点放到了应付考试上,忙于完成教学进度,认为课堂时间紧,很少抽出时间进行语言实践。大多数学生学习英语只是为了应付考试,考试过后就把英语抛到脑后,许多学生考试成绩不错,但是听、说、写的能力很差,英语应用能力提高的目标得不到落实。英语的学习,需要大量的听、说、读、写练习,尤其是需要通过大量的背诵取得"语感"。而我国当前的考试以选择题为主,教师上课时在讲解语法和词汇上花费了大量时间,学生则在做大量的模拟试题上花了大量的时间和精力。而且,在应试教育之下,学生在英语学习过程中,追求标准的、唯一的答案,过度相信、依赖教师讲解知识,并且排斥课堂讨论、交流等交际活动,认为这类活动无法提供准确的答案,从而逐渐丧失了自主思考的能力,失去了质疑教师提供的答案的信心,失去了创新的能力,最终应试技能较强,而交际素质却很低。

在应试教育的指挥棒之下,英语教学重视应试能力却忽视实际运用能力。虽然近年来各高校英语教学条件、设备得到了相当大的改善,学校领导、教师及学生都付出了很大的努力,但是教师的教学效果依然令人失望,学生的听、说、读、写的能力依然不强,特别是听、说、写的能力较差。教师与学生付出的代价与收到的成果不太相称,英语教学没有真正达到学习语言的目的。这是我国英语教学亟须解决的问题。

2.缺乏科学的教学方法

随着时代的发展,社会对外语人才的需求会有所变化,因此,学校培养外语人才的模式也会有所变化,教师的教学方法也应该有所变化。

但是,目前,我国大多数学校的教学模式仍是黑板、粉笔、书、教师加课堂的方式,有的教师也用多媒体技术,但总的教学模式变化不大。由于资金、师资有限,我国学校的班级大多规模比较大,学生数量多。在这种情况之下,只能采取教师讲、学生记的教学模式,也就是教师讲讲单词、语法、翻译、课文,再让学生进行一些笔头练习,基本上没有给学生提供口语练习机会的可能,学生则专注于听教师讲课、记笔记、课后背笔记。这种已经沿用了一百多年的教学模式似乎很难改变。而且,在这种大规模的班级之中,学生的基础差别大,教学内容众口难调,教师很难照顾到不同类型的学生。即使是有条件实施小班教学的学校,大多数教师仍然倾向于采取传统的讲授方式,师生之间缺乏互动,学生之间缺乏交流。单调的授课方式无法调动学生的学习积极性,无法有效提高教学质量和教学效果。

　　语言技能不是仅仅通过老师讲解就能掌握的,而是通过不断运用而掌握的。如果不运用,即使学了很多东西,也会很快遗忘。培养学生的英语交际能力是一种习惯的培养过程,学生使用英语交际的习惯并非通过一两节课就可以培养起来,而是需要长期坚持不懈地学习、运用,需要主动地、有意识地操练。然而,我国传统的教学方法,无法向学生提供运用英语实践的机会,这是导致大多数学生空有语言知识却没有语言交际能力的主要原因。

　　虽然我国已经引进了多种英语教学方法,但是这些方法大部分在我国的教学中并没有得到广泛应用,并且,这些并非源于我国的方法并不是很适合我国英语教学情况,因此应用效果并不是十分理想。虽然我国的教学大纲对教法的选择有宏观的导向,但是具体实施方法却是由教师选择的。

　　因此,教师应当认真研究教学理论,理解教学方法,总结自己的教学实践经验,研究出满足教学需要的教学方法,并在实践中根据学生的具体情况、自己的教学特点、教学内容等具体情况,适当改变教学方法、技巧等。比如,根据听、说、读、写各项技能要求的不同,以及教学的侧重点不同,可以采取不同的教学方法。

　　3.教材不适合教学需求

　　教材在很大程度上决定课程的教学目的和教学方法,因此,对于任何一门课程而言,教材的设计和选择十分重要,甚至决定了这一门课程教学的成功与否,英语也不例外。我国非英语专业大学英语教材在内容选择上重文学、重政论,忽视了现代的实用型内容。改革开放以来,我国社会各方面发展迅速,变化很大,但是外语教学的变化不大。就教材而言,有的已经连续使用了十几年,甚至几十年,教材内容已经与现代社会发展脱节,教材设置目的已经远不能满足现代的外语教学要求。其中最突出的是,传统教材的教学对学生的口语部分要求非常低,鲜见实用性较高的口语练习。可见,落后的教材设计和模式已经不能适应学生充分交际的要求。

　　20世纪90年代以来,我国和英美国家合编了英语教材,引进了原版英语教材,如《走遍美国》《剑桥英语》《展望未来》《新概念英语》等,我国本土教材的设计也已经有了很大的变化,已经较好地解决了原有教材的诸多问题。但是,由于教材编写与内容挑选基本属于英美文学取向,其中不少选文出自名家,是"久经考验,读者喜爱的经典著作",这些"选自经典名家"的教学内容只追求"可教性与可学性",而忽视了最重要的实用性。学生从课本上学到的内容与现代英语相差甚远,难免感到英语缺乏实用性,从而对英语失去兴趣。

　　总而言之,尽管我国不断引进国外的教材,并且国内的相关机构、学者也设计出了多种教材,但是始终没有一本教材能够达到人们所期待的自由交际的目的。

4.忽视文化的渗透

各国文化内涵深蕴,有很多方面要学习,而教师、学生的精力有限,不可能将文化差异的所有内容全部学习,只能有所取舍。对我国学生而言,主要是以下三方面的差异影响交际能力:一是语言的文化内涵;二是中西文化习俗、行文规范等方面的差异;三是中西文化价值观的差异。然而,我国教师和学生普遍认为,学好英语就是学好语音、语调、语法和词汇,但是实际上,即使掌握了完美的语音语调、精确的语法、巨大的词汇量,如果不了解中西文化的差异,就容易在跨文化交际中出现误解、误会甚至是不得体的行为。

我国教师和学生对英语学习的误解,导致教师的教学和学生的学习都把重点放在了语言知识上,而忽视了英语的文化背景。在这种观念影响下培养出来的学生,尽管掌握了大量的英语词汇,也十分熟悉语法知识,但是常常在听、说、读、写等方面受到很大限制。比如,由于对英语词汇内涵的不了解,将 soldier's heart(军人病)误解为"铁石心肠",将 blackbird(画眉鸟)误解为"乌鸦",将"she prefers dry bread.(她喜欢无奶油的面包)"误解为"她喜欢干面包"等。再如,有些学生用姓称呼外籍教师,导致外籍教师的不满。这是因为,在英语国家用姓作称谓只限于少数几种情况,如:监狱看守对囚犯的称呼,教练对球员的称呼,小学里教师对学生的称呼。而称呼教授一般是"Professor+姓",如称呼名字为 Linell Davis 的教授应该是 Professor Davis。学生的错误称呼,是不了解西方文化习俗、行为规范而造成的。我国学生对中西方文化基本价值观的差异缺乏了解,就容易误解西方人的某些行为方式。如,美国人对父母的关爱方式是独立的,因为西方崇尚独立精神,如果父母完全依靠孩子,父母会觉得很失落;而在我国,孩子对父母的关爱,则表现在孩子可以让父母完全依靠。

著名翻译家王佐良先生曾说:"不了解语言当中的社会文化,谁也无法真正掌握语言。"[1]语言是交际工具,如果不了解语言所承载的文化,不了解文化差异,就难以顺利地进行沟通,语言的学习就失去了意义。文化差异的存在,往往容易导致跨文化交际的失败。教师在英语教学过程中,除了要强调听、说、读、写四要素之外,还要引导学生了解西方文化,让学生了解文化的差异,从而学会跨文化交际。

5.忽视学生的兴趣

心理学家认为,兴趣在学习中十分重要,兴趣往往是推动学生乐于刻苦钻研、勇于攻克难点的强大动力。当一个人做自己感兴趣的事情时,会投入全部精力,专心致志。但是,传统的英语教学忽视了对学生学习语言的兴趣的培养。数量繁多

---

〔1〕王佐良.翻译中的文化比较[J].中国翻译,1984(01):2-6.

的单词,复杂的语法规则,让学生望而生畏,乏味的填鸭式教学,使学生兴趣全无。现在,学生被各种考试,比如大学英语四、六级考试压得喘不过气来,疲于应付,成天埋首于题海中无法脱身。这种考试方式,使学生把学习语言当作任务和沉重的负担,而不是需要和享受,英语成了学生害怕、讨厌的课程。

因此,教师在教学中应当想办法激发、培养学生的兴趣,激发学生兴趣时应当注意的问题主要包括以下几方面。

（1）学生的年龄、认知水平和生活经历。如:选取的话题是否与学生的生活经历有联系? 话题是否能够激发学生的想象力或好奇心? 学生就这个话题是否有与同学交流的想法? 学生通过这个话题是否能够获得他们想了解的信息?

（2）创设情境,尽可能为学生提供视觉物体,如图片、幻灯片。这种直观的教学手段容易激发学生的学习兴趣。

（3）增加教学活动的形式,如可以采用英语故事比赛、英语话剧表演等活动形式。

教师激发学生兴趣可以采用的方式有很多种。比如,适当地播放旋律优美、歌词脍炙人口的英语歌曲调动学生的学习,或者讲述一个引人入目的英语故事,将学生的积极性调动起来,然后让学生分组讨论,每组选派代表用英语把本组的讨论结果向全班同学汇报。教师不断地提问题,学生表现出了浓厚的兴趣,课堂气氛生动活泼,学生在不知不觉中学会了表达、思考。更重要的是,学生对英语学习产生了浓厚的兴趣,自己想学,自己爱学,自己巧学。学生对英语感兴趣,就为学好语言提供了前提。多媒体授课也是激发学生学习激情、培养学生学习兴趣的方法。

外语教学过程是教师引导学生利用语言这种交际工具进行交际的过程,教师应该以自己满腔的热情、充沛的精力以及认真细致的备课感染学生,让学生以积极的态度参加教师设计的各种各样的训练。总而言之,教师在教学中应该自始至终地关注学生的兴趣,不断改进教学方法,增加新的教学内容,用多样化的方法激发学生的兴趣,调动学生的学习积极性。

■ 二、高校英语教学的新要求

当前社会对外语人才的需求变化,对英语教学的发展提出了新的要求。

1.重视对学生的认识能力的培养

英语教学经历了由知识型教学向技能实践型教学的转变,突出了语言作为社会交际工具的本质特征。英语教学既是获得交际所需要的语言技能及相应的语言知识的过程,同时也是发展智慧和培养认识能力的教育过程,而且英语教学对于培养认识能力有着特殊的意义。

提高学生认识能力对英语教学有重要意义。首先,从语言与思维的关系看,思维是以语言为物质载体和构思工具得以发展的,同时,语言能力和思维能力是相互促进、协调发展、辩证统一的。语言是人类文化的"活化石",凝结了人类文化的成果,记载着不同的社会历史背景及相应的不同的思维方式。总而言之,学习一种语言,也就是学习一种文化,就是进入一种新的文化视野,就是学习该语言的民族思维方式和文化心理,经历一种新的思想观念的冲击,接受一种新的思维方式的影响。在高校英语教学过程中,教师应该有意识地发展学生的思维能力和认识能力,使学生通过学习英语来获得认识世界和感受世界的新的心理机制和思维方式。其次,从母语与英语的关系看,大文豪歌德曾指出,"只有当你学习了外语之后,你才能真正懂得自己的母语。"[1]有对比才会有鉴别,这样,在学习英语的过程中,人们才会对母语有更加理性的认识;也只有通过学习外语,人们的思维才不会因母语的思维局限性而受到限制,从而可以拓展新的思维方式。

基于以上原因,教师要在英语教学中提高学生的认识能力,就需要选择合理的教学途径和教学方法。

(1)要以话语为中心展开教学。

词是概念的表达形式,句子是判断的表现形式,话语则是体现智力本质的推理活动。脱离了思维活动的词本位教学和句本位教学把语言形式与思想内容分离,使语言学习成了机械的模仿记忆和重复性活动,无法锻炼学生的思维与智力。而话语将语言与思维统一于一体,使语境和词语之间具有衔接连贯性,体现语言的整体性。因此,以话语为中心的教学可以通过语言训练来提高学生的思维能力。

(2)教师需要坚持"文道统一"的原则。

学外语的过程是接受另一种文化的熏陶,因此学外语的人应具有跨文化领悟能力。语言教育的目的也并不仅仅限于语言的工具范畴,而是旨在完成更高层次的教育目标,而全面实现语言教育目标的最好途径就是坚持"形意结合""文道统一"。这需要教师努力提高自身素养,有效引导学生在学习语言的同时,把文章蕴涵的思想、文化挖掘出来并受其陶冶,以达到激荡心灵、升华人格的目的,这样既提高了认识能力,也受到了品格的教育。

总而言之,教育应致力于培养人的认识能力和创造能力。只有这样,才能解决知识的无限增长和人的有限时间和精力之间越来越尖锐的矛盾。因此,教师在英语教学过程中,不应该局限于向学生传授语言知识,而应培养学生的认识能力。

2.重视对学生的综合语言运用能力的培养

培养学生的综合语言运用能力是英语教学的目标。尽管对于小学、初中、高中、

---

〔1〕吴萍.论大学英语教学中认识能力的培养[J].宜宾学院学报,2005(04):91-92.

大学这四个不同学习阶段来说,目标是不尽相同的、有层次性的,但是,无论是哪一个阶段的目标,都是建立在语言技能、语言知识、情感素质、学习策略以及文化意识等素质综合发展的基础之上的。然而,不少英语教师仍然处于英语教学的一大误区之中,把英语课作为纯知识课,过分注重语音、词汇等英语知识的教学,而忽视了语言运用能力的训练,甚至连对话教学也成了纯句型教学。因此,许多学生被一些语法规则所困扰,无法体会英语学习的趣味,甚至对英语学习产生厌恶感、恐惧感。

以培养学生的综合语言运用能力为目标,必须注意以下几点。

(1)英语学习的主要目的是掌握语言技能。

语言技能包括听、说、读、写、译五个方面的技能以及这五种技能的综合运用能力,其中五种技能的综合运用能力是重中之重。在这些技能中,听和读是说和写的前提和基础,也就是说语言的输入是语言输出的基础,表达技能必须以吸收技能为前提,一个人的语言运用能力必须在吸收信息与表达自己的交际过程中得到提高。因此,在英语教学中,教师一定要引导学生通过大量的听、说、读、写、译的实践,提高综合运用英语的能力。

(2)必要的语言基础知识学习是不可缺少的。

英语教学必须以输入优先。语言基础知识是发展语言技能的重要方面,是语言能力的有机组成部分,是形成能力的基础,因此学习英语语言基础知识是必要的。但是,要培养学生的综合语言运用能力,既不能把学习语言基础知识作为课堂教学的唯一目的,也不能完全否定语言基础知识学习的意义。

(3)注重学生的心理因素。

心理素质不仅是影响英语学习的重要因素,也是人的发展的一个重要方面,学生的心理素质对他们的语言运用能力的高低有重要影响。学习动机是学生学习英语的首要心理因素,而对英语学习兴趣则是促使学生产生英语学习动机最核心的因素。因此,在英语教学中,教师应该想方设法激发学生学习英语的兴趣,提高学生学习英语的热情,促使学生产生英语学习动机。学生只有对英语有了学习动机、兴趣,才会积极主动参与课堂活动,善于配合教师的课堂教学,才可能对英语学习保持一股持之以恒的热情与动力,形成良好的学习习惯与求学精神,不断完善自己。

(4)培养学生正确的学习策略。

学生综合英语运用能力的培养与其学习策略有关。教师在教学过程中,还需要指导学生探究正确的英语学习方法,选择正确的英语学习策略。我们提倡教学要以学生发展为本,要对学生"授之以渔",实际上就是要教给学生英语学习策略。掌握正确的学习策略,可以提高英语学习效率,收到事半功倍的学习效果。而高的学习效率,又可以提高学生对英语学习的兴趣与热情,提高课堂教学效率。

3.重视学生的全面发展

英语教学的首要定位就是人的教育,英语教学不应该只局限于语言知识的讲授与语言技能的培养,而应该关注学生的全面发展。也就是说,在英语教学中,教师不能总是把帮助学生掌握英语知识放在首位,而忽视学生的精神世界,而是应该充分发挥学生的主体作用,帮助学生培养良好的社会责任感、严谨的治学态度、积极的情感等,注重学生的全面发展,培养学生持续学习的能力,为学生终身学习打下基础。

随着知识经济的到来,知识更新不断加快,而全球一体化扩大了人际交往范围,对人们的交际能力提出了更高要求,对人们的综合素质也提出了更高的要求。只有具备了良好的素质,能够灵活运用所掌握的知识解决各种问题,才能在这千变万化的社会中生存发展。

在英语教学中要着眼于学生的全面发展,要注意激发学生对英语学习的兴致,培养学生的学习兴趣,帮助学生树立自信心,形成有效的学习策略;养成良好的学习习惯。

(1)教师要相信每一个学生都具有极大的潜能。

我们应该相信,每个学生都蕴藏着极大的学习潜能,每一个学生都有丰富而独特的内心世界,学生之间是有差异的,有个性的。当代学生更具独立性,他们对许多问题的思考都有独特性。英语教师应该成为学生的朋友,与学生平等相处,只有这样,学生才会愿意与教师沟通,愿意向教师倾诉内心的想法,也只有这样,教师才可以了解学生的内心世界,才能更好地帮助挖掘学生的潜能,英语教学才会取得更大的成效。同时,由于学生之间是有差异的,教师应该根据学生在英语学习中表现出来的不同学习特点,在教学中采用不同的对策,提供差异化的、切合学生实际的学习指导,给每个学生提供平等的学习机会。只有了解学生的独特的内心世界,了解学生的个性差异,教师才能在英语课堂教学中为每一个学生创造表现自己的活动环境,使每一个学生都积极地参与到教学活动中来,让学生在学习活动中发展个体的学习能动性、创造性、自主性和独特性,充分发挥学生的主体作用。

(2)教师要创造和谐的教学气氛。

教师要在英语教学中创造和谐的课堂教学气氛,尊重学生,爱护学生,实行情感教学,注重情感交流。由于课堂教学是人的交际过程,这个过程是否有效,取决于课堂气氛是否和谐。可以说,和谐的课堂交际气氛在某种意义上来说比好的教学方法更重要,而和谐的课堂气氛是实行情感教学的关键。因此,为了创造和谐的课堂教学氛围,实施情感教育,教师在教学中要提倡宽容,教育学生多使用英语,对学生所犯的错误不必有错必纠;教师自己要始终保持乐观向上的精神状态,对教学和学生满腔热情,以引起学生的积极情感;尽可能让全体学生在学习过程中获得乐趣,获得满足感与成功感。当学生在课堂学习中能不断收获自己学习的成果时,他们的学习兴趣与积极性就会与日俱增。

4.重视文化对语言的影响,加强文化教学

高校英语教学的目标之一是帮助学生了解世界和中西文化差异,培养爱国主义精神,形成积极的人生观。可见,在多元文化视阈下,跨文化知识是英语教学的一个重点,培养学生的跨文化意识、跨文化感悟力、跨文化交际能力将会成为当代英语教学的一个发展趋势。

语言作为人类沟通的工具,是社会的一部分,是人性和人本身的一部分,而不是独立于人类社会之外的系统。任何一个国家、民族的语言与其文化都是相互依存、相互作用、不可分割的有机体。语言是文化的载体,不同的语言代表着不同的文化。没有语言,文化无以负载;没有文化,语言也就是一个空壳。

在英语学习中,即使基本语言知识掌握得很好,但如果对语言的文化内涵缺乏认识和了解,忽视了不同的语言在文化上的差异,就难以准确理解语言所蕴涵的意义。因此,教师在教学中要重视文化背景知识的传授,有意识、有目的、尽可能多地介绍和传授西方国家的文化背景知识及中西文化间的差异,努力增加学生的跨文化知识,使他们了解生活在不同社会背景中的人们的语言特征和文化习惯,努力提高学生对语言和文化差异的理解能力和敏感性,提高跨文化交际的能力。另外,尽管不同语言中的某些词语的概念基本相同,但表达的意义和社会文化的含义却往往因文化不同而具有浓郁的民族特色,因此教师在教学中还要重视教授词汇内涵和词汇外延的文化内涵。

在教学过程中,教师要重视文化意识的融入,加强文化背景知识的教学,从而有助于学生更深刻地理解语言及其背后的文化,加强学生的文化理解能力,提高学生的跨文化交际能力。

5.在教学中广泛运用多媒体技术

在传统的"教师—课本/课堂—学生"的教学模式中,教师主宰和控制着其他三个要素,在很大程度上限制了学生学习潜能的发挥。随着科技的发展,尤其是计算机技术、网络技术和数字化声像技术的发展,多媒体技术应运而生。多媒体技术进入教育领域后,受到了越来越多人的欢迎。

在高校英语教学中,许多教师都认识到了多媒体技术的重要性。然而,要利用多媒体技术实现英语课堂教学中教育理念、教学内容和教学方法体系上的全面突破,需要在英语教学中坚持以下基本理念。

（1）利用多媒体创造学生运用语言的情景。

英语教学的目的是培养学生运用英语的能力，这种语言交际能力的获得，必须通过大量的、反复的语言实践。实践的最好途径是将学生置于一定的语言环境中运用语言，而一般的中国学生学习英语，缺乏真实的语言环境，缺乏充分的语言输入。而多媒体技术通过设计与教学内容相关的图、文、声、像，创设形式活泼的情景，有利于学生探索、发现、搜集和分析情景中的相关知识，从而使学生在英语学习过程中，各种感官都受到刺激，有效提高他们的语言运用能力。

（2）突出学生的学习主体者地位。

学生是学习活动的主体，学生学习的能动性和主动性应该得到充分的认识和发挥。多媒体技术的应用为调动学生的学习积极性，发挥他们的主体作用提供了条件。多媒体通过多种手段，为学生提供虚拟课堂讨论、角色扮演、游戏、实际实习和反馈等多种方式，让学生能动地、主动地、积极地参与学习。另外，学生还可以通过网络上的资源训练英语听力、选择合适的英语精读与泛读材料、与外国人进行直接交谈等。可见，多媒体技术的运用有利于突出学生的主体者地位，在未来的英语教学中，教师应该充分发挥多媒体技术的这一优点。

（3）因材施教，鼓励个性发展。

教师面向的全体学生是由不同特点的个体所组成的，在以往的教学中很难实现真正的因材施教。而多媒体技术的应用则使因材施教的实现变得可能，为发展学生的个性提供了更大的空间。首先，多媒体技术的运用，降低了学生在传统教室里的那种束缚感，减少了师生交流的距离感，有利于教师对学生进行指导。其次，多媒体教学中丰富多彩的人际交互方式使学习的过程不再呆板枯燥，而是妙趣横生。学生学习英语的兴趣被极大地激发起来，并且可以根据个人的基础或根据教师和计算机测试后提出的建议，自主地决定学习进程和学习策略。学生学习英语由被动接受转变为主动参与。

（4）让学生养成良好的学习习惯，为终身学习打下基础。

多媒体技术在教学中的应用，给学生提供了更多的合作机会和主动学习的机会，有利于培养学生的合作精神与主动学习精神。多媒体教学为学生创造了更多的课堂讨论、角色扮演、游戏等机会，学习者之间的交互作用加强。教师应使每个学生积极参与，主动交流，相互借鉴，使他们学会共处，通过多媒体教学有效地培养学生的协作精神与合作能力。在科技飞速发展、知识急速增长的社会中，任何人要跟上时代的步伐，就必须不断学习新的劳动技能，而终身学习是达到这一目的的唯一途径。主动学习的精神和善于学习的方法对具有终身学习观的人来说是不可缺的，而多媒体和网络的存在为实现终身学习提供了巨大的便利。在英语教学中，教师应该指导学生合理利用互联网，为学生学习英语创造完全自由、自主的空间，培养学生良好的学习自觉性、自主性和创造能力。

6.实施个性化教学

在教育研究界,"个别教学"与"个性化教学"的概念往往被混淆。个别教学的英文是 Tutorial Instruction,个性化教学的英文有 Individualized Instruction,Individualized Teaching,Personalized Instruction 等。这些词组之间含义相近,但也存在一定的差异。我们对 Individualized Teaching 和 Individualized Instruction 两个术语做了区分。前者强调的是教学过程中师生之间、学习者与学习者之间以及学习者与学习资源之间的互动;后者强调的是学习者可以按照自己的步调进行学习以及学习者参与制订自己的学习日程,它往往与非正规的课堂教学联系在一起。

就其实质而言,个性化教学意味着寻求各种不同的变体和途径,按照各种不同的个人特点去达到一般的培养目标。个性化教学要求教师和学校管理者采用适合学生的教学,使他们在个性、社会性以及学术性等方面的成长均超过传统的非个性化教学方法。教师适应学生是学习过程的核心,而非传统的学生适应教师。因此,个性化教学并非教学的一种形式,而是可采用各种形式去实现其个性发展培养目标的教学。在这一教学过程中,可以运用个别教学、小组教学和班级教学等多种教学组织形式,但在运用的过程中又不局限于某一种教学组织形式。

新的教学目标、新的教学理念和教育技术的不断发展,促使着现代英语教学实施个性化教学,这也是英语教学的必然发展趋势。个性化教学不仅要求教学设计个性化、教学方法个性化,还要求教学评估个性化。在英语教学中,如果充分考虑学生间的差异,考虑学生的个性,在教学中进行个性化教学,必然会使英语教学产生最大的成效,有利于素质教育的顺利开展与学生个性化的发展。

7.采用科学、合理的教学评价方式

教学评价是对教学活动的一种价值判断,教学评价方法是由教育价值观决定的。因此,改革教学评价必须以改革教育观念为前提。知识本位的价值观,使教师在英语教学中注重知识的传授而忽视语言能力的培养,教师以为将英语基础知识讲深讲透、精讲多练,就会帮助学生学好英语。但是,为了适应 21 世纪对人才的需求,我们需改变教育价值观,将知识本位的教育价值观转变为学生发展本位的教育价值观。学生发展本位教育价值观就是要求英语教师关注学生的发展,以学生的发展需要作为教学导向,这是与当今时代发展对我们英语教学的要求相适应的。

教学价值观决定了教学评价方式,也决定了教学评价应遵循的原则。实施英语课程评价应遵循激励性原则、多元化原则、情感原则。

(1)激励性原则。

在过去的英语教学中,由于教育观念的偏差,我们总是把评价与考试画上等号,导致学生将学英语视为残酷的分数竞争。学生在考试成绩中看不到自己英语学习的进步,对学习英语失去兴趣与信心;教师通过考试这种评价方式也不能发现学生在英语学习过程中遇到的问题与困难,不能及时对学生给予帮助与激励。现在,我们要实施科学的英语评价体系,首先要明确,实施评价的目的是为了学生的全面发展,在对英语教学进行评价时一定要体现评价的激励作用。

(2)多元化原则。

在英语教学中,建立新型的评价体系必须抛弃以前把教师作为唯一的评价者、把学生作为唯一的评价对象的做法,而要建立多元化的评价体系,包括评价目标多元、评价主体多元、评价工具多元。其中最为重要的是评价主体的多元性,教学的管理者、英语教师、学生和家长都担负着评价对方、自我评价与合作评价的任务。比如,一个英语教师不仅需要自己对教材的使用及学生的学习做出评价,还需要来自学生、教学的管理者、家长和其他教师的合作评价。只有这样,教师才能利用评价的反馈信息指导自己的教学,改善自己在教学中的不足,提高自我素质,提高教学效果和教学质量。多元评价有利于教师了解学生的学习状况,激励学生的学习热情,发挥学生的特长,调整教学,为学生提供最大的发展空间。

(3)情感原则。

在进行英语教学评价时,应该遵循情感原则,原因如下:英语作为交际的工具,是表达感情的工具。教师的教与学生的学都是带着情感的。情感与教学有着密切的联系,情感差异导致了教与学的差异。评价英语教学时,过分关注一次考试的结果,以分数作为评价学生英语学习成果、英语运用能力的依据,只能看到他是否掌握了必要的英语基础知识,不能评价他是否会用英语来表达自己的丰富感情。但是,英语教学脱离不了情感。因此,我们需要在评价中强调情感教学,要注意情感对教学的影响,要注意人的心理体验,在评价学生时,教师要带着积极的情感关注学生的进步、善待学生,让学生从评价中获益。

第三节　高校英语教学改革与发展方向

■ 一、高校英语教学改革的内容

20 世纪 80 年代中后期到 90 年代早中期,大量经过正规语言技能训练的英语专业本科毕业生和研究生加入高校英语教师队伍,高校英语教学出现了空前的喜人局面。也正是这个时候,形势的发展开始对高校毕业生有了更高的要求,不同院校发展的差异也日趋明显。外语教学理念从以教师为主转向以学生为主,"一刀切"的教学管理转向个性化教学,多媒体教学和网络教学也提到日程上来。

但是,我们的英语教学没有跟上这个形势,没有强调各院校的差别,没有强调听、说、读、写、译综合运用能力的培养,仍然以阅读为主,用一把尺衡量全国的高校英语教学。不少院校把考试通过率当成教师教学业绩的重要组成部分,造成了空前的大面积应试教学现象。

教育不是为某些人的利益服务的,而是为社会服务的。国内外的形势在变化,社会发展对英语学习的要求越来越高,全球经济一体化、我国加入WTO、国际交流活动越来越频繁,使得英语越来越被需要。但根据调查发现,用人单位对大学毕业生的英语综合运用能力普遍感到不满意,对口语及写作能力更为不满。所以为了适应我国高等教育发展的新形势,深化教学改革,提高教学质量,满足新时期国家和社会对人才的需要,教育部高等教育司在2007年制定了《大学英语课程教学要求》(以下简称《课程要求》),作为各高等学校组织非英语专业本科生英语学习的主要依据。鉴于全国高等学校的教学资源、学生入学水平以及所面临的社会需求不尽相同,各高等学校应参照《课程要求》,根据本校的实际情况,制定科学、系统、个性化的大学英语教学大纲,指导本校的大学英语教学。

1.教学性质和目标

大学英语教学是高等教育的一个有机组成部分,大学英语课程是大学生的一门必修基础课程。大学英语是以外语教学理论为指导,以英语语言知识和应用技能、跨文化交际和学习策略为主要内容,并集多种教学模式和教学手段为一体的教学体系。

大学英语的教学目标是培养学生的英语综合应用能力,特别是听说能力,使他们在今后的学习、工作和社会交往中能用英语有效地进行交际,同时增强其自主学习能力,提高综合文化素养,以适应我国社会发展和国际交流的需要。

2.教学要求

我国幅员辽阔,各地区、各高校之间情况差异较大,大学英语教学应贯彻分类指导、因材施教的原则,以适应个性化教学的实际需要。

大学阶段的英语教学要求分为三个层次,即一般要求、较高要求和更高要求。这是我国高等学校非英语专业本科生经过大学阶段的英语学习与实践应当选择达到的标准。一般要求是高等学校非英语专业本科毕业生应达到的基本要求。较高要求或更高要求是为有条件的学校根据自己的办学定位、类型和人才培养目标所选择的标准。各高等学校应根据本校实际情况确定教学目标，并创造条件，使那些英语起点水平较高、学有余力的学生能够达到较高要求或更高要求。

3.课程设置

各高等学校应根据实际情况，按照《课程要求》和本校的大学英语教学目标设计出各自的大学英语课程体系，将综合英语类、语言技能类、语言应用类、语言文化类和专业英语类等必修课程和选修课程有机结合，确保不同层次的学生在英语应用能力方面得到充分的训练和提高。

大学英语课程的设计应充分考虑听说能力的培养要求，并给予足够的学时和学分，应大量使用先进的信息技术，开发和建设各种基于计算机和网络的课程，为学生提供良好的语言学习环境。

大学英语课程不仅是一门语言基础课程，也是拓宽知识、了解世界文化的素质教育课程，兼有工具性和人文性。因此，设计大学英语课程时应当充分考虑对学生的文化素质培养和国际文化知识的传授。

无论是主要基于计算机的课程，还是主要基于课堂教学的课程，其设置都要充分体现个性化，考虑不同起点的学生。既要照顾起点低的学生，又要为基础好的学生创造发展的空间；既能帮助学生打下扎实的语言基础，又能培养他们较强的实际应用能力尤其是听说能力；既要保证学生在整个大学期间的英语语言水平稳步提高，又要有利于学生个性化的学习，以满足他们各自不同专业的发展需要。

4.教学模式

各高等学院应充分利用现代信息技术，采用基于计算机和课堂的英语教学模式，改进以教师讲授为主的单一教学模式。新的教学模式应以现代信息技术，特别是网络技术为支撑，使英语的教与学可以在一定程度上不受时间和地点的限制，朝着个性化和自主学习的方向发展。新的教学模式应体现英语教学实用性、知识性和趣味性相结合的原则，有利于调动教师和学生两个方面的积极性，尤其要体现学生在教学过程中的主体地位和教师在教学过程中的主导作用。在充分利用现代信息技术的同时，要合理继承传统教学模式中的优秀部分，发挥传统课堂教学的优势。

各高等教学应根据本校的条件和学生的英语水平，探索建立网络环境下的听、说教学模式,直接在局域网或校园网上进行听说教学和训练。读、写、译课程的教学既可在课堂进行,也可在计算机网络环境下进行。对于使用计算机网络教学的课程,应有相应的面授辅导课时,以保证学习的效果。

为实施新教学模式而研制的网上教学系统应涵盖教学、学习、反馈、管理的完整过程,包括学生学习和自评、教师授课、教师在线辅导、对学生学习和教师辅导的监控管理等模块,能随时记录、了解、检测学生的学习情况以及教师的教学与辅导情况,体现交互性和多媒体性,易于操作。各高等学校应选用优秀的教学软件,鼓励教师有效地使用网络、多媒体及其他教学资源。

教学模式改革的目的之一是促进学生个性化学习方法的形成和学生自主学习能力的发展。新教学模式应能使学生选择适合自己需要的材料和方法进行学习,获得学习策略的指导,逐步提高其自主学习的能力。

教学模式的改变不仅是教学方法和教学手段的变化,而且是教学理念的转变,是实现从以教师为中心、单纯传授语言知识和技能的教学思想和实践向以学生为中心、既传授语言知识与技能,更注重培养语言实际应用能力和自主学习能力为向导的终身教育的转变。

5.教学评估

教学评估是大学英语课程教学的一个重要环节。全面、客观、科学、准确的评估体系对于实现教学目标至关重要。教学评估既是教师获取教学反馈信息、改进教学管理、保证教学质量的重要依据,又是学生调整学习策略、改进学习方法、提高学习效率和取得良好学习效果的有效手段。

对学生学习的评估分为形成性评估和终结性评估两种。

形成性评估是教学过程中进行的过程性和发展性评估,即根据教学目标,采用多种评估手段和形式,跟踪教学过程,反馈教学信息,促进学生全面发展。形成性评估特别有利于对学生自主学习的过程进行有效监控,在实施基于计算机和课堂的教学模式中尤为重要。形成性评估包括学生自我评估、学生相互间的评估、教师对学生的评估、教务部门对学生的评估等。形成性评估可以采用课堂活动和课外活动记录、网上自学记录、学习档案记录、访谈和座谈等多种形式,以便对学生学习过程进行观察、评价和监督,促进学生有效地学习。

终结性评估是在一个教学阶段结束时进行的总结性评估。终结性评估主要包括期末考试和水平考试。这种考试应以评价学生的英语综合应用能力为主,不仅要对学生的读、写、译能力进行考核,而且要加强对学生听说能力的考核。

教学评估还包括对教师的评估,即对其教学过程和教学效果的评估。对教师的评估不能仅仅依据学生的考试成绩,而应全面考核教师的教学态度、教学手段、教学方法、教学内容、教学组织和教学效果等。

各级教育行政部门和各高等学校应将大学英语课程教学评估作为学校本科教学工作水平评估的一项重要内容。

6.教学管理

大学英语教学管理应贯穿于大学英语教学的全过程。通过强化教学过程的指导、督促和检查,确保大学英语教学达到制定的教学目标。为此,应做好以下几个方面工作。

(1)完善的教学文件和教学管理文件。

教学文件包括:学校的大学英语教学大纲和各门课程的教学目标、课程描述、教学安排、教学内容、教学进度、考核方式等。教学管理文件包括:学籍和学分管理、教学考核规范、学生学校成绩和学习记录、考试试卷分析总结、教师授课基本要求以及教研活动记录等。大学英语课程要融入学习的学分制体系,尽量保证在本科总学分中占 10%(16 学分左右)。学生通过计算机学习完成的课程,经考试合格,应计算学分。建议学生通过计算机学习所获学分的比例在大学英语学习总学分中不低于 30%。

(2)完善教师的聘任管理,确保生师比合理。

除课堂教学之外,对面授辅导、网络指导和第二课堂指导的课时应计入教师的教学工作量。

(3)健全教师培训体制。

教师素质是提高教学质量的关键,也是大学英语课程建设和发展的关键。学校应建设年龄、学历和职称结构合理的师资队伍,加强对教师的培训和培养工作,鼓励教师围绕教学质量的提高积极开展教学研究,创造条件,因地制宜开展多种形式的教研活动,促进教师在教学和研究工作中进行富有成效的合作,使他们尽快适应新的教学模式。同时要合理安排教师进行学术休假和进修,以促进他们学术水平的不断提高和教学方法的不断改进。

二、高校英语教学的发展方向

1.灵活衡量各大院校英语水平

《课程要求》中承认差别,留有余地。允许一流院校有更高教学目标,也允许后进的院校只达到基本要求。即使同一所学校的学生也会因为生源不同而英语水平迥异,要求起点不同的学生达到统一的目标是不合理的。所以《课程要求》中建议实施分级教学。

2.从"阅读为主"到"听、说为主"

重视阅读是我国大学英语教学的重要特色,也充分体现在历届大学英语教学大纲和教学目标之中。从 1962 年的第一份大学英语教学大纲把阅读当成唯一的教学目标开始,到 1999 年大学英语教学大纲仍然把阅读看成第一层次教学目标。1999 年大学英语教学目标中尽管增加了"用英语交流信息"这一条,但没有明确提出培养学生的语言交际能力,这引起广大教师的质疑。

2007 年《课程要求》规定:"大学英语的教学目的是培养学生英语综合应用能力,特别是听说能力,使他们在今后工作和社会交往中能用英语有效地进行口头和书面的信息交流,同时增强其自主学习能力、提高综合文化素养,以适应我国经济发展和国际交流的需要。"《课程要求》把教学目标重新确立为"培养学生英语综合应用能力,特别是听说能力",这是一个重大突破,即在强调听、说、读、写各种能力协调发展的同时,把听、说放在英语教学的重要位置。

3.从"以教师为中心"到"以学生为中心"

传统的外语教学注重语言结构,认为语言是一套自治的语法系统,学会了语法规则,就学会了语言,获得了使用语言的能力,在此基础上所形成的是"以教师为中心"的教学原则。

随着语言教学理论的发展,尤其是随着交际语言教学法的兴起,"以学生为中心"教学原则的提出促进了外语教学的发展,提高了学生学习的主动性、积极性,在很大程度上弥补了传统教学法的不足。

以学生为中心这一概念源于 19 世纪美国教育学家杜威(J.Dewey)所提出的以儿童为中心的理念。杜威反对在教学中以教师为中心,反对在课堂教学中采用填鸭式、灌输式教学,而应该以儿童为中心组织教学,发挥儿童学习主体的主观能动性。而后,人本主义代表人物罗杰斯(C.R.Rodgers)在20世纪五六十年代提出"以学生为中心"的教育理念,认为学习者天生就拥有学习的潜力,如果学习的内容与学习者的个人需求相关,而且学习者又积极参与,这样的学习就是有效的学习。在这一教学观点的影响下,教师意识到教学要从以往的以教师为主,过渡到以学生为主;教师从以往的居高临下的指挥者和知识的灌输者,变为学生学习的参与者、组织者、合作者、指导者和推动者。对教师来说,如何在以学生为中心的教学中发挥自己的作用,而避免出现以往的"一言堂"的局面,同时保证良好的教学效果是迫在眉睫的需要解决的实际问题。

在目前的"以学生为中心"的教学中,强调学生的自主性、自发性,但不意味着教师作用的减少,也绝不意味着教师的任务会变轻松。以学生为中心的教学非常重视课堂活动的开展。教师无疑要参与到活动中去,并与学生合作完成整个教学活动,当然在活动开展的同时要给予学生指导,最后对学习活动的开展情况和学习效果做出评估,促进教学的良好运行。从广义上来讲,教师类似于一种"学生顾问"的角色,教师要帮助学生做好学习准备,分析学生的需求,充分了解学习的相关内容等。相比于传统的教学,教师要做的工作更多了,难度也加大了。

4.以学科为依托的大学英语教学模式

在全球多元化的今天,国际交流与合作日益增加,各行各业对复合型外语人才的需求越来越大,由此,企业对学生的与专业有关的专门用途英语水平的要求也越来越高。复合型英语人才的培养大致可分为两类:一类是"专业+英语",另一类是"英语+专业"。"专业+英语"的人才以英语为工具从事专业工作。学生可以根据自身需要选择两个学科或多个学科的课程。例如:经贸+英语、机械+英语、化工+英语等,利用英语知识来指导自己的专业方向的发展。而"英语+专业"的人才主要作为信息交流的媒介从事各种口译、笔译工作。在日常实践过程中,这两类人才的培养都是以英语基础和多学科知识的交融为出发点,力求培养出具有综合性、创新性而又对本学科、本专业的问题能融会贯通的高科技人才。

因此,各专业大学毕业生不仅要具备一般的英语听、说、读、写能力,更要具备能以英语为工具获取各自专业领域内的信息,尤其能使用英语参与各自学术领域的国际学术交流等方面的能力。而目前的大学英语教学仍停留在传统的以讲解语言知识点为主的"记忆型教学",还没有完全摆脱应试作用的负面影响。这样的教学模式使学生的学习积极性不高,课堂气氛沉闷,教学效果不佳,这与英语教学的目的和语言作为交际工具的本质背道而驰。这样的语言学习脱离学生各自专业学科特点以及学术需求,势必使学生的实际运用外语水平无法适应未来工作岗位的要求,显然,传统的教学模式已无法满足社会发展的需要,在某种程度上也制约了学生的发展。

(1)以学科内容为依托的英语教学模式为大学英语教学提供了新的方向。

它强调将语言教学融于学科内容教学之中,强调结合专业进行语言教学。这种教学范式既能满足学生学习各种学科文化知识的要求,又可达到提高英语综合运用能力和语用能力的目的。

以学科内容为依托学(Content-Based Instruction,简称 CBI)的英语教,是指在英语教学中,教学活动并不是按照语言教学大纲,而是围绕学生所要学习的内容和获取的信息而展开的,也就是将语言教学建立于某个学科的教学之上,把语言学习与学科知识学习结合起来,在提高学生学科知识和认知能力的同时,促进其语言水平的提高。这一教学理念产生于 20 世纪 60 年代在加拿大蒙特利尔开展的"沉浸式"教学实验,后来渐渐得到语言教育界的广泛关注,CBI 教学也在世界各地开展起来并取得了良好的效果。如在加拿大开展的依托式教育,一个学期后,参加实验教学的学生的学科成绩与用母语上同一门课的成绩一样好,同时他们的二语水平提高的程度也非常大。近几年来,我国也对 CBI 教学进行了积极尝试,如袁平华(2011)、潘孝泉(2012)等人都指出了 CBI 教学的优越性和可行性,然而 CBI 教学在我国仍处于起步阶段。

(2)复合型人才的培养必须根据各个学校实际情况、因地制宜进行全面规划。

单靠外语系的努力是难以实现比较全面的办学模式的。比如一些院校曾经试图利用外语教师开设一些英语教师很难承担的专业课程,效果很不理想,忘记了"英语为本"的原则,致使学生既没学好英语,也没学好专业知识。同时,复合型人才的培养是系统工程,不是增设一两门课就可以奏效的。它必须要有良好的、能帮助学生具备复合型知识结构的学习环境。因此,开展以学生为主体的第二课堂教学活动也是十分必要的。

以学科内容为依托的大学英语教学突破了传统的教学模式,由单纯的语言教学转向语言和具体学科相结合的教学模式,最终实现以专业英语来推动和促进大学英语教学水平和质量的提高,培养学生具有更强的社会适应能力,成为应用型、复合型人才。但这种教学模式在实施过程中可能会出现师资、学生水平、教材、配套制度和措施、语言环境等问题,所以还有很长的路要走,我们应合理运用通过学科学习带动语言学习的有效教学模式,充分发挥其教学优势,不断地开展研究和实践,努力摸索出有中国特色的英语教学理念。

5.多媒体网络教学

新的《课程要求》首次在我国外语教育史上确定了计算机网络在外语教学中不可缺少的地位,计算机网络第一次真正意义上在外语教学中受到了重视,第一次真正意义上开始了和外语课程的整合,并有此引发了全国规模的大学英语教学改革。

以计算机网络为核心的现代信息技术引进外语课堂后,外语教学发生了巨大变化,这些变化主要反映在教学目标、方法、观念、教材、作用、环境、评估等方面。尤其是与传统教学相比,计算机多媒体教学软件可以保证发音地道,用生动形象的方式将所学内容呈现给学习者,图文并茂,画面生动,容易给学习者留下深刻印象,也使外语教学突破时空限制,使学生在任何时间、任何地点都能进行英语学习。

6.评估体系

好的教学大纲要有好的评估体系来保证它的顺利实施。这种交际型的、以学生为中心的教学模式和培养综合应用能力的目标,要求其评估体系也是交际型的、考察语言运用能力的。

目前英语测试纯客观题失宠就是因为客观测试过于强调形式的识别,较少考查语言的运用。现在的很多新型语言测试可以在计算机网上实现,而评估是开放性、形成性和多维型的。比如允许学生多次考试让他们看到自己的进步和努力,尊重个人的学习速度,学习阶段和自我感受,让他们以完成学习任务为目标,而不是应付考试而学习。

第二章

高校英语课程与教学理论基础

第一节　高校英语课程与教学理论基础

■ 一、语言学基础

大学英语属于二语习得理论研究的一部分。我国二语习得的途径，正规教育分为三个阶段：小学、中学和大学。部分幼儿园开始实施二语教育。

斯特曼（H.H.Stern）认为，外语是使用目的语的民族地域，使用的非母语的语言，二语是使用目的语的语言社区内学习和使用的非母语语言。外语是人们为了一定的目的需要而使用的语言。二语通常是语言学习者所在国家的官方语言或被认可的语言之一。罗德·艾里斯（Rod Ellis）认为，第二语言与外语的区别在于是否在"自然环境"下"获得"的。

二语习得研究作为一个独立学科，大概形成于 20 世纪 60 年代末 70 年代初，迄今为止已经有 40 多年的历史。与其他社会科学相比，二语习得研究是个新领域，大都借用母语研究、教育学研究或其他相关学科的方法。在过去 40 多年中，二语习得的研究方法不断发展变化，对该领域的研究起着非常重要的推动作用。二语习得研究的领域主要涉及中介语研究，包括两类：一类是语言能力研究，比如词汇学习研究。另一类是语用能力研究，涉及学习者内外部因素研究。二语习得研究学者韩宁统计了权威二语习得杂志 *TESOL Quarterly* 发表的实证性文章，中国学者文秋芳、王立非也统计了这本杂志上的文章研究方法得出：量化法于 20 世纪 80 年代中期步入成熟期，质化法于 20 世纪 90 年代步入成熟期，二语习得研究方法呈现两个最新发展趋势：①运用微变化研究法来探讨二语习得机制；②中介语对比分析方法成为二语习得研究的新手段。1984 年，我国的二语习得在研究方法上不断发展，反映在实证研究方法进入了应用与普及阶段；基于语料库的中介语研究迅速发展，已经处于国际先进水平。

其中，库瑞申（Krashen）的"监察模式"（Monitor Model）理论在第二语言习得理论中占有重要地位，曾引起外语教育界广泛的关注和讨论。在"监察模式"理论中，库瑞申提出著名的五个假设：习得——学习假设、监察假设、自然顺序假设、输入假设及情感过滤假设。库瑞申认为，第二语言习得涉及习得与学习两个不同过程。所谓"习得"过程，在他看来主要指以获取第二语言信息或以第二语言信息交流为目的的第二语言习得过程。而第二语言的"学习"是指有意识的第二语言规则的学习。他认为第二语言的"习得"与第二语言的"学习"是两种既不相同，又不能相互沟通或转换的过程;他认为只通过"学习"掌握的第二语言知识无法转换为第二语言习得的系统知识,不能用来在自然交际环境中表达说话者欲表达的意义,而只发挥一种"监控"的作用。而只有通过"习得"掌握的第二语言,才能用来在自然交际环境中表达说话者欲表达的意义。所谓"监控",库瑞申认为是指学生对自己第二语言输出的质量进行有意识的监控。这种"监控",既可以发生在第二语言输出之前,也可能发生在第二语言输出之间或第二语言输出之后。库瑞申的"自然顺序假说"认为,第二语言规则的习得常常是以一种可以预示的、有顺序的逐步掌握,其中某些规则的掌握往往要先于另一些规则的掌握,这种顺序具有普遍性。而且,有些迹象表明,这种顺序与课堂教学的顺序是没有什么关系的。库瑞申的"自然顺序假说"认为,无论是学生还是成年人,他们在第二语言的习得过程中,都自然会依据一定的逻辑顺序习得第二语言的语法结构,而不太注意第二语言能力的习得。当第二语言学习开始关注在自然状态的第二语言交流时,这种情况更为明显。第二语言"输入假说"是库瑞申"监控理论"的核心。他试图用自己的"监控理论最重要的部分"解答第二语言习得究竟是如何产生的,以及用何种方式(课堂内外)学习语言才能最有效地促进第二语言习得这一重大理论问题。他的第二语言"输入假说"认为,第二语言学习往往是通过对第二语言输入信息的理解而渐次习得第二语言,因此,"理解性第二语言输入"是第二语言习得的必要条件。在他的假说中,所谓的"理解性第二语言输入",是指第二语言在输入的过程中,既不能太难,也不能太容易,也就是说,第二语言的输入难度应当稍稍高于学生目前的第二语言水平。因为只有当学生所接触到的第二语言材料是"可以理解的",才能对第二语言的学习与提高产生积极的作用,否则,对第二语言的学习是没有任何作用的。库瑞申试图用"情感过滤假说"说明第二语言学习的速度为何有快有慢,学生最终达到的语言水平也是参差不齐。按照他的观点,学生之间之所以在语言习得过程中存在着多方面的差异,不仅仅是由于第二语言学习接受的"可理解的第二语言"输入的信息量不相同,还在于第二语言学习不同的情感因素所产生的影响。具体地讲,他认为不恰当的情感(如学习动力不足、过渡焦虑等)绝对会对第二语言输入产生负面影响,从而使学生无法进入语言习得机制,当然也就不能顺利地进行第二语言的习得。以上可见,库瑞申的"监控理论",尤其是他的"理解性第二语言输入"的观点,从某种程度上讲揭示了第二语言习得的规律,无疑是应用语言学的一个重大飞跃,然而,他整个"监控理论"的局限性也是显而易见的。他的第二语言"学习"与"习得"过程的区分在理论上似乎是可行的,但在实际的教学过程中却很难把握。只有通过参加各种形式的英语活动,选择最适合自己的英语输入方式,在英语学习中树立自信心等,才有可能在非"自然环境"下取得英语学习的最佳效果。

二、应用语言学理论

应用语言学自 20 世纪中期崭露头角以来,到今天已经发展成为一门愈发举世瞩目的重要学科,应用语言学的研究既是丰富多彩的,又是千姿百态的,它那宽宏的包容特性,使它与交际学、心理学、社会学、跨文化交际学,人类文化学等学科保持着千丝万缕的关联。它那潜力巨大的内涵和外延,又使得它与语用学、文体学、修辞学、社会语言学发生交织。语言心理学、文化语言学、认知语言学等学科之间有着难分难解的血缘关系。仅从传统的定义范畴来看,应用语言学的主要研究领域囊括了"语言的教与学""语言师资培训""语言教学大纲建设"三大领域。从发展趋势来看,尤其在 21 世纪的今天,语言与社会、语言与文化、语言与教育、语言与人的心理、语言与数理科学、语言与计算机科学之间存在着越来越广泛、越来越深刻、越来越紧密、越来越直接的联系。大学英语课程改革的研究涉及的教与学、教师和学生发展都属于应用语言学范畴。

三、课程与教师发展理论

国外关于课程改革的专著有《课程与教师》(佐藤学著,教育科学出版社)、《教育改革批判与后结构主义的视角》(鲍尔著,华东师范大学出版社)、《学习的快乐——走向对话》(佐藤学著,教育科学出版社)、《走出教育改革的误区》(藤田英典著,人民教育出版社)、《现代日本教育课程改革》(水原克敏著,教育科学出版社)等。这类文献谈到了国际教育和课程改革的发展趋势,并为本研究提供了一定的理论参照。

20 世纪 80 年代以来的教育变革浪潮中,有两个明显的趋势:一个是强调课程变革在教育变革中的核心地位;另一个是强调教师对于教育质量的决定性作用。课程变革和教师专业发展是互相关联的。如果课程是教育活动中的施工蓝图,那么教师的工作就是按照课程蓝图施工完成教学。课程变革的取向有忠实取向.相互适应取向和创新取向。其内在的依据便是课程与教师的关系。

从课程理论研究的发展阶段——科学化课程开发来看,在课程开始成为独立的研究领域时,一般是将教师置于其外。课程由课程专家、学科专家来设定,这种将"老师"排外的课程开发思想导致了课程与教师之间的脱节。

施瓦布(Schwab)认为,课程应该将学科内容、学习者、环境和教师、课程编制自身的五方面内容结合起来。斯滕豪斯(Stern-house)更是认为,外来的课程人员开发的课程实际是有待教师在教室情境中加以考验的研究假设,每一位教师都可以根据在教室情境中运作课程的实施体验,做出自己的专业判断,决定接受、修正甚至拒绝课程。日本学者佐藤学认为20世纪70年代中叶以后,课程研究的范式发生了转变,研究的焦点转向了教师。教师从受控于课程到积极参与课程,甚至决定课程。

从教师演技,尤其是教师教育演技的进步来看,教师专业化是20世纪60年代之后,尤其是80年代以来的趋势和潮流。走向专业化的教师在自己的专业工作范围内拥有一定程度的自主决策权力。教师的经验和判断起着重要的中介作用,教师的自主权的发挥是潜在的力量,教师影响着课程如何变革、课程知识如何传递,决定着课程模式和课程的开放模式。

课程改革实施与其说是科学的教育技术的合理应用过程,不如说是教师在复杂动态的课堂环境中展开反思性实践的过程。课程变革中的教师专业知识的发展包括缄默知识、实践性知识和学科教学知识。

一直以来,实践取向的教师专业发展模式有两种:一种是地区组织的人员培训;另一种是大学专家提供的学位课程、研讨班等,这些知识一般学术性较强而应用性较差。实践性知识是在教师长期的教学实践中获得,其改进和提升依然离不开教师的主题参与和实践反思。但是实践性知识常常是比较零散的,必须加以系统化整理。

再次,实践取向的教师专业化发展得到学校组织文化支持。实践取向的教师专业发展注重并扎根于教师的日常生活实践工作中。这意味着教师专业生活方式的变化。教师在教学的同时,要不断吸收来自同伴、专家的多种智慧资源,在解决教学中遇到问题的过程中促进实践性力量的生成,使得自身获得专业发展。实践取向的教师专业发展的核心是教师与自我、同事、大学研究人员的对话合作,能够使其构成的组织文化是合作的组织文化,其组织形式则是教师专业学习共同体。但是教师专业学习共同体并不等于教师的聚集,并不是说教师们围坐在一起开会就表明了专业学习共同体的完成,深层的合作文化的形成要复杂得多。合作文化分为行政强加的和组织引导的。前者是行政部门采取自上而下的方法直接操纵教师的合作行为和实践,是一种人为的合作;后者是外部力量采取自上而下的方法,旨在操纵教师工作生活的环境,试图逐渐培养其自然的合作文化,无疑是自然培育的合作文化更为长久。大学英语课程改革涉及的课程要素是顺应课程与教师发展理论的。

四、组织行为学和人力资源管理

“组织行为学”作为“行为管理学派”的理论基础,体现了以人为中心的“人本管理"思想;"组织行为学"重视群体的作用和研究,认为它既是现代管理和生产中必不可少的组织细胞,也是影响和改变成员态度行为的重要基地;"组织行为学"把系统论、权变论等观点引入管理,特别强调组织适应环境、增强自我更新的能力。

组织行为学是在管理科学发展的基础上产生和发展起来的。管理是人类社会的永恒主题,它是人类社会有序发展组织行为学书籍的推动力。管理是管理者运用一定的职能和手段协调他人的活动,使他人同自己一起高效率地实现既定目标的活动过程。尽管管理活动自古就有,但形成一门独立的学科是在19世纪末至20世纪初。1911年泰罗(Taylor)的《科学管理原理》一书的出版,标志着管理学作为一门独立学科的诞生。人是管理的主体,也是管理的对象,研究人的行为规律便成为管理学的重要内容。社会的进步促使组织中的管理者必须重视对人的管理,组织管理学、人事管理学这些管理学的分支越来越显示出在管理体系中的地位,组织行为学就是在此基础上产生和发展起来的。

管理学理论的发展受到社会生产力和科学技术发展水平的制约,经历了不同的发展阶段。按照比较公认的说法,可以分为以下四个阶段:一是科学管理学派阶段。20世纪初到30年代,以美国的泰罗、法国的法约尔(H.Fayol)、德国的韦伯(M. Weber)为代表的古典管理学派。泰罗是科学管理的倡导者,被称为"科学管理之父",从根源上讲泰罗是组织行为学先驱者中最重要的一位。这一时期正是大工业快速发展的阶段,人们关注的是生产的效率。泰罗对工作进行动作和时间研究,注重工作的分析和设计,在钢铁公司进行了一系列的实验:搬运铁块、铲铁锹等,将人的动作进行分解和设计,提出了劳动定额、工时定额、计件工资制等。这一阶段的管理理论重视对物的研究,而忽视人的因素。二是行为学派阶段。行为学派产生于20世纪20—60年代。其代表人物是梅约、麦格雷戈等,他们提出了著名的人际关系理论。在行为科学的发展史中被称为里程碑式的实验就是1924年开始的霍桑实验。美国哈佛大学心理学教授梅奥(Mayo)1927年接管并主持了霍桑实验。霍桑实验是指在美国芝加哥西部电器公司所属的霍桑工厂进行的一系列的心理学研究的总称。霍桑实验共分为四个阶段。第一阶段被称作"照明实验"。当时的实验假设是提高照明度会有助于减少疲劳,提高生产效率。但不管是提高照明度,还是降低照明度,一个组的照明已经降到月光的程度,工人的产量仍然提高,专家无法解释是什么原因促使产量的增加。梅奥的重要研究成果产生了人际关系理论。梅奥另外三个阶段的实验为福利实验、随访实验、观察实验。三是管理科学学派阶段。管理科学学派产生于20世纪六七十年代。其代表人物有钱德勒(Chandler)、劳伦斯(Lawrence)等,其特点是把系统科学的理论应用于管理,即我们通常说的系统论、信息论、控制论等应用于管理领域,形成新的组织管理技术和方法。四是综合性的现代管理学派阶段。管理科学学派产生于20世纪70年代以后,这一阶段综合了前三个阶段的研究成果,把组织看作一个开放的社会模式,把管理科学和行为科学结合起来,创立了系统工程这一新的管理理论。系统工程强调系统的组织和规划,解决了多种目标的矛盾。

虽然我国传统文化蕴含着丰富的管理心理学思想,但这些思想基本上停留在经验和朴素的认识上。组织行为学作为一门独立的学科,是从西方引进的。1935—1937 年周先庚与陈立合作,在北平南口机车厂进行了关于职工提合理化建议的调查研究,试图从心理学的角度摸索调动职工积极性的途径,这是中国最早的工业心理实验研究。1935 年我国著名心理学家陈立撰写并出版了《工业心理学概观》一书,第一次从环境、疲劳、休息、工作方法、事故与效率,以及工业组织、激励与动机等重要方面,系统论述了中国工业心理学和管理心理学的基本问题。从 20 世纪50 年代开始,我国已逐步开展工程心理学和劳动心理学的研究,但管理心理学的起步较晚。在 20 世纪 60 年代,我国学术界对西方正在迅速发展的工业与组织心理学知之甚少。直到 20 世纪 70 年代末,我国转向以经济建设为中心,工业部门感到需要运用心理学的知识调动企业管理者和职工的积极性,心理学界也感到需要开展有关生产管理中的心理学问题的研究,正是在这种改革和开放的形势下,管理心理学才逐步得到发展。1980 年中国心理学会工业心理专业委员会的成立,标志着我国组织行为学的起步。中国行为科学学会成立于 1985 年,实际上是组织行为学会,迄今为止各省市基本上都成立了行为科学学会。

从 20 世纪 80 年代开始,我国有两个工业心理学的专门研究机构,从事组织行为学的研究。一个是中国科学院心理研究所社会经济与心理行为研究中心(原名工业心理研究室),另一个是浙江大学的工程心理学系。它们均为博士学位授予单位。20 世纪 90 年代之后,随着我国人力资源管理热的兴起,全国许多高校的管理学院的部分教师开始从事组织行为学的教学和研究,一批硕士生和博士生以组织行为学领域作为学位论文的课题。从 20 世纪 80 年代起,我国翻译出版了一批国外较有影响的著作,如薛恩(Shein)的《组织心理学》、马斯洛(Maslow)的《动机与人格》、麦考密克(McCormick)等人的《工业与组织心理学》以及一些以"管理心理学"和"组织行为学"命名的其他著作。1985 年出版了第一部由我国学者卢盛忠编写的《管理心理学》教材,随后又出版了许多管理心理学和组织行为学的著作。其中,比较有影响的有俞文钊的《管理心理学》,陈立的《工业管理心理学》,徐联仓、陈龙的《管理心理学》和王重鸣的《劳动人事心理学》等。据不完全统计,这类著作逾百种。在这个领域内,也开展了多方面的研究,包括激励、人员测评、岗位胜任特征、工作业绩评价、管理培训与发展、领导的 CPM 理论、变革型领导、管理决策、跨文化研究、组织气氛和组织文化、组织公民行为等,取得了可喜的成绩。但是,与西方发达国家特别是美国相比,我国在研究和从业人员数量、成果的数量和创新性、社会影响等方面仍存在较大的差距。

20世纪60年代,美国经济学家舒尔茨(Schulz)和贝克尔(Becker)创立的人力资本理论,开辟了人类关于人的生产能力分析的新思路。人力资本理论主要包括:①人力资源是一切资源中最主要的资源,人力资本理论是经济学的核心问题。②在经济增长中,人力资本的作用大于物质资本的作用。人力资本投资与国民收入成正比,比物质资源增长速度快。③人力资本的核心是提高人口质量,教育投资是人力资本投资的主要部分。不应当把人力资本的再生产仅仅视为一种消费,而应视同为一种投资,这种投资经济效益远远大于物质资本投资的经济效益。教育是提高人力资本最基本的主要手段,所以可以把人力投资视为教育投资问题。生产力三要素之一的人力资源显然还可以进一步分解为具有不同技术知识程度的人力资源。高技术知识程度的人力带来的产出明显高于技术程度低的人力。教育投资应以市场供求关系为依据,以人力价格的浮动为衡量符号。

人力资本理论突破了传统理论中的资本只是物质资本的束缚,将资本划分为人力资本和物质资本。这样就可以从全新的视角来研究经济理论与实践。该理论认为物质资本指现有物质产品上的资本,包括厂房、机器、设备、原材料、土地、货币和其他有价证券等,而人力资本则是体现在人身上的资本,即对生产者进行普通教育、职业培训等支出和其再接受教育的机会成本等价值在生产者身上的凝结,它是蕴含于人身中的各种生产知识、劳动与管理技能和健康素质的存量总和。

第二节　高校英语教学法的理论基础

英语教学法是英语教学过程中的一个重要成分,是为完成教学任务、实现教师怎样教、学生怎样学以及师生相互作用所采用的方式、手段和途径。各类教学理论在见解方面相互借鉴,理论内容互相融合。语言教学史上,曾先后出现过许多的英语教学法理论,如今我国仍在使用的有情境法(Situational Language Teaching Approach)、认知法(Cognitive Approach)、交际法(Communicative Approach)、语法翻译法(Grammar translation Method)、任务型教学法(Task — based Approach)等。

■　一、情境法

(一)情境教学法简介

情境教学法也叫视听法,主要针对听说法脱离语境、孤立地练习句型、影响学生有效使用语言能力培养的问题。20世纪50年代在法国产生了情境法。情景教学法是教师根据课文所描绘的情景,创设出形象鲜明的投影图画片,辅之生动的文学语言,并借助音乐的艺术感染力,再现课文所描绘的情景表象,师生就在此情此景之中进行着的一种情景交融的教学活动。在情境教学法中,语言被看作是与现实世界的目标和情景有关的有目的的活动。这种教学法对视觉辅助物依赖性很强,教师利用多媒体创造情景,新的语言点通过情景进行教学和操练,这样的教学法往往会让学生产生一种身临其境的感觉,同时还会激发学生学习英语的积极性和热情,帮助学生更为准确和牢固地完成对于英语知识点的记忆。

通过获得有价值的感性材料,可以实现英语教学理论与实践的有机结合,为英语的语言知识学习提供良好的条件。在外语教学中,良好的语言环境往往对于英语的感知起到很大的促进作用。情境的创设能够加速外语与事物的联系,有助于理解所学语言;重视整体结构的对话教学,使课堂变得生动活泼,学生学得自然,表达准确。但是情境法的不足之处是在运用过程中,强渊通过情景操练句型,在教学中只允许使用目的语而完全排除母语,这不利于对语言材料的彻底理解;教师若过分强调整体结构感知,就无法保证学生对语言项目的清楚认识。

情境教学法是教师根据课程内容,利用实物、图片、电教设备、动作表演及学生的真实心理,要求学生根据实际情景进行交际学习,面对复杂多变的因素做出独立的判断和灵活的应对。它的核心在于激发学生的情感,方法是在教学过程中,教师有目的地引入或创设以形象为主体的,并具有一定情绪色彩的生动具体场景,从而引起学生的态度体验,进而帮助学生理解教材,使学生的心理机能得到发展的教学方法。

情境教学法的基本步骤是:提出情境,学习语言;听说领先,反复操练;书面练习,巩固结构。在整个教学过程中,教师不但是语言楷模,还是教学活动的设计者和指挥官。作为语言楷模,教师要以正确的、地道的英语设计学习的情境,教师的语言是学生模仿的标准。作为课堂活动的设计者和指挥官,教师要组织和控制所有的课堂活动,同时要在教学中观察学生的错误,然后考虑下一课应如何设计教学以便帮助学生改正错误。

在情境法的课堂上,英语是教学语言,教师应用英语组织教学、解释语言项目和布置课下作业。但在解释语言词汇或结构时,如碰到一些难以解释的项目,教师也可使用母语讲解,但教师不鼓励学生使用母语。

(二)情境教学法在教学中的应用

亚历山大为使教师能遵循情景法的教学原则和操作步骤去教授《新概念英语》,在教师用书中,他不但就每册课本提出了具体的操作步骤,而且对每一课的课堂活动也做了详细说明。《新概念英语》的教学活动可以概括为：提出情景，学习语言；听说领先，反复操练；书面练习，巩固结构。

教师首先根据课本中提供的图画（情景）向学生说明将要学习的内容，接着是听力训练：听对话或课文的朗读（或录音）。由于教师要求学生合书而听，在这一阶段，学生只接触到声音符号和图画提供的信息，没有与文字符号打交道。然后，教师开始对课文或对话进行讲解，并要求学生明白新的词汇和语法结构。教师用英语解释，但碰到特别困难的词汇和结构时，也可用母语讲解。在学生理解课文内容的基础上，教师指导学生对课文的重点结构进行操练。操练时，教师向学生提供一定的语言线索或情景，控制操练的内容，学生则按要求口头操练不同的语言结构。比如，在教授《新概念英语》第二册第一课时，教师可以用两种形式来操练，即提问形式和句型练习形式。用提问形式来练习时，教师可说："Ask me if I went to the theatre."要求学生说出："Did you go to the theatre?"教师可以不断地提出要求，要求学生不断发问，如教师可说："Now put'when'in front of your question."这时学生应继续发问："when did you go to the theatre?"用句型操练形式练习时，教师提供关键词和练习的模式，要求学生操练课中的结构。例如，在练习简单句句型时，教师可以提供一定的语言线索，如"walk across the stage, slow"，要求学生说出："She walked across the stage slowly, didn't she?"句型操练后，教师还可以把一些关键词写在黑板上，要求学生口头复述课文内容。

在听、说练习的基础上，教师会安排笔头练习，好让学生把学到的语言结构加以巩固。笔头练习的形式包括：回答问题、句型转换、造句等。

■ 二、认知法

认知法是外语教学的一种方法，它所依据的观点是，语言学习是主动的心理活动而不单是形成习惯的过程。它强调学习者在运用和学习语言特别是学习语法过程中的积极作用。

（一）乔姆斯基——重句法轻语义

乔姆斯基对语义在语言研究中的位置这个问题的看法前后是不一致的。最初的是把注意力集中在句法上，将语义排除在他的语言体系之外。乔姆斯基在其成名著《句法结构》中明确指出："语法是独立发挥作用，不依靠意义的。"这种"语法独立论"实质上把语法视为纯形式的东西。他把意义比作头发的颜色，认为研究语法不需要研究意义就像研究语法不需要了解说话人头发的颜色一样。他的这种观点遭到很多学者的反对，反对者认为，语义必须包括在语言学之中，研究语言不考虑语义就如同研究牛奶可以不考虑奶牛一样站不住脚。

乔姆斯基本人也发现他建立的语法规则并不能解释所有的句子结构,从而感受到以前的观点过于绝对,应该进行修正。乔姆斯基接受了反对者的建议,在其《句法理论面面观》一书中考虑了语义因素,他说:"事实上,我们没有必要做出句法考虑和意义考虑可以截然分开的假设。"乔姆斯基不再坚持语法独的观点。不再认为先由句法生成深层结构,然后由深层结构进入意义,而是认为语法和意义共同发挥作用。他提出了一套解决语义问题的理论,即标准理论。标准理论分为语法、语音、语义三个部分。尽管乔姆斯基对其以前过于绝对的观点进行了修正,但他却没有赋予语法、语音、语义这三者以同等的地位,在句法和语义的关系上,乔姆斯基主张句法自主,认为句法研究可以不必依赖语义概念而独立进行。他认为,"句子的意义是建筑在其基本成分的意义以及它们的结合方式的基础上的,表面(直接构成成分)结构提供的结合方式一般跟语义解释几乎全然无关,然而在抽象的深层结构上表达的语法关系在许多情况下却决定句子的意义"。

乔姆斯基认为,语法的基础部分生成句法表达式,然后在语法的语义部分中通过一定的语义规则对句子的深层结构做出解释。语法系统中只有句法部分才具有创造性、生成性,语义部分只有解释性,没有生成性。尽管乔姆斯基后来对自己的理论又做了几次较大的修改,但是语法和语义的基本关系并未变动,他始终把语法看作是语言的基础,仍然遵守句法是独立于语义的,句法研究不应以语义为基础,形式必须独立于意义之外进行描述。

(二)乔姆斯基——语义内在论

自 20 世纪 60 年代开始,生成语言学理论成为西方语言学界最有影响的语言学说。建立在理性主义哲学基础上的生成语言学采取了与以往的语言学研究截然不同的理论和方法。它感兴趣的不再是实际存在中的外表化的语言,而是人类"内在"的语言能力。因此,生成语言学理论已经不是狭义的语法,而成为认知科学的一部分。但从语言学角度看,生成语言学实质上是广义的句法理论,旨在研究人类特有的生成无限句子的能力,其中也包括人类能够理解各种句子意义的内在能力。因此,句子语义研究就成了生成语言学理论体系中的一个十分重要的组成部分。

乔姆斯基认为语言能力是存在于大脑中的一个先天机制,语言具有自治性、生成性,强调心智上的内指性,提出了语义内指论的观点。

意义内在论的理论要点可以概括如下:①人类有创造和使用语言的能力。②意义独立于外界的感知刺激,意义先于词语,即在没有词语形式表达之前就已经存在于人脑之中。③意义无法从别人身上用归纳、类推或演绎的方式学得。④意义是一种个体的心理/认知事件,具有人类种属性。⑤个体之间关于意义的心理感受大体相同又相通。

乔姆斯基为证明意义先于词语的看法,给出了下面一些例证。

(1)任何人都有"心里有话说不出来"的情况,有许多意义和思想我们没有词语表达,意义的数量远远大于词语的数量。

(2)幼儿可以凭借一句话的句法信息辨认出母语中不存在的词语的意义。

(3)儿童能够识别父母话语所表达的意图、信念和意义,尽管他们尚无法用语言描绘出来。

(4)颜色词的意义在盲人与正常人的头脑里是一样的。

(5)哑语的语言结构及语言习得同正常人口语的语言结构及语言习得完全一样。

(6)大面积感觉器官的损伤对语言习得没有多大影响。

(7)新生儿对于出现在任何一种人类语言中的"对照"同样敏感。

乔姆斯基(1995)认为在意义问题上存在内在论与外在论之争,指称论和真值论的语义观属于外在论;语言被视为人脑的一种属性,意义存在于心智中,因而持内在论语义观。乔姆斯基认为语言是先天的、普遍的,是一种心智自治能力,独立于任何与外界相连接的东西,与身体经验无关,并认为语言一定具有一个使其成为语言这种东西的本质,内存于语言之中。

(三)主要教学活动和特点

认知法把外语教学过程分为三个阶段,即语言理解、语言能力和语言运用。

在第一阶段,学生要理解教师讲授或提供的外语材料,明白语言规则并懂得它们的构成和用法。按照认知法的理论,语言规则的讲授可采用发现法(discovery learning)。教师可提供易于使学生发现规则的语言材料,从已知到未知,引导学生发现和总结出语法规则。例如,讲到过去时的时候,教师可让学生复习现在时的句子:

He often plays basketball in the evening.

He often stays in the China Hotel.

He often stops to have a rest at noon.

然后说出或写出下面含有过去时的句子:

He played basketball yesterday afternoon.

He stayed in the Garden Hotel last week.

He stopped to have a rest at 2：00 yesterday.

教师引导学生总结出动词过去式的构成、用法和意义;提供适当的语言材料,引导学生理解和总结语言规则是第一阶段教学的工作。

第二阶段的教学主要是语言能力的培养。语言能力,必须在理解语法规则的基础上,通过有意识、有组织、有意义的操练来获得。操练形式是多种多样的,其中有些形式会与听说法的练习形式相同。但是认知法主张的是做表达思想感情的有意义的练习,而反对那种只重形式的机械性练习。练习的形式可以是看图说话、描绘情景、转述课文、造句和翻译等。

如果第二阶段的练习是紧扣课文、围绕课文的语言点进行且控制性较大的话,第三阶段的教学活动应该是控制性较小的、使学生享有更大自主权的交际性练习。教师通过多样化的交际性练习培养学生运用语言材料进行听、说、读、写的能力,特别注意培养学生真实的交际能力。

交际性的练习可以是按指定的情景进行交谈,如围绕在商店购物、在医院看病、在餐馆用餐等进行交谈;也可以是按指定的题目进行叙述和讨论。交际性的练习可以是口头的角色扮演,也可以是书面的作文和翻译。不管其形式如何,第三阶段的交际活动是以学生为中心的,教师处于从旁指导的地位。

认知法的教材按有利于培养学生发现和理解语言规则的原则来设计。教材中包括反映外语在不同情景中使用的电影、录像和录音等材料,以便让教师在教学时能对不同的语言结构进行不同形式的操练并创造外语环境让学生进行交际的操练。

认知法认为,在外语学习中,教学活动应以学生为中心,只有激发学生对外语的兴趣,激起他们学习上的动力,教会他们正确的学习方法,他们才能积极、主动和有创造性地学习外语。因此,在外语教学中教师是导师,引导学生解决学习上的问题,引导学生发现语言规则,创造情景让学生操练语言规则。学生是外语的积极使用者,他们在教师的指导下,发现语言规则、理解语言规则并在大量的交际活动中创造性地运用这些规则。

■ 三、交际法

交际法又称功能法或功能—意念法,产生于 20 世纪 70 年代初期的西欧共同体国家。交际法是人们深入研究语言功能的结果,标志着在外语教学中人们开始从只注意语言形式和结构的教学转向注意语言功能的教学。

(一)交际法简介

交际教学法是由威尔金斯提出的,其历史可以追溯到 20 世纪 60 年代,威尔金斯指出交际能力不仅仅包含语言知识,还应包括语言运用的能力,尤其应该注意语言运用的得体性,它包括对交际时间、交际场合、交际话题、交际方式等者多因素的灵活把握和运用。交际教学法使语言教学观发生了革命性的变化,在外语教学中发挥了巨大的作用。它提倡以语言功能项目为纲,强调在语言运用中学习语言,从而实现培养交际能力的教学目的。传统的英语教学,以教师为中心,采取"满堂灌"形式,忽略了学生语言技能的培养,这种教学越来越多地表现出与实际要求的脱离。交际教学法在师生共建的课堂互动模式中给学生提供更多使用语言的机会,在继承传统教学法合理成分的基础上,将学生能够运用英语语言能力作为学习的目的。它强调交际的过程,认为有没有一个具体的目标和明确的结果并不重要。交际教学法认为语言是实现交际目的的手段,但是仅仅具有听、说、读、写能力并不一定就能准确表达意念和理解思想,因为语言的交际功能受制于语言活动的社会因素,教学过程就必须交际化。这就意味着要尽可能避免机械操练,而应该让学生到真实的或接近真实的交际场合进行练习,感受情景、意念、态度、情感和文化修养等因素如何影响语言形式的选择和语言功能的发挥。因此,老师应该借助课堂或者多媒体教学多为学生创造、提供交际情景和场合。在真正意义上实现"用语言去学"和"学会用语言",而不是单纯的"学语言",更不是"学习关于语言的知识"。

(二)交际教学法的特点

交际途径有两个基本观点:一是外语学习者都有其特定的对外语的需要;二是语言是表情达意的体系,而不仅仅是生成句子的体系,社会交际功能是语言的主要功能。因此,交际途径的教学目标在于培养学生在特定的社会环境中使用外语进行交际的能力。为了实现这个目标,交际途径在设计大纲和选择教学活动方面采取了以下措施。

1.分析学生对外语的需要

在制定教学大纲时,首先分析学生对外语的需要,弄清楚这个学生为什么来学外语?他将来要在什么样的情景中使用外语?他将来用外语来进行什么样的活动?通过对学生需要的分析,就能知道这个学生需要掌握什么样的语言功能、什么样的文体和什么样的语言形式,并以此为依据制定出相应的教学大纲。这样的大纲能使学习者掌握他所需要的所有语言功能和形式,同时又避免学习他所不需要的内容。由于交际途径对学生需要的重视,"需要分析"已成为一个独立的研究课题,并在学生的需要分类、确定需要方法等方面进行了许多工作。

2.以意念/功能为纲

交际途径认为,以语法或情景为线索组织教学内容忽视学生的特殊需要,难以培养交际能力,且有许多副作用。交际途径在其形成之初主张以学习者所要表达的内容,即意念为线索,认为这样的意念大纲更能适应学生的具体需要,更有利于培养使用语言的能力。意念大纲的一种形式是以语言使用者通过使用语言来实现的交际功能为线索,即功能大纲。交际途径的第一份具体的教学大纲《入门阶段》

正是以语言的交际功能(包括"传递和获取事实信息""表达或了解理智性态度""表达或了解情感性态度""表达和了解道德态度""使人做事""社交"等六部分)为线索组织教学内容的大纲。以意念/功能为纲的思想是交际途径的核心,因此,交际途径也被称为"意念/功能途径"或"功能途径"。

3.教学过程交际化

大纲的制定、教材的编写不是一个完整的教学体系的全部内容,交际能力的培养最后还必须在课堂教学中实现,教学过程的交际化也是交际途径的一个重要组成部分。它主要体现在以下几个方面。

(1)以语段为教学的基本单位。语言材料的选择力求真实、自然。

(2)以学生为中心,教师的重要作用是提供、组织各种活动,让学生在各种活动中学习外语。

(3)教学活动以内容为中心,大量使用信息转换、模拟情景、扮演角色、游戏等活动形式。

(4)对学生的语言错误采取容忍的态度,不以频繁的纠错打断学生连续的语言表达活动。

四、语法翻译法

(一)产生背景

语法翻译法起始于18世纪末的欧洲,它是随着现代语言作为外语进入学校课程而形成的第一个有影响的外语教学方法体系。

从16世纪到18世纪,拉丁语是欧洲学校中的一门重要课程。其时,拉丁语已不再用于日常口头交际,它之所以受到普遍重视,原因有二:首先是在文艺复兴时期崇尚古典文化、艺术的背景下,学习拉丁语是阅读拉丁语文献、继承文化遗产的重要途径。此外,18世纪在德国形成的官能心理学认为,心灵具有不同的官能(即能力),它们是心理活动的心灵力量。它认为官能可以相互分离,孤立地加以训练。受官能心理学的影响,西方教育学中出现了所谓"形式训练说"。它认为某些学科具有训练一种或几种官能的特殊价值。拉丁语被认为具有最严密、最有逻辑性的语法体系。因此,学习拉丁语被认为是训练推理能力及观察、比较和综合能力的良好方式。这样的教学目的决定了拉丁语教学法的两个重要特点,即重视阅读能力的培养和重视语法教学。

18世纪现代语言作为外语进入学校课程后,其教材编写和教学方法都大体继承了拉丁语教学法的特点。到18世纪末和19世纪中期,这种以拉丁语教学法为基础的现代语言教学法——语法翻译法便基本形成,并在相当长的时期内成为欧洲外语教学的主要方法。

(二)主要特点

19 世纪的语法翻译法在教材编写和教法方面有以下几个特点。

1.重视书面语,轻视口语

语法翻译法把口语和书面语分离开来,把阅读能力的培养当作首要的或唯一的目标。口语教学局限于使学生掌握单词的发音。用本族语组织教学、以笔头形式举例和练习,这些做法使口、笔语的分离不致给教学过程带来很大障碍,使学生有可能在不具备起码的听、说能力的条件下独立地发展阅读和翻译能力。

2.重视语法教学

语法被当作是语言的核心,是外语学习的主要内容。语法教学又被当作是智力训练的重要手段,因此,语法翻译法把语法教学当作中心任务。它的教材对语法有详细、系统的描写,并且按照语法体系的内在结构循序渐进地编排,每一课教一个或两个语法项目。不论是分析、讲解、举例,还是翻译,甚至阅读,各种教学活动均以掌握本课的语法项目为直接目标,教学效果的评价也以掌握语法的程度为准绳。语法教学采取演绎法,先讲解语法规则,然后在练习中运用、巩固规则。

3.充分利用本族语,以翻译为主要学习活动形式

教师用本族语组织教学,进行讲解。学生的学习活动除了背记、阅读外,主要是通过本族语和外语之间的互译来试用、巩固所学的规则和词汇。教材中每个语法项目都配有相关的翻译练习。

4.句子是教学和练习的基本单位

19 世纪语法翻译法的倡导者为了使外语学习易于进行,用句子取代了拉丁语教学法中艰深的语段材料。

随着外语教学新思潮、新流派的出现,实践中的语法翻译法也在逐渐改进。例如,从早期的完全不进行口语训练向兼顾听说训练发展;从完全利用本族语组织教学向适当使用外语课堂用语转化等。但是,这些改进并没有改变它的上述特色。

■ 五、任务型教学法

(一)任务型教学法简介

任务型教学(Task-based Language Teaching,简称 TBLT)是 20 世纪 80 年代外语研究和实践提出的一个具有重要影响的语言教学模式。该教学就是以具体真实的任务为学习动力或动机,以完成任务的过程为学习过程,以展示任务成果的方

式来体现教学的成就,从而培养学生运用英语的能力。威利斯在他的 *A Framework for Task-based Learning* 中阐述了任务的含义。他认为,任务就是学习者运用目标进行交际的一种活动,最终达到习得语言的目的。而语言学家纽南把任务的定义概括为:交际任务是指学生在学习语言的过程中领悟、使用、输出语言和互动的课堂交际活动。其实,对于任务型教学法中任务的定义,不同的学者从不同的角度进行了不同的诠释,但有一点是一致的:任务都涉及语言的实际运用,在完成任务的过程中,人的注意力主要集中在语言的意义而不是语言形式。然而,在此,笔者想将外语课堂上任务这一概念看成学习者用目的语所进行的促进语言学习的、涉及信息理解、加工,或解决问题、决策问题的一组相互关联的、具有目标指向的课堂交际或互动活动。

(二)任务型教学法的特点

(1)互动交际性。在自然的任务活动中,运用语言,体现语言的文化特征和差异,实现完成任务。这一特征非常符合孩子的好动的天性,活动任务促使孩子们身体大脑活动起来,文化内容也在交际活动中活跃起来。

(2)活动真实性。真实的活动是最能激发小学生学习兴趣的学习模式,真实的活动一定含有丰富的文化内容,是实现小学生习得与学得的最佳途径。

(3)关注学习过程。语言是任务活动过程的工具,其文化内涵包含在语言使用当中,正确的运用语言恰当展示文化决定着任务活动完成的效果。

(4)活动任务与个人经历紧密相连。活动任务总和学生的生活经验紧密相连,这样能够引起学生参与的兴趣并引发他们的思维和想象,一方面使得活动任务更添趣味,引发学生去探寻;另一方面也降低活动的难度,容易让学生获得成就感,保持活动的乐趣,进一步提高了对语言使用的兴趣。通过对从前经历和目的语文化的对比,加深了对两种语言的理解,培养学生对母语文化的感情,和对异族文化的更深刻的领悟,避免盲目崇拜。

第三章

高校英语课程改革中的问题研究

第一节　高校英语课程改革现状及原因分析

■ 一、教材问题原因分析

　　我国高校的大学英语教学基于统一教学大纲,缺乏分类指导,教授的只是以语言技能为目的的通用英语。教材的编写受到大纲所要求的词汇的限制,教学模式在一定程度上又受到教材的制约,许多类似于 offer、show、juice 这样简单的单词仍出现在大学课本的词汇表中。大学英语单词表所收词汇相对于中学词汇应该是全新的,至少在单词释义上也要有所延伸和拓展。单词表是选择外语教学内容和编写教材的依据,是外语教学的"联络图",应根据国情并针对大学生学习英语的主要目的进行编制和调整。我国当前大学生学习英语的主要目的应该是满足及时了解国外最先进的科技信息以及参与对外交流的需要,因此,大学英语教学内容不应仅仅考虑选择传统的经典名篇,还应从人文和自然科学两个侧面充实现代英语的内容。而现在的大学英语教材在编写与内容挑选上基本沿用了外语专业教材的编写思路,属于英美文学取向的教材,学生从课本上学到的内容与现代英语相差甚远。

　　新的大学英语教学大纲以及与大纲配套的系列教材,都是在新的教学法理论指导下产生的。这就要求使用大纲和教材的教师,不仅要有扎实的语言基础知识和语言能力、较强的教学艺术、先进的教学法理论,而且还要具备与教材内容相适应的丰富的综合知识,因为语言不仅仅是交际的手段,也是传递知识的媒介。课堂教学既能够培养学生的语言能力,丰富学生的语言知识,又能够接收到西方的思想文化和先进的科技知识。因此,教材建设是大学英语教学改革的重要环节。虽然近年来已经推出了一些新编或新改编的大学英语教材,但是对教材满意的人极少,使用 ESP(English for Special Purposes)教材尤其混乱,质量不高。国内 ESP 教学从 20 世纪 70 年代末开始萌芽,已有近 50 个年头了。但令人遗憾的是,到目前为止,我国高校尚无统一的 ESP 规划教材。一方面,国家高等教育部门鼓励各高校开展 ESP 教学,适应经济社会发展对高层次复合型人才的新要求;另一方面,却又没有相应的 ESP 系列教材供高校 ESP 教师使用。这也许是目前国内高校 ESP 教学为什么总是停滞不前,为人诟病的一个重要原因,正是"巧妇难为无米之炊"。

　　由于没有统一的 ESP 规划教材,各高校在开展 ESP 的教学中,在 ESP 教材的选取上也就各自为政,各显神通了。有原版引进的,也有自编或联合编写的,可谓是五花八门。廖莉芳、秦傲松针对专业英语教学现状调查报告发现,65％的学生反映所用教材是任课教师从专业文献中选编的材料。这种教材没有练习,缺乏明晰的教学目标,课文之间缺少连贯性,学生使用这种教材犹如随意阅读专业文献一般,很难达到提高专业英语综合能力的目的。高达 49％的教师反映专业英语教学中存在的最大问题为缺乏合适的教材。张玲、胡金环的调查结果也表明,多数 ESP 教材不规范,质量不高,有些是教师单枪匹马摘选的报刊文章,缺乏知识的连续性和系统性。

周平认为,特殊用途英语的教学材料选择应符合以下四个标准:①真实性,即在特殊用途英语的教学中,语言材料应该是目的语原文,而且所选语言材料应该与学生的职业密切相关。②合适性,即所选语言材料的难度应该符合学生的水平:如果太难,学生会产生畏惧感;如果太简单,学生又不易产生成就感。③广泛性,即所选语言材料不仅要包括所需要的词汇、语法等语言项目和与学生职业有关的语言功能项目,还应包括跨文化交际所需要的各种文化和社会知识。④兼容性,即所选语言材料与在进行过需求分析之后所制定的教学大纲之间的关系。语言材料应该是特殊用途英语课程所制定的目标的体现;通过对所选语言材料的学习,大纲所制定的目标就可以逐步实现。例如,如果大纲制定的目标是改善学生的交际能力,那么语言材料就应该具备交际价值。李新、崔学深、盛慧慧对北京九所大学 ESP 教材编写情况的调查结果很不乐观:"各高校所选用的专业英语教材普遍比较混乱,粗制滥造的现象比较严重。选用原版英语教材的占 29.6％,采用出版社发行的教材占 40.3％,采用学校自编教材或任课教师从专业文献中选编的占 30.1％,且很多学生反映他们所使用的教材未附词汇表和相应的练习,其中还有一些印刷错误。认为教材难度合适的学生占 60.4％,认为教材的趣味性很强或比较强的学生寥寥无几,绝大多数学生认为教材比较没趣味或根本没趣味,19.7％的学生认为在学完专业英语后仍缺乏较强的阅读能力主要就是因为专业英语教学中缺乏合适的教材。"邓俊也对国内高校 ESP 教材建设现状表示出忧虑。他认为,原版引进教材在很大程度上促进了国内教材的开发,为高校 ESP 教师参加国际学术交流提供了平台,推进了早期 ESP 教学的发展。但是盲目大批量引进,不仅价格昂贵,对师生的文化意识和外语水平要求较高,同时对编制适合学生程度与需求的国内教材形成挑战。而自编教材则多半只是把专业原版书籍中的一些文章汇编在一起,通常是缺乏学科专业知识的系统性、技能训练的有序性,有阅读文章而无相关语言练习。这些教材要么不能切实配合专业课的教学内容,要么只注重学生专业词汇的学习,忽略了学生综合运用专业英语能力的培养。这样，难以保证从语言角度循序渐进、由浅入深地组织合适的教学内容。高校 ESP 教学缺乏具有个性化、个体化和地方化的高质量 ESP 系列教材，极不利于培养学生的语言交际能力，是导致国内 ESP 教学效果不尽如人意的一个重要原因。

■ 二、教学法的转型问题原因分析

什么样的教学法适合大学英语课程的学习？关于英语教学法的争议从来就没有停止过。大学英语课程的设置要求一年与一年不同，自然对英语教学法的使用也要求变化。

虽然近二十年来我国的外语教学研究取得了长足的进步，但是仍然有不少教师受教育背景、传统教学方法及理念的影响，在运用以学生为中心的教学模式时不能有效贯彻新的教学理念。一些学校仍然是黑板、粉笔、书、教师加课堂的方式，有的教师也用一点多媒体技术，但总体变化不大。由于班级的学生数量多，有的学校甚至 200～300 人一个班上大课，这样的大班，只能是教师讲讲语法、翻译翻译课文以及让学生进行一些笔头练习，事实上根本不可能教授口语。

另外，由于学生来自四面八方，英语基础参差不齐，为了照顾大多数学生，新的教学方式自然就难以实施，原来英语基础很好的学生在这样的大环境中也逐渐失去了学习英语的兴趣，这样的恶性循环就不可避免地导致大学英语教学质量的下降，大学英语课程改革势在必行。

■ 三、教师知识结构问题原因分析

我国大学英语教学经历了几十年的历史，在长期的英语教学过程中，锻炼了一批既有较高学术水平又有丰富教学经验的老教师，他们几十年从事教学和科研，著述累累，文理知识兼备，是我国大学英语教学的中坚力量。改革开放以来，大学英语教学经历了恢复、发展和提高三个阶段，逐步形成了自己的教学体系。

20 世纪 70 年代末至 80 年代中期，由于师资短缺，大部分大学毕业生不仅听说能力差，阅读能力也只能应付一般的文献，更谈不上写作能力。80 年代后期到 90 年代中期，随着师资力量的加强，大学英语师资队伍越来越整齐，大学英语教学出现了空前的喜人局面。

然而，随着经济全球化趋势的加速，以经济、科技和人才为主要内容的国家之间的综合国力的竞争日趋激烈，对人才综合素质的要求越来越高。大学英语教师的授课对象是由不同专业的学生组成的，大学英语教师不仅肩负着对学生英语语言知识的正确合理输入，同时要求注重培养学生综合运用英语语言的能力，因此，优质人才与大学英语教师的关系引起越来越广泛的关注。但是,当前大学英语教师知识结构仍然不合理,面临着一些问题。

我国当前的大学英语教师中,近几年的新教师多数来源于各高等院校英语专业毕业的硕士研究生,极少部分是博士生,目前还有一少部分为英语专业毕业的本科生或者是在读的研究生。英语专业的培养状况直接塑造了大学英语教师的专业素质。根据 2000 年 3 月高等学校外语专业教学指导委员会英语组公布的《高等学校英语专业英语教学大纲》的最新要求,我们从中可以发现英语专业毕业生即未来英语教师在知识结构方面所存在的问题。

英语专业课程分为英语专业技能、英语专业知识和相关专业知识三种类型,一般均应以英语为教学语言。三种类型的课程如下:①英语专业技能课程,指综合训练课程和各种英语技能的单项训练课程,如基础英语、听力、口语、阅读、写作、口译、笔译等课程。②英语专业知识课程,指英语语言、文学、文化方面的课程,如英语语言学、英语词汇学、英语语法学、英语文体学、英美文学、英美社会与文化、西方文化等课程。③相关专业知识课程,指与英语专业有关联的其他专业知识课程,如外交、经贸、法律、管理、新闻、教育、科技、文化、军事等方面的专业知识课程。其中,相关专业知识课程主要是作为选修课程来学习的。从选修的角度来说,不少院校由于师资或课时安排等原因,很多选修课程根本就没有开设过。无论是从《大纲》的课程设置,还是教学要求以及教学原则上看,对学生进行英语专业技能的培养和提高是贯穿大学四年英语教育的一条主线,对听、说、读、写、译等语言技能的训练占用了四年课时数的 60% 以上,并且这五项技能成为大学期间一至八级标准化考试的主要内容和要求。因此,英语专业教育在完成语言基本功训练的这一首要任务的同时,不可避免地会造成学生为扩大知识面形成合理的知识结构所需要的时间、精力以及学习内容等方面不足的现实问题。英语专业学生知识结构的单一必然会使未来的英语教师同样面临知识结构单一的问题。所以,我们应当清楚地看到,由于我国大部分英语教师毕业于英语语言文学专业,其语言知识和语言能力足以胜任教学工作,但是在实际运用过程中由于教材内容涉及很广泛的非语言背景知识,诸如英语国家的历史、地理、政治、经济、风土人情、文化教育、文学艺术、名人轶事、环境保护、生态问题,甚至道路交通、工农业生产、气候、人口问题、宗教信仰、伦理道德、价值观念,尤其还涉及科技领域一些比较热门的行业,如计算机、医药、心理学、太空科学、天文学、机械化工、管理科学等,尽管所涉及的内容多是知识性、科普性的,却要求教师必须具备这些方面的知识,才能正确地领会教材内容,生动活泼地进行教学。由于英语专业的单科特征,多年来我国的英语专业在课程设置和教学内容安排中普遍忽略其他人文、自然等相关学科的内容,英语专业的学生往往缺乏相关学科的知识。但是,强化语言专业技能基本功训练的教学宗旨与增加辅修专业、优化学生知识结构之间在时间分配以及程度要求上等都存在着现实的矛盾性。

当前的大学英语教师不仅来源于师范院校的英语专业毕业生，还有相当一部分是非师范院校的毕业生，由于英语专业所开设的课程很多年来都没有根本性的变化，学生在校的大部分时间和精力都花在了语言知识的摄取和各种语言技能的获得上了，语言理论课的课时较少，语言教学理论几乎为零。即使是师范大学毕业的，由于课程的设置问题，与教学相关的知识的获取方面也很欠缺。有的甚至连语言学、教育心理学、英语教学法等与英语教学直接相关的课程都未经过系统学习或没有学习过，这样的知识结构显然不能满足当前大学英语的教学要求。

过去由于教育内容（包括课程、教材等）基本是长期稳定的，所以教师的知识结构基本上是封闭的。现代社会生活千变万化，科学技术日新月异，要求教师打破封闭陈旧的知识结构，紧跟社会、科技发展的大趋势，更新改造教育内容，及时吸纳新信息、新知识、新成果。教育是为未来培养人才，教师的教学要符合未来社会与教育发展的要求。由于大众传媒的发展，学校不再是学生获得知识的唯一渠道，学生几乎与教师在同步接受大量新信息、新知识。教师在知识信息占有量上的绝对优势正在逐步减弱。教师如果知识始终处于一种静止状态，视野狭窄，观念陈旧，必将使自身陷入十分尴尬的境地。

与日新月异的科学技术相比，教师知识结构组成内容的严重滞后已经是不争的事实。新的教师知识结构总是在旧的基础上产生的，教师知识结构必须始终处于一种纳新除旧的状态，以便随时获取新知识、新信息，并且随着教学经验的增加，教学效果将会不断提高。教师需要及时搜集与知识结构内容相关又具有超前性的信息和学习资料，以弥补教师知识滞后所带来的欠缺。向学生介绍和推荐新科技所带来的成果不仅可以提高学生学习新知识的兴趣，同时，教师本身通过对新知识的学习和介绍，可使自己的知识结构不断得到改变和更新。

四、评价学生手段问题原因分析

有了全国统一的英语四、六级考试后，四、六级过级率成为大学英语教学的主要目标，成为评价大学英语教学水平的重要指标。四、六级考试主要是考查学生对大纲规定的英语单词、语法等的掌握程度，这为提高在校大学生的英语水平和能力做出了很大贡献，无疑促进了我国的英语教学，也使英语教学走上了正轨。但是，四、六级考试制度化也有一定的负面作用。四、六级考试对学生的英语实用能力检测不够，在某种程度上助长了应试教育的风气。教师为过级率焦虑，一些学校的教师把重点放到了追求过级率和应付考试上，学生不分昼夜地背所谓大纲词汇，似乎掌握了大纲词汇，就是掌握了英语。这在客观上降低了对学生实用英语能力的要求。不少学生为考试而学习。在一些院校,过级率也成为考核授课教师教学水平的唯一标准。由于课时少任务重,大学英语教师和学生都忙于赶进度、应付考试,忽略了语言实践环节,其结果就像有的学生说的那样,学了那么多单词和语法,但是"不会用、听不懂、说不出"。事实上,正确的检测手段应该是一种促进教学的手段,相反,不科学的检测方式将成为教学的桎梏,误导教师和学生,导致语言能力培养失衡,甚至停滞不前。

大学英语课程学习评价问题:应试导向依旧存在。开始于 1986 年的大学英语四级和六级考试,在一定程度上确实激发了大学生的英语学习积极性,但也带来了许多负面影响。

■ 五、教学组织结构问题原因分析

中国高校的大学英语教学组织的结构仍然是以"金字塔"结构为主,贯穿自上而下的权威制度;组织中的教师缺乏自主创新精神,依赖性强,惰性比较足;组织中的领导者只是一个"传话筒",缺乏领导者应有的魅力和执行力;组织的文化氛围薄弱,多数教师没有归属感;对这个组织的评价方式保守传统。

如果这个组织的机制运行良好,管理科学,评价多元,能充分调动积极性,发挥出一个团体的合作效应,无疑对学生的发展能提供强有力的支撑体系。

彭青华、许金英的调查发现,许多高校都未设置专业英语教研室,很少或从未组织专业英语教师的教学活动,教师之间缺乏交流与合作,至于教学观摩和评估则更无从谈起。各系之间课程教学目标和教学大纲的制定,教学效果和教学质量的提高,未列入教师和教学管理部门的工作之中。李新、崔学深、盛慧慧的调查表明,许多高校专业英语教学的组织管理松散。很多学生本次调查中反映其所在学校不够重视或根本不重视专业英语教学,缺乏统一管理和组织测试,测试试卷往往由任课的教师自行设计,各试卷的难易度和信度参差不齐,考评、测试其检测教学内容的目的根本没有达到。

第二节　高校英语课程改革对策分析

■ 一、国外外语课程改革和双语课程带来的启示

虽然传统的外语学科教学仍占主流地位,但用外语作为教学媒介教其他学科,融学科与外语为一体的双语教育在各国得到广泛的实践。初创于 20 世纪 60 年代

的浸入式教学是由加拿大提出的一种双语教育模式,经过几十年的实践,发展了多种模式,如半浸入式、全浸入式、双向浸入式等。做得很成功的是渥太华大学沉浸式双语教育。20世纪80年代初,渥太华将中小学普遍应用的沉浸式双语教育引入大学阶段专业课教学实践,建立了保护性专业课程教学模式,把以法语或英语为第二语言的学生与以上述两种语言为第一语言的学生分开,由专业课教师用学生的第二语言进行专业课教学,开辟了在大学阶段进行第二语言教育的新途径。要实现这个目标,关键在于如何使学生处于一个没有压力的第二语言环境之中,使他们将注意力集中在所学的专业课内容上,而不是第二语言的形式上,使大学的专业课教学与第二语言教学真正融为一个有机整体。除正规的语言课程教育外,渥太华大学还为参加沉浸式教育的学生提供沉浸式教育奖学金、学术写作辅助中心、沉浸式教育指导中心、第二语言资源中心、会话小组、沉浸式双语教育俱乐部及文化交流等教育支持和设施,使学生充分沉浸在第二语言环境中,从而取得了满意的学习效果,前来咨询及听课的学生人数超出了沉浸式教育管理人员的预想。尽管项目计划实施的时间较短,但提出申请参加沉浸式课程学习的学生数量却日益增多,生源来自加拿大全国10个省区。渥太华大学每年都组织专家对沉浸式双语教育开展情况进行评估,以确保双语教育的质量。2008年的评估报告显示,对于渥太华大学开展的沉浸式双语教育的满意度总体较高,包括所开设的课程、奖学金制度及各类语言学习的服务设施等。

另外一些国家也开展了相类似的教学实践。例如,德国一些学校从一年级开始实行双向浸入式,即进行混合编班,讲德语和操外语的学生各占一半。柏林现有14所这类学校,教学用语除德语外,还有英语、法语、意大利语、葡萄牙语、波兰语、俄语、现代希腊语和土耳其语等。美国类似的学校已经发展到254所。以移民为主的澳大利亚情况也极为相似。芬兰目前也有4000名学生用这一模式习得第二语言。传统浸入式教学大部分在低年级进行,随着对外语要求的不断提高,现已不断上移。在奥地利、芬兰、德国和荷兰等国,一些学校的高中阶段的一些学科,如地理、历史、音乐、体育及职业技术课程,都用英语讲授。荷兰的一些大型职业学校,如酒店管理学校,部分课程是用法语或西班牙语讲授的。卢森堡的许多学科都是用德语或法语教授的。1996年芬兰的一些调查表明,33%以上的职业学校、15%的初中(7~9)年级、25%的高中采用了双语教育。

在中国,为了提高大学生的英语应用能力,结合高等教育国际化的趋势,在有条件的高校,双语课程也在开设实验和探讨中,甚至很多高校已经在尝试开设全英的专业课程。关于大学英语课程教学的定位是ESP发展还是兼容发展,需要一个过渡时期。但是,双语课程或者全英课程的尝试和研究对中国大学英语课程教学改革无疑有巨大的推动作用。

■　二、强调交际能力的培养

　　语法翻译法和听说法曾经在很长一段时间占据着美国中小学的外语教学课堂。这两种教学法由于过分强调句型操练和语法知识的讲解,忽视语言的运用和学生交际能力较差而受到人们的责难。近20年来,美国外语教学法从单纯的语言要素的教学转向了交际能力的培养。交际法认为:外语学习不仅要使学习者学会识别所学句子是否符合语法规则,能造出符合规则句子的能力,而且还要使其懂得怎样恰当地使用语言,即对不同的对象,在不同的场合、不同的时间使用不同的语言交际法的这些主张得到了美国大多数外语教师的认同。在教学实践中,他们把言语交际作为其教学的出发点,以教会学生有目的、创造性地运用外语进行交际为己任.创设交际化的教学过程,强调教学内容的真实、自然,并为学生提供大量真实、自然的言语交际情境和创造性运用语言的机会,使学生的交际能力大大增强。虽然目前交际法在美国的外语教学界备受推崇,但这并不意味着传统的教学法已退出了历史的舞台。语法翻译法强调外语和母语的翻译、对比,强调语言规则、语言结构的严谨性,有利于启迪学生的分析和综合能力,教学简便易行,仍被一些师生所接受。

　　培养学生交际能力既是教学目的,又是重要的教学策略。荷、法、英、美等国对学生交际能力的培养各具特色。荷兰外语课程设计以"单元"组成,每单元由一些由情景话题或主题构成,鼓励学生在实际交往中进行广泛的实践。法国强调"情景教学法",小学外语教学通过儿歌、童谣、短故事、游戏等,培养儿童对语言的敏感性。在英国,5、6年级外语虽是选修课,但其教学目标仍强调初步交际能力的获得,教学以听、说为重点,教材、练习以对话为主,四分之三的时间用于各种听说活动。为了让学生有更多接触英语的机会,英、法、美等国利用其得天独厚的地理环境和经济优势,纷纷与国外的学校建立联系,利用假期,两国学生互相"串门",各自住在对方的家中,让他们在地地道道的外语环境中耳濡目染,接受文化熏陶。由此,学生的交际能力获得了全面提升,根据欧委会的最新报告,有70％的年轻人认为能用外语与外国人交流。

　　国内20世纪90年代初,第一套以交际法为指导思想的教科书诞生在广州外语外贸大学,这套书曾经影响了一批立志于到高校或者中学从事语言教学的老师。在当今的大学英语课程教学改革中,特别是ESP教学中,倡导交际法教学.帮助学生创设在真实专业情景下的跨文化交流,是非常重要的一个举措。

　　ESP教学模式落后,教学手段单一。目前国内高校开设的"商务英语""国际营销英语""科技英语""计算机英语""法律英语"等专门用途英语课程大多采用的是"语法—翻译"教学法,其基本模式是:分析专门用途英语中某些句子的语法现象,比较单词或短语的用法,逐句翻译成汉语以理解句子的意思。客观地说,"语法一翻译"教学法也并非一无是处,在帮助学生熟悉专门用途英语的语法结构,理解长句、难句内容等方面还是起了很大的作用,在一定程度上解决了学习者初涉专门用途英语时所遇到的"既看不懂也记不住"的难题。但是,"语法一翻译"教学法大多是"一言堂",即以教师在台上逐字逐句讲解课文为主,且在课堂上大量使用汉语,学生在台下被动地听,或忙着记笔记,使得课堂上师生互动、双向交流的机会大大减少。结果可想而知,ESP 课程最后变成了专业词汇课或翻译课,学生最终学到的也只是"哑巴"英语,导致他们毕业后无法学以致用,很难在自己的工作岗位上熟练地用英语完成与其工作相关的交流。廖莉芳、秦傲松在武汉 5 所(一类)高校开展的专业英语教学现状调查表明:57%被调查的学生对 ESP 教学表示不满意和十分不满意;52%的学生反映教师授课的语言以汉语为主或全部为汉语;60%的学生反映老师在课堂上使用单调的纯翻译或阅读与翻译相结合的教学方法;70%的教师不采用任何多媒体教学手段。韩萍、朱万忠、魏红的问卷调查发现,各高校普遍所采用的专业英语教学模式主要有语言分析＋翻译、阅读＋写作、翻译＋写作和词汇讲解＋翻译四种,但现行的专业英语教学模式的主流是"翻译＋阅读"教学。这种模式的教学有助于学生掌握一定的语言知识和翻译技能,但却很少涉及语言综合技能的全面训练,不利于学生的语言运用能力的提高,达不到《大纲》所要求的"交流信息"的目的。而且,教师在这种模式的教学环境中所扮演的角色仍然是"传道授业解惑者",而学生也只是知识的被动接受者。这种教学模式没有激励学生积极参与课堂教学的各个环节,也没有鼓励学生积极思考,缺乏真正意义上的交流。这也是学生抱怨专业英语课枯燥乏味的原因之一。

原教育部副部长吴启迪在《在大学英语教学改革试点工作视频会议上的讲话》中就曾直言不讳:"多少年来,我们的外语教学一直保持着教师主讲、学生主听的课堂教学模式,而且多数是大班上课,满堂灌,黑板加粉笔,笔记加作业,完全是传统的单向式的课堂教学。特别是在扩大招生以后,这种状况更加突出,据两年前对340 所高校调查表明,40 人以下的教学班只有 37%,三分之二的高校的英语教学班都是 40 人以上的,甚至有 20 所高校教学班人数在 80 人以上。这种教学模式与方法,既不利于调动和发挥学生自主学习的积极性,也是违背语言学习规律的,更不利于学生英语综合实际应用能力的培养。在教学手段方面,基本沿用黑板、书、粉笔、老师加课堂的方式,现代教育技术没有得到很好应用,多数学校缺少高质量的教学软件,即使使用多媒体教学也只停留在将黑板搬上屏幕的水平。这同样也不利于学生英语综合实际应用能力的培养。"这些情况在李新、崔学深、盛慧慧等人对北京九所大学调研的《高校专业英语教学现状调查报告》中得以验证。他们对ESP 教师授课情况的调查发现,大部分教师所采取的教学法只是照本宣科,很多老师的教学方法都是阅读和翻译相结合,教学重点是翻译,几乎不包含听说和写作训练。46.0％的学生反映他们的老师在课堂上所使用的是单调的纯翻译或阅读与翻译相结合的教学方法,听说读写综合训练的只占22.6％,且以老师为中心远远多于以学生为中心,不能充分调动学生的学习积极性。32.2％的被调查学生反映教师授课语言是以汉语为主或完全汉语,这说明很多专业英语教师的英语水平还达不到专业英语教学的要求,而几乎所有被调查的同学都希望教师授课时完全使用英语或以英语为主。另外,他们的调查还发现,ESP教师的教学手段也相应落后,不采用任何多媒体教学手段,如幻灯、投影、录音、影视或计算机等,来丰富课堂教学的教师竟高达58.4％。教学方法的单一和教学手段的落后直接导致了学生专业英语学习兴趣的降低,极大地挫伤了学生的学习积极性,也严重影响了教学效果和教学质量。只有12.0％的学生认为,专业英语教学对今后学习和工作的主要帮助在于提高了专业口语表达能力。37.8％的学生认为在学完专业英语后仍缺乏较强的阅读能力,根本无法满足他们今后的工作需要。

■　三、重视学习策略

国外外语教学重视对学习者策略的指导,帮助语言学习者不断地进行反思,了解自身的学习特点、学习风格,以形成有效的学习策略和方法。其他的重要策略还包括:①用外语教外语。摩洛哥外语成功的重要经验就是用外语教授外语,其10～12年级学生经过3年的外语学习,口语和书面语均已达到中等甚至中等以上水平。②模块教学。意大利最近在第二语言选修课推行模块教学,改变过去以年龄或学年分班的做法,根据学生的语言能力编班。③项目学习(Project-Oriented Learning)。丹麦使用项目学习的年级,尤其是高年级(8～10年级),不但强调用电脑技术获得真实的语言材料,而且更强调语言与内容学习的融合:深入到英语国家(不仅仅是英美)去学习其文化,如在澳大利亚学习土著文化,在加拿大学习环保,等等。

在大学英语课程教学改革中,英语教师坚持全英教学,双语课程教师亦坚持全英教学,与学生合作进行全英讨论,大学生的英语交流能力无疑会有很大的提高。

■　四、综合运用现代科学技术

综合运用现代科学技术是国外外语课程改革的重要经验之一。它使外语学习者更充分自由地接触到所学的语言,使外语学习更具交际性、实用性和可操作性。

①教学软件开发。荷兰的"英语Ⅰ与Ⅱ"教学软件重点突出了学习英语的常见难题等。美国开发了更有创意的交互式模拟教学软件,如蓝狮公司的"车票"教学软件,在重视语法点操练特点的同时,强调把学生置身于真实语言世界,通过亲身

感受体会,在文化熏陶中掌握语法。②计算机辅助语言教学。卢森堡教育部开发一种全能口语文字处理器-TEO(Text Editor Oral),鼓励学生用外语编故事,提高口头表达能力,TEO现主要用于小学,尤其是多元文化背景的学校。此外,卢森堡开展"欧洲语言教学创新品牌",通过计算机技术把新技术融会到语言学习中去,培养学龄前和小学生的口笔头交际能力。③教育网络的建构与运用。国外学生充分利用网络接触外语,许多学校建立专供外语学习的网站,学生利用各种机会,如上网、订阅电子杂志、收发电子邮件、聊天等形式,进行更广泛真实的交流。西班牙卡塔卢尼亚有250多所学校的10万多名学生(占这一地区的12%)参加了由欧盟发起的、旨在促进跨文化意识和语言学习的COMENIUS计划。该计划支持各校开展语言教学的各种活动,培训教师,帮助建立校园网等。

计算机技术的发展,特别是多媒体技术、网络信息技术的飞速发展,使得教学理念发生了根本性的变化。ESP教师通过Google、Yahoo、百度、必应等网络搜索引擎来查询、搜集国内外最新的ESP资料已经非常的便捷,但更重要的是,ESP教师可以通过网络随时随地将自己的教学资料、讲义、课件乃至上课的音频、视频资料发布或上传,与他人共享。目前,各高校的ESP教材使用大都各自为政,虽然经过多年的摸索和实践,可能在引进、改编或自编ESP教材方面积累了一定的资料素材或经验教训,但无法形成合力,不利于国内ESP教学整体水平的提高。

五、严格的教师教育

国外外语教学极其重视教师教育,不断对教师教育模式和教学内容与方式方法进行改革创新,使其与外语课程改革同步发展,有力地推动了外语课程的顺利实施。

1.职前教育

国外教师职前教育一般由学科教学、教学法和教育实习等部分组成。摩洛哥外语教师在大学或师范院校接受高水平的职前教育,英文系教师大部分拥有英美国家大学硕士或博士学位,学生通常学习4年英语,其中1年专修文学或语言学,1年学习教学法和在教育学院进行教育实习。德国外语培养分两个阶段:第一阶段外语教师必须先获得大学学位(相当于双专业双学位硕士)。语言学习分两部分,一半是专业学科,一半是与应用语言学或教学法有关的课程。此外,双专业学生各有6周实习课。第二阶段的见习时间长达一年半,由专家教师指导,每周参加教材教法研讨会,见习结束时必须参加州组织的"第二次"统考。这种考试相当严格:考生上两节公开课,撰写一篇与应用研究有关的论文,参加长达2个小时的口语考试。芬兰所有教师教育都是在大学完成的,所有教育院系都拥有规模大、师资力量雄厚的实习学校。自1997年起,丹麦对国民学校(1～10年级)的教师教育进行改革,师范教育专业学习改为4年,在丹麦语和数学两门必修课使外语教师数量上也有些增长。此外,必修课也安排了一些调整,减少了一些普通教授法,增加了学科教学法,更加重视理论知识与教育实习的结合。荷兰和英国的外语教师通过在国外进修学习来提高自身的语言能力。荷兰外语教师获得第一个学科学位课程时还必须在国外学习一段时间。在英国,几乎所有专攻语言学位课程的全日制学生都要求在国外学习或工作一年(属学位课程的一部分内容)。欧洲国家另一成功的做法是把外语教师教育扩大到所有高等教育机构。如今,德国教师教育的一个趋势是:各大学都可参与教师教育,为"专家教师"提供新的学位课程。

2.在职教育

外语课程改革的深入发展对外语教师提出了更高的要求,如西班牙从1990年起要求所有小学的语言教师都要成为语言专家,不合要求的教师要接受培训或申请作非专家教师。传统的继续教育渠道不断得到扩展,网络、教师职业发展学校(PDS)、外语教师协会及其他相关机构等也加入外语教师教育的行列。与此同时,教育内容也进一步扩展,外语教师教育从教学理论的构建和教学技巧的训练转向对教师已有知识结构、思维方式以及教学能力的习得。例如,欧洲一些应用语言学家、教育家和语言学家为提高外语教师语言习得理论知识,合作编写了以小学教师为对象的外语专著。美国外语教师的教育,特别强调多媒体教育技术的掌握和应用。德国详尽的外语教师继续教育课程随处可见,教师可以根据自己兴趣爱好挑选地方或州的进修课程。每个教师每年享有州提供的一周的课程。捷克教师教育的一个重要趋势是,越来越多的教师到国外学习或参加国外有较好声誉的国际课程的学习。

六、加强教师对于课程编制的参与

美国课程学者博比特(F.Bobbitt)1918年出版《课程》一书,标志着课程成为一个独立研究领域。从渊源上来讲,教师与课程有着天然的联系,教师从来就是与课程打交道的。在杜威看来,教师在课程中起着至关重要的作用。他认为教师的指导和对课程的理解是实现教材"心理化"的一个重要条件,而课程与教材的"心理化"是真正使学生理解课程内容的一个重要途径。杜威的民主主义精神在哈罗德·拉格那里得到了很好的秉承和发扬。哈罗德·拉格提出在地方水平上建立课程委员会的主张,并表示出积极倡导由所有的参与者共有研究课程的想法。他还提出了教师参与课程大纲编写的必要性,而这种参与将最终变成教师的教学行为。拉格的"教师规划课程"的思想得到了学界众多学者的赞同。

　　1922 年，泽西·纽伦开始了一项课程改革实验计划，其中一个很重要的措施就是组织了一个完全由教师组成的学科委员会，专门负责课程的编制工作，从而对学校的课程进行修订。"丹佛计划"之后的"八年研究"所进行的课程改革进一步体现了教师参与课程改革的思想。与以往的课程改革不同，"八年研究"所进行的课程改革是来自学校需要、发生在教师层面的一种自下而上的草根式改革。它支持教师参与整个课程方案框架的开发。更重要的是它把课程开发与教师培训进行了有机整合，从而对美国教育产生了巨大的影响和冲击。它所倡导并实践的"教师参与"这一思想为人们提供了有价值的经验，也启发后来的学者对该问题的继续探究。随着课程研究的不断深入，教师参与课程变革的新理念在众多学者的论述中得到了进一步的论述。

　　20 世纪 60 至 70 年代结构主义课程改革运动的失败，使人们认识到当初的新课程没有成功的一个重要原因是它并没有被真正推行下去，而并非它的非科学性。20 世纪 70 年代西方国家兴起了一股强劲的校本课程开发运动。这场运动的背景主要有：由政府发布、学校执行的自上而下的大规模课程改革的失败深深刺激了课程改革的发起者、研究者和参与者，他们开始怀疑这种自上而下的改革模式的可行性和实效性，他们逐渐认识到自下而上的"草根式"的课程改革模式才能真正地改进学校及整个国家的教育；强调个体价值的民主运动对教育产生了巨大的冲击，学校呼吁自主的管理权限，校本课程开发的理念回应了这种民主的呼声；教师作为一个专业工作者需要拥有专业自主权，即能够对自己专业内的事务有充分的决定权，校本课程开发正回应了教师对这种自主权的需求。80 年代末 90 年代初校本课程开发的概念和思想论述都彰显了教师参与课程的重要性。20 世纪 80 年代学界对教师在课程中的作用认识发生了转向：在 20 世纪 60 年代人们普遍认为课程改革和教育实践的推进只要依赖外部的资源，由专家学者开发出详细的课程材料后由教师去实施即可，但进入 80 年代，人们认识到教师在实施课程方案的过程中对外部提供的课程材料和研究结果进行修改、调整和转换是经常发生的事情，是一种"常态"，而正是通过这些活动教师才能介入自己的知识和观念，从而开发出自己的课程材料。1987 年"教师作为课程编制者"的思想被提出，认为教师系统地进行课程编制工作可以提高其在课堂教学中的水平，同时教师在课程中的地位和作用也得到了论证。

　　杨明全认为，20 世纪 20 年代出现的"丹佛计划"就是教师参与课程编制的具体实践探索，是在杜威和拉格等学者完成相应理论铺垫后的进一步实践应用。"丹佛计划"的负责人泽西·纽伦认为，教师编制的课程固然重要，但更重要的是编制课程的过程。这一过程一方面带动了教师教学质量的提高，另一方面也促使教师对当前的教育思潮进行深入的思考。

吴宗杰认为,长期以来教师的职业身份被定位在一种充当语言技能培训者的角色,他们更大程度上只是课程的执行者和使用者。目前,在课程范式转换的影响下,外语课程研究的视界也开始转移到教师,即从关注教学法到关注教师自身的发展。人们开始意识到课程的核心不是通过专家自上而下方式贯彻的大纲、教材、教法和培训,而是教师本身。"当教师在课程体系中的核心地位还没有被确立的时候,学生为中心的课堂只能是一种空中楼阁"。所以在大学英语课程改革中,如果让每位教师能积极参与编制课程或者实施一些校本课程,对于改革的成功会有很大的推动作用。

■ 七、评价标准科学化、系统化

国外大部分外语测试都由科任教师完成,根据不同的教学目标、要求和对象,设计不同的评量模式,并使其尽量生活化、多元化。与此同时,建立个人档案(Portfolio),通过 Portfolio 获得学生信息和对学生做出评价已经成为重要的趋势。教师通过观察学生学习过程,了解每个学生的学习特点、学习风格及其策略和方法等情况,不断调整教学方法。同时,学生在其档案中可以进行比较,了解自身发展的进程。全国性或区域性大规模语言能力测试一般在学生中学毕业时才举行。荷兰的中学毕业生要参加由荷兰国家考试局(CITO)组织的全国性考试。约有 30% 的荷兰学生(将要加入大学预科学习的)在 12 年级(18 岁)时参加统一考试,这种学业成绩考试包括 3 门外语:英语(听、说、读、写)、法语(阅读)和德语(阅读)。约40%学生(将参加多科技术课程的学习)在 10 年级(16 岁)时参加全国统一考试,考试包括英语水平测试、法语或德语的听力/口语测试。这些考试成绩占学生学科最后成绩的 50%。这与欧洲框架是相吻合的,与课程也具有连贯性。此外,《欧洲语言手册》和《入门水平》也正在设计其他各种语言水平测试。国外外语课程评价总的趋势是:从重视语言要素转向语言实际能力的运用;从强调书面转向口头;从重视结果转向过程;从重视共性转向个性,等等。在具体操作上,听说能力的检查以课堂口语练习、角色扮演、配对、小组互动等为依据;小学以口语为主,尽量少做书面测验;中学则是将口笔头相结合,书面测验以自由表达为主。评估方式并不是完全以考试、测验成绩为依据,更多的是关注学生在学习外语过程中的发展和变化,讲求动态与静态相结合。

为改变外语教学缺乏标准,教学指导无序的状况,ACTFL(美国外语教学研究会,American Council on the Teaching of Foreign Languages)经过全面认真细致的调查研究,于 1986 年颁发了《外语教学水平指南》。该指南作为学习评价的基本框架,把外语能力分为四级,在此基础上又分出九个标准,严格规定了学生各阶段应完成的交际任务。同时根据《指南》还制定了 OPT(口语水平面试),用来检查学生的口语能力。1996 年，ACTFL 又制定了一个与法、德、西班牙和葡萄牙语美国教师协会所制定的标准相吻合的《外语教学的国家标准：为 21 世纪做准备》。

中国的大学英语课程教学中，如何针对学生学习时间、学习效果和学习内容进行评价，一直以来都以考试分数为唯一标准。尽管很多高校也尝试引入形成性评价，但在评价观念上还是流于形式，趋于传统保守，为了大学生的就业率，不惜代价让学生一次次补考直到成绩合格。

八、教师足够的知识准备

20 世纪 70 年代以来，世界外语教育理论发展迅速，涉及的相关学科越来越多，需要研究的课题越来越广泛深入。在发达国家，语言教师必须具备特定的专业水平和职业资格，后者包括语言教学所必须掌握的教育学、心理学、语言习得理论等专门知识和实践能力。英国和美国对英语教学领域的教学技能、教学理论和教师研究有着颇多的贡献。当今世界上两位具有巨大影响力的第二语言（英语）教学的研究者和实践者理查兹与纽曼（J.C.Richards & D.Nunan）在《第二语言教师教育》一书中概括到：在第二语言或外语教学领域中，大多数研究是针对课堂教学的方法及技巧等问题的。在第二语言或外语教学领域中对外语教师的研究相对来说很少有人问津，文献资料也大大少于对课堂教学的方法及技巧等问题的研究成果。在过去二十年内所发表的相关论文极少是以数据为基础的，更多的是排列出理想的外语教师最好要具备的诸多条件。由美国 TESOL 公司出版的学术刊物《TESOL 季刊》是以英语作为外语教学和英语作为第二语言教学领域中最具权威的国际核心刊物之一。20 世纪 80 年代末至 90 年代初期，TESOL（Teaching English to Speakers of Other Languages）的论文主要以英语教学为主，包括语言习得、各种教学方法、英语水平测试以及学习者变量。1997 年，在英国布赖顿举行的第 31 届国际英语外语教学协会年会上，英语师资教育与教师发展就成为会议六大主题之一。在世纪交叠之时，舒尔兹教授（Schulz,2000）以 MLJ 杂志为研究视角，根据该刊成立 83 年来所发表的论文对美国外语教师发展的历程作了历史性回顾，从宏观上使我们对美国外语教师发展所涉及的相关问题有了大致的了解。他指出，美国外语教师教育领域可以称得上是最复杂的研究课题之一，其中外语教师资格、外语教师发展以及外语教师评估与证书一直就是两个世纪中散发永久魅力的中心议题。

这些研究在求同中存在分歧，对知识的理解也存在分歧，尤其对处于课程变革中的大学英语教师专业素质的研究还没有足够的重视。

中国大学英语新课程教师需要具备什么样的知识结构？在我校的大学英语 ESP 课程教学实践中，被研究的教师们同样提出了 ESP 教师的知识如何准备问题。

　　国内外对外语教师的知识早有研究，并且有了一系列的研究成果。关于外语教师应该拥有哪些知识，束定芳教授提出的"扎实的专业知识和专业技能、系统的现代语言知识、相当的外语习得理论知识、一定的外语教学法知识等"都是一个合格的外语教师所应具备的专门素质。张正东教授认为，应该具有英语运用能力和教学法理论知识。隋铭才教授认为，英语教师应具备四方面的标准：第一，英语教师要具备渊博的英语知识，熟练的英语技能和英语交际能力。第二，英语教师要经过专业培训。第三，英语教师的教学经验十分重要。第四，英语教师对英语、语言、教学理论要具备一定的水平。贾冠杰教授把英语教师的素质概括为思想道德素质、文化素质、能力素质、心理素质和身体素质。其中文化素质包括扎实的专业知识、丰富的相关学科知识：教育学、语言学、哲学、心理学和心理语言学。李战子博士认为，英语教师将不再局限于教授英语语言本身，面临着至少两个方面的挑战：培养学生的更深层的文化认同意识；在教学中运用语言学知识为学生揭示语言学科的一些规律及其与其他社会科学的相关之处。英语教师将因此在人文教育中发挥重要的作用。蔡基刚认为，"随着我国基础英语的重心下移和大学基础英语教师的过剩，今后会有越来越多的英语教师充实到中小学，其中包括刚毕业的英语专业本科生和硕士生，也包括现在的大学英语教师，这是必然的趋势"。蔡基刚同时还认为，"大学英语教师完全能够胜任一般学术英语课程，经过适当的培训也完全能够胜任专门学术英语课程"。

　　目前，大学英语教学很关键的任务之一就是培训大量合格的 ESP 英语教师。高校 ESP 教学面临的最严重、最迫切也最棘手的问题就是师资问题。在 ESP 教学中，不论是教材的编写、课堂教学的组织，还是教学方法的实施及教学效果的评估，都离不开教师。可以说，教师是 ESP 教学成败的关键性因素。ESP 教学对教师的要求非常高，不仅专业要精深，英语好，还要求能用英语表述专业知识、解析专业词汇。Jarvis 就归纳了专门用途英语教师应该具备的 10 项一般能力：分析专门用途英语和情景、评估教材及相关的资料、评估学生的成绩、确定学习能力目标、设计和解释工作计划、规划教学和学习策略、规划个人辅导内容、编写教材、组织教学和评估教学目的。而 Dudley Evans 和 St. John（1998）也专门论述了合格的 ESP 教师应当充当五种角色：①他首先是个合格的英语教师（teacher）；②他必须是个合格的课程设计者，并能为学生提供实用可行的教学资料（course designer and materials provider）；③他既是专业教师的合作伙伴，也是学生的合作伙伴（collaborator）；④他必须是个合格的教学研究人员（researcher）；⑤他还应该精通 ESP 的测试与评估（evaluator），能根据教学需要对学生的学习情况进行适时的分析和总结。对照国外 ESP 教师的标准，我们只能是自叹弗如，在 ESP 教育上我们目前根本无法和国际接轨。张玲、胡金环认为，国内 ESP 师资力量整体素质不够高，或者是英语教师教专业英语,或者是专业教师教教大学英语后续课程的英语。他们没有机会进修,只有边干边学,需要较长的时间才能适应工作,这显然不符合时代的要求。王蓓蕾在同济大学的调查也反映了国内 ESP 师资问题突出。同济大学 ESP 教师并不是专职教师,他们的教学重任还是在专业课上。他们认为 ESP 课备课量大,对教师有专业和语言的双重要求,费时费力,不如上专业课有成就感。这就造成了 ESP 师资的不稳定。国内目前高校从事 ESP 教学的教师几乎没有一个是科班出身、专门从事 ESP 教学的,基本都是从普通英语教师转行过来的,而且大都是年轻教师,职称、学历和教学经验都有待提高。国内 ESP 教师来源大致可以分为两类:一类是英语专业毕业并从事普通英语教学的英语教师,他们英语语言功底扎实,听力、口语俱佳,但对该课程所涉及的专业知识缺乏足够的了解;另一类是某专业中的英语水平较高的专业教师,他们有一定的英语能力,但对英语基础知识掌握得不够充分,无法将基础英语和专业英语有机地结合起来组织有效的课堂教学。邓俊也认为这两类教师在从事 ESP 教学中都存在明显的弊端:英语教师具有扎实的语言基础知识和丰富的语言教学经验,但缺乏对学生的专业领域和实际需要的了解,缺乏必要的专业知识,难以跟踪学科专业最新发展态势。在教学中多采用以词汇、语法为主的语言教学方式,教学的深度和广度有限。专业教师有扎实的专业知识,但并非训练有素的语言教师,他们往往采用以内容教学为主的教学方式,侧重教授专业术语和专业内容,但在课堂活动的设计与安排上缺乏英语语言教学的方法与技巧,忽视了 ESP 教学中学生对语言特征和规律的掌握,不利于培养学生综合运用语言的能力。由此可见,现有的 ESP 师资队伍难以培养出当前社会发展所需的应用型、复合型人才。

鼓励与专业教师合作。主动与专业教师进行合作是 ESP 教师自我完善与发展的途径之一。在专业教师的协助下,分析学生需求、选择教学内容、设计教学活动,可以缩短备课时间、避免盲目学习。在与专业教师合作的过程中,不断熟悉专业词汇,学习专业知识并对该科的发展历史和现状、实践运用环境等有一个大致全面的了解,也会比较清楚学生参加专业英语课程学习时已经具备了哪些专业知识。实际上,教师合作的过程就是展示自身能力的过程,在合作教学中最大的受益者应该是 EGP 教师。

开展同行之间的广泛交流。同行之间进行广泛的交流同样有益于 ESP 教师的自我完善与发展。同行之间的交流是促进 ESP 教学和科研发展的必要手段,交流的方式可以是全国性的、区域性的、校际的,多种多样。教师们可以面对面进行交流,也可以通过互联网自由地进行网上交流,可以定期或不定期地交流,可以创立专门的 ESP 学术期刊发表各自观点和感受,可以举办 ESP 学术交流会或课堂教学观摩等,不但可以了解专业发展的新动向,也为 ESP 发展和科研成果的展示提供了平台。

除此之外,大学英语教师的知识还体现在学科知识与其他知识的整合上。兹南尼基(Znaniecki)说:"每一个人无论承担何种社会角色都必须具备正常担任该角色必不可少的知识。"关于大学英语教师的英语语言理论知识与教育理论知识的整合理论有很多,如教学法理论、英语教育目的理论、英语学习理论、英语教育过程理论、第二语言习得理论、英语教育学等。根据语言学习的内容不同,美国外语教育家布朗(Brown)认为,教师对语言的认识决定他们如何教语言。教师的语言和语言学习理论构成会影响该教师的教学理念,而这种教学理念同时也贯穿并反映在教学法的诸多要素中。英语具有结构严整、形态丰满、逻辑缜密的语言品质,认知和理解关于其外部组合形态和内在逻辑结构的语言知识仅仅是积淀该语言的基本素质,作为一种语言素质的内核与灵魂还是言语能力,这就需要英语教师实现从语言知识到言语能力这样一种教学理念的根本转型。英语语言理论与教育理论的整合是大学英语教师知识结构的支架,它对大学英语教师的教学能力起决定作用。大学英语教师的知识结构如图 4-1 所示。

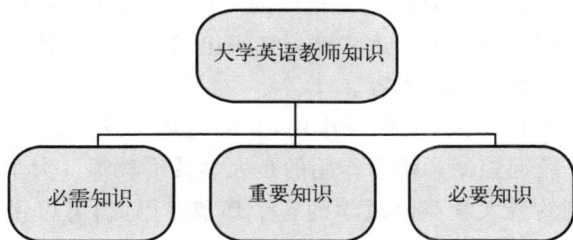

图 4-1 大学英语教师知识结构

其中,"必需知识"是指大学英语教师的学科教学知识。这是关键也是必不可少的一部分。对大学英语教师来说,大学英语教学知识掌握的好坏直接影响到教学的效果,进而影响到教育的质量。它是大学英语教师知识结构中最重要的部分,是属于大学英语教师专业领域内的特殊知识,是大学英语教师在个人实践中将教学知识与教学经验相结合的产物。舒尔曼说:"学科教学知识是指学科领域中,所要讲授的最一般内容,所要表达最有用的形式的概念,以及最有效的比喻、说明、例子、解释和示范。一句话,就是使人易于明白学科内容的表达和阐述方式。"可以说,学科教师与专家学者、优秀教师与低效教师之间的最大差别就在于是否拥有"学科教学知识"。专家学者去创造学科领域的新知识,学科教师则帮助学生理解这些新知识。

"重要知识"是大学英语教师开展大学英语教学活动所必备的专业知识。对任何一名教师而言,学科内容知识都是必不可少的。人人都会认为教师必须要通晓教给学生的知识内容,但学科内容知识本身并不是要传授给学生的全部内容。教师除了要掌握所教学科内容知识外,在教育教学活动中还要面临诸多的教学任务,因此,仅囿于自己狭小的学科领域,教学活动中必将困难重重。

"必要知识"是大学英语教师知识结构的有机组成部分。这部分知识包括学习者及其教育情境方面的知识,是从关注学生发展的角度来考察的,通过合理的教学设计激发学生学习英语的兴趣、认同学生是知识的建构者的观点,关注学生的学习方法和效率以及根据不同的学习任务,帮助学生选择不同的学习策略。教师的教学要做到富有成效,必须充分了解其教育对象——学生。教师要树立正确的学生观,关注学生在学习过程中表现出的情感、态度、价值观,通过合理有效的教学设计激发学生的学习兴趣、提高学习效率、改进学习方法,倡导愉快合作的高效学习。优良的教育情境对教学活动的顺利展开和教学质量的提高有着深刻的影响。教师知识的传授是在特定的地点(如教室)、特定的时间(如学校的上课时间),在特定的人群(如学生)的参与下共同完成的,这种活动是在具体情境下完成的,是"情境化"的活动。因此,教师必须将自己的"必需知识"和"重要知识"与具体情境相结合,根据不同的教学任务和出现的问题做出相应的反应。不同的职业具有不同的知识,不同的知识具有不同的重要性。这三部分知识组成了大学英语教师与其他学科教师及其他职业有所区别的知识内容。

三个层面的知识相互关联、相互作用,共同构成大学英语教师知识体系的整体。对整个教学系统起控制和调节作用的是大学英语教师。大学英语教师的知识和教学能力直接制约着大学英语教学的各个环节。因此,可以说大学英语教师自身的知识结构是大学英语教学中的一个重要组成部分。同时,这个体系又是一个开放的系统,它不断地同外界进行着信息的交换,有相应的输入和输出以及量的增加和减少,因此,我们可以说这个体系又是一个动态的、不断变化的系统。

■ 九、构建"学习型"的大学英语课程教学组织

应建立一个新型的专门教学管理机构,实现大学英语教学与双语教学的有效衔接,解决大学英语课程教学改革中的 ESP 教学最突出的师资问题。大学英语教学经过几十年的发展,取得了巨大成就,各高校也有专门的机构(如大学英语部等)负责对其进行管理协调。而双语教学在我国起步较晚,目前主要由各院系的专业教师负责,一般由各校教务处而不是专门的教研机构进行协调,管理上处于一种相对自由的状态,这无疑会影响双语教学的有效实施。有的学校为了提高双语教学的质量,建立了专门的双语教学教研管理机构,负责制定符合本校学科、专业发展和课程建设实际情况的双语教学规划,指导学校双语教学有计划、有步骤地开展;负责提高学校双语教学的质量,促进任课教师的职业发展,为所有的双语课程提供

评估体系;负责协调大学英语教师和双语教师之间的联系,组织他们定期召开教学研讨会,促进双语教学成功经验的传播。这不仅有利于解决双语教学问题,而且也可以使大学英语教学更有针对性、更好地为双语教学做好铺垫。双语教师的背景大多是学校各院系的专业教师。一般来说,他们精通专业,但缺乏必要的英语语言教学理论和较为扎实的语言基本功,对学生的英文水平也缺乏必要的了解,这使得他们很难在教学中自如地使用英语来进行学科教学。另外,有少数双语教师是英语专业出身再攻读其他学科硕士或者博士学位的复合型专业教师,这部分教师兼具英语水平和专业素养,但毕竟数量不多,难以满足双语教学的需求。

如果说大学英语教学改革中的 ESP 课程是实现语言和专业学习的知识桥梁,那么这个新型的组织机构则是实现大学英语教学改革目标的后援基地,它包含了大学英语教师也涵盖了双语教师。学科教师和语言教师紧密配合是成功进行双语教学的有力保证。

这个创新型机构必须是个学习型组织,持续学习的精神是保证这个组织活力的源泉。因此在这个新型的课程教学组织里,教师和领导享受充分的主动权,在职教育是开放的系统,能建立正常的对外联络机制,加强同兄弟学校、国内和国际教师的交往和合作,共同探讨学习的经验和效果。这个新型的学习型课程组织本身不是一个金字塔形的结构,而是一个扁平型的或倒金字塔形的组织。这个组织为每一个成员创造和提供一个民主的、平等的、双向沟通的良好学习氛围,教师对组织领导或个人进行批评时也不会感到压力。这个学习型的教学组织的气氛是民主的,沟通是畅达的,学习不分长幼,没有专业、职称、职位等的等级划分,互相学习,取长补短。在这个学习型的课程组织中,每个教师可以大胆探索教学模式,主动积极地分析改革中的成与败,在改革中自我超越发展。这个新型的学习型课程组织能不断提升文化品位。在精神层面,"文化组织"要崇尚知识,崇尚学习;在物质层面,通过建设语言实验中心、文化橱窗、语言阅览室,为教师营造良好的环境和氛围。组织文化的形成必然要受到组织战略变革方向等方面的制约,但形成之后又作用于其他要素。换言之,文化作为一种长期积淀的习惯性思维方式和组织的核心价值理念,自身也需要并且不断进行创新变革,不断赋予新的意义。组织变革的背后,是组织文化的变革。在新型的组织中要培育一种适合变革发生、传播和扩散的氛围文化并体现在组织内部每一个角落,让它根深蒂固。组织文化一旦形成就具有稳定性,会代代相传,成为组织灵魂、组织成功的"传家宝"。

■ 十、增强教师领导力

教师角色中的角色一词源于戏剧,自 1934 年米德(G.H.Mead)首先运用角色的概念来说明个体在社会舞台上的身份及其行为后,角色的概念被广泛应用于社会学与心理学的研究中。角色理论学家们认为,"个人占有特别地位所表现出来的行为模式"。在现实生活中,无论何时每个人都在有意无意地扮演着某种角色。正如演员要演好某个角色必须要进入这个角色,并按照这一角色的行为标准去行动一样,教师要想成为合格的教师也必须充分理解教师角色,积极地投入并扮演好教师这一角色。教师角色是指教师与其社会地位、身份相联系的被期望行为,包括两个方面:一是教师的实际角色行为,如有时是学科专家,负责传授知识与技能;有时是训导人员,负责辅导学生的日常思想行为;有时是评价者,负责评定学生学业成绩;有时是心理咨询专家,帮助学生解决生活及情绪上的困扰。就整个社会来说,教师扮演着促进社会发展的角色。随着社会的现代化、城市化、价值多元化,教育制度发挥的功能日益增多。二是教师角色期望,即社会公众和学生期望的教师表现的行为模式或教师期望自己应具备的行为模式,又分为"他人对自己的期望"和"自己对自己的期望"等方面。

国外关于教师角色的研究起源于三个理论。一是建构主义理论:建构主义提倡在教师的指导下以学习者为中心,既强调学习者的认知主体作用,又不忽视教师的主导作用,教师是意义建构的帮助者、促进者,而不是知识的提供者和灌输者。学生是学习信息加工的主体,是意义建构的主动者,而不是知识的被动接受者和被灌输的对象。教师要成为学生建构知识的积极帮助者和引导者,应当激发学生的学习兴趣,引发和保持学生的学习动机,通过创设符合教学内容要求的情境和提示新旧知识之间的联系的线索,帮助学生建构当前所学知识的意义。为使学生的意义建构更为有效,教师应尽可能组织协作学习,展开讨论和交流,并对协作学习的过程进行引导,使之朝有利于意义建构的方向发展。二是人本主义理论:20世纪60年代,教师教育者开始利用罗杰(C.Rogers)、马斯洛(Maslow)等人本主义心理学家的研究成果培养教师自我发展的意识。人本心理学强调人的独特性、人的尊严和价值,反对将人看作机械或动物,主张研究人的潜在能力和善良本性,设想通过理想的教育发展人的潜能,实现社会和谐和个人幸福。人本主义心理学家柯姆斯指出,好教师的教学绝不是千篇一律地遵循既定规则,他们都在教学中体现出各自的"特性",在教学中注重"具体的""特定的"情境,不以"既定的方法"去行动。因此教师的角色类似于"艺术家",其教学艺术是"缄默知识",无法直接传递给他人。人本主义的教育理论家在以下方面达成了共识:教育应该促进认知与情感的综合发展,教学应以学生为中心;教师与学生之间要建立积极的关系;教师应具有信任感、真诚感和自信感;教师应信任学生,激励学生发现自己的情感体验,发展他们明确自我概念,帮助学生认同他人,与他人分享情感,使学生意识到自己的态度和价值并且做出相应的行为反应。三是实用主义观点:实用主义关于教师角色的研究主要是根植于杜威的理论,要义是个人的实践对于个人理解性知识的形成意义重大。持这种观点的研究者并不仅仅关心教师教学步骤的技术性问题或者课堂管理的技巧,他们把专业化的教学视为一种需要细致分析,掌握大量细节并且调控多种需求的复杂的工作实践。他们关心这样一些理论性问题——什么意味着教学?教学实践者应如何解决实践中的问题和困境?教师如何控制教学?也就是说,实用主义也将教师视为一个"学习者",但是教师的职业决策建立在他们整体的知识基础之上,并不对所谓"个人的"还是"职业的"加以区分,所以教师必须在教学实践过程中不断地对自己和对工作的认识进行反思,因此将教师视为"反思型实践者"就成为顺理成章的事情。他们提出,反思型教学实践应该纳入教师培养计划之中,把教师培养成专业化实践者——积极参与思考和行动,具备书面知识和实践性知识。

教师要赋权增能是实现教师课程开发主体地位的一个重要途径。在教育管理学领域,教师赋权增能与西方学校重建运动中所宣扬的分权化精神是一脉相承的。从 20 世纪 80 年代开始,人们逐渐认识到,教师不应被视为学校教育改革的对象,而应该是教育改革的主导者和行动者;以往的学校教育革新之所以停滞不前以致失败,其中一个很重要的原因就在于忽略了教师这一改革的真正主角,他们因不受重视而冷漠应付教育改革的现象时有发生。于是教育领导者被要求交出一些权力与教师共享,而不是将权力加诸教师身上,教师可以就学校的目标和政策等议题参与规划,这就是赋权理论中的"外部赋权",它与"权力"相关,强调对组织资源拥有正式的权威或控制权力,因此"赋权"就是一个权力分享的过程。此外,赋权理论还包括"内部赋权",即教师利用个人的知识,充满信心地进行决定和采取行动。教师具有充分的专业知识与教学效能,拥有专业自主性与地位,能进行专业判断,承担专业责任。从这个角度讲,"赋权"同时也是一个"增能"的过程,"增能"既是"赋权"过程的重要组成部分,又是"赋权"的结果。在课程设计过程中只有把权力分享给教师,对他们"赋权"进而"增能",才能重视他们的实践知识,保证其课程开发主体地位。

教师领导力作为教育学和管理学领域的研究问题,近年来引起了不少国内学者的关注。李款对教师领导力的内涵进行了剖析,分析了教师作为领导者在课堂课外以及同事群体活动中的具体体现。刘保兄和刘小娟在对美国新教师发展观述评中强调了教师成为领导者的意义,使得教师有新的责任和成为评估的提倡者,学生成就和期望观念重建的革新者和充满活力的专业人员,并且对美国如何培养教师领导力的做法进行了举例说明。操太圣、卢乃桂,吴颖民提出了增强教师领导力的策略是"赋权增能",它是提升教师整体素质和扩展教师队伍的有效手段。

教师领导力不是实际权力赋予的象征,而是基于个人对外的一种积极的影响力、感召力和推动力的综合能力或素质的体现。在大学英语课程改革中,由于现代教育技术的应用,教师的传统知识和精神权威受到了极大的挑战,教师必须通过自身的角色来适应时代的发展。

曾经的大学英语教师从整体上来看,往往处于被动的处境:比如使用全国统一标准的大学英语教材,教师无须根据自身的学校和学生特点另外编写教材或者讲义,国家级出版社每年推销的大学英语教材种类虽然不多于 10 种,但是想要大学英语教学高校每年更换教材的频率却不是很高,大学英语教师已经渐渐习惯了这种思维定式,不愿意在英语课程和教材开发上花费很多工夫。而且长期以来大学英语教师因为教授的学生人数很多,班级规模过大,再加上劳动力就业市场对全国大学英语四,六级考试合格证的要求,大学英语教师在课堂上依旧是以考试为导向的英语知识为主的教师角色,深层次的英语教师角色转变还远远不够。在我国大学英语课程改革不断深化的过程中,人们对教师角色进行了热烈的研究和探讨,取得了比较丰富的认识。师生关系中的教师角色从"学生发展为本"的立场分析,新型的教师角色可具体表述如下:

教师既是知识的输出者又是学生自主学习的引导者:教师是知识的拥有者和源泉。教师向学生输出知识,把人类一代代传承下来的知识经验通过输出的方式继续传承下去,所以教师是知识的输出者。而现代信息技术打破了教育的封闭状态,使教育环境充分开放,教师不再是学生获取知识的唯一源泉。因此,教师必须做出适应开放式教育的转换,教师实际上既是知识的输出者又是学生自主学习的引导者。教师应该是为学生提供舞台,指出方向,关键时刻给予学生指导和支持的"导师"。

教师是学生创造能力的培养者:在信息社会里,对于人来说,最为重要的是创新,获取间接知识、经验已不再是教育的主要目的,而是获取直接知识、经验的基础和手段。教师越来越多地重视培养学生解决实际问题的能力,特别是创造性地解决实际问题的能力。教师必须变书本知识的复制者为学生创造能力的培养者。

教师既是知识的给予者更是学习方法的给予者:在信息社会、终身教育的背景下,帮助学生掌握学习方法特别是终身学习的方法才是教师的聪明选择。方法才是学生进一步学习特别是终身学习的关键所在,教师应特别注意使学生成为掌握学习方法并能够创造性地运用学习方法的人。教师的角色必须做出适应终身教育的转换,既是知识的给予者更是学习方法的给予者,使学生能在自己需要时,灵活地或综合地使用多种方法进行自主有效的学习。

教师是因材施教者:信息社会要求我们的教育成为个性化的教育,以培养出它所需要的各种具有个人特点、类型和风格的人才。教师必须能够根据学生不同的个性特点、学习类型、学习风格和学习进度等"对症下药",使每个学生都能得到适合自己特点、类型和风格的最大化和最优化的发展。教师的角色必须做出适应新的个性化教育的转换,变强调统一性的教育者为真正意义上的因材施教者。

网络社会中的教师角色：随着信息技术的发展，教育与课程正在走向网络化，基于网络的教育和课程活动赋予了教师角色以新的内涵。网络时代在信息技术参与教学的情况下，教师角色将主要表现在以下方面：①教师将从传统课堂教学中的主讲者转变为组织者和辅导者；②教师将从课程教材执行者转变为课程教学的研究者；③教师将扮演协调者角色；④教师将扮演管理者角色；⑤教师将从知识学习指导者转变为未来生活的设计者；⑥教师将从文化知识传授者转变为知识体系的建构者；⑦教师将从教育教学管理者转变为人际关系的艺术家。

综合视野里的教师角色：在现代社会，由于社会结构和教育结构的复杂性，需要教师适应多种多样的社会角色。从学校教育工作的角度综合地看，教师所扮演的角色主要有以下几种：①言传身教、教书育人的教育者；②文化知识的传递者；③智力资源的开发者；④未来生活的设计者；⑤心理健康的指导者；⑥学生集体的组织者；⑦学校与社会的沟通者；⑧教育现代化的开拓者。

本书倡导的大学英语教师领导力的表现如下：课堂上，大学英语教师利用先进信息技术手段，最大限度地调动起他们的求知欲望，让在信息化时代成长起来的青年能够感受到在知识的汪洋中，老师能指导他们甄别，梳理知识，寻找知识。大学英语教师的课堂教学除了黑板上的英文字还有动态图、多媒体。大学英语教师不是发号施令的知识权威，而是值得信任和求教的朋友。课外，大学英语教师和学生之间的交流，可以更加丰富。互联网、QQ、MSN、博客等个性化色彩浓厚的空间能把握学生的思想动向和内心真实感受。教师除了课外作业上管理学生，还能通过各种平台对学生实施人性化管理，发挥领导者的作用。大学英语课程中的教师对课程的开发、教材的多样化选择有最大的自主权。长期以来，大学英语教材由国家统筹，几个大出版社垄断了教材的编写权。普通高校的教师很少有机会去参与教材的编写。但是目前的大学英语教材内容老化，实用性不强，教材编写体系不利于教师开展有效的教学。新时代要求的大学英语教材需要实用性强、信息量大、内容新颖、编写体系科学的教材。在本校的大学英语课程改革实践中，老师们自发地选择教学教材信息，自编了很多教材，但就是因为体制的原因不能出版发行，只能在学校内部流通使用。教师的课程领导力在某种程度上受到了制约，但教师的领导力光芒却不能忽视。另外，关于大学英语课程的计划，实施和评价，没有教师的参与，形同一纸空文。

无论是大学英语教材的开发，还是大学英语课程的设计与发展，大学英语课程教学法的变革上，大学英语教师的领导作用必须充分体现。只有增强了大学英语教师的课程领导力，才谈得上课程的改革深化与发展。

■ 十一、学生评价多元化

在大学英语课程改革的实践中,由于教师课程评价知识的缺乏和对于试卷分析工作做得不够,课程评价存在的问题多多。加上对语言测试的信度和效度问题缺乏正确的指导,教师往往感到很茫然。

外语课程的主要目的在于促进学生认知与行为的有效改变,科学的评价方法是协助达成课程目标的重要手段。目前,我国的外语课程评价体系基本仍停留在传统的静态评价层面,这种评价体系只能显现学生的现有发展水平,掩盖学习的潜在发展水平,对客观评价学生潜能、推动其健康发展,存在严重的制约性。客观地说,我国的外语课程改革能在多大程度上有所突破,关键取决于我们能够在多大程度上将评价引向科学合理的轨道,引向促进我国的外语教育健康发展的进程。

综观世界课程评价的历史发展可以看出,充分尊重个体的建构评价理念已经成为课程评价领域的大势所趋。建构评价理念倡导"协商"式的"共同心理建构",在此基础上寻求共识的达成,这实质上是尊重每一个个体的主体性,从根本上突破了评价领域中长期以来所寻求的"客观性""科学性"的迷雾,使评价的理念发生了质的转变。毫无疑问,建构评价理论体现了课程评价的时代精神。建构评价理念体现出的中心思想就是主体性评价。所谓主体性评价是以评价者和被评价者共同参与评价为中心,引导个体在形成积极自我意识的基础上发展现实主体性的评价。这种评价观在评价情景中强调,不论评价者还是被评价者,在评价体系中都是平等的主体。主体性评价充分发挥了评价本身蕴涵的外显和内隐的教育功能,在实践中并不依靠外部力量的督促和控制,而是通过每一个个体对自我行为的"反省意识和能力"来达到目的,评价过程是一种民主参与、协商和交流的过程,反映了一种深刻的民主意识,极富时代精神。主体性评价是一种教育性评价,其最终目的在于促进个体的健康发展,因此,在评价内容的定位上,应尽量注重多元化,从不同侧面反馈个体的点滴进步,进而达到鼓舞个体的自信心和上进心的效果。从国外看,许多国家在评价内容上也都呈现出多样化的特征。日本对个体的评价内容包括四个方面:关心、意欲、态度;思考、判断;技能表现;知识理解。且对评价内容确定了重点,即比起"思考、判断"和"技能表现",更为重视"关心、意欲、态度"。美国对个体的评价内容主要包括认知、情感和身体三个方面,其中给予态度以很高的重视。评价内容的多元化趋势提示我们,评价过程中,应充分重视个体身心的差异性特点,科学进行个别评价,而不应该按统一的标准要求全体被评价者。为真正发挥评价的激励功能,应重视个体的进步评价和态度评价。

■ 十二、课程设置科学考量

长期以来,我国奉行"行政型"的课程决策管理模式,课程决策和管理的主体是国家或国家授权机构,形成了一种"上定下行"的课程管理体制。从培养目标、课程目标、课程设置、课程内容、教学进度到教学评价考核都是一个标准,强调全国的整齐划一。具体到大学英语这门课程上,在过去相当长的一段时期内我们所实施的是"一纲一本"、高度集中的"国家本位"课程开发模式和课程管理体制,各学校的课程自主权非常有限。在这种情况下探讨大学英语校本课程开发就具有特别的重要意义。万伟认为,从历史上看,我国的"课程"长期以来一直处于"超稳定"的状态,"四书五经"曾经一度被作为最主要的"课程",教师的角色被定位于"传道、授业、解惑",教师被要求"述而不作",即忠实地解释"四书五经"中的微言大义,传授知识,而不强调教师自己做出创造性解释。可以说,长期以来教师是一直被排除在课程之外的,教师在课程中的作用也一直没有得到充分的重视。直到近一百年,这种情况才开始有所改变。由于中西方文化的交汇,教育进行了一次又一次的变革,每一次大的变革,基本上都是自上而下的,这些变革中虽然也包含有"课程改革",但基本上都与教师没有直接联系,教师的任务就是遵照指示忠实地执行这些课程变革。2001 年之前我国的基础教育先后进行了七次课程改革,这七次改革基本上都是围绕"教学计划、教学大纲、教科书"的变革而展开的,教师的任务就是执行国家的课程变革主张,这导致了在很长一段时间里,教师高度依赖教学计划、教学大纲、教科书,以纲为纲,以本为本,缺少自主的课程意识。20 世纪 90 年代中期开始大陆的课程研究者对校本课程开发产生了极大的兴趣。

课程设置必须有先进的科学的现代语言学理论做指导。美国著名应用语言学家克拉申(Krashen)建立的第二语言习得理论是当今世界上最有影响、最为全面的语言习得理论之一。课程设置必须特别关注以下三点:第一,掌握输入的特点。首先是可理解性。其次是趣味性与学生知识和生活密切相关的信息。此外,输入量必须充足。教师要力求为学生提供他们在课外得不到的可理解的输入,并帮助他们吸收。第二,消除心理障碍,尽量减少学生的外语焦虑。第三,明确学习的有限作用,学习只能作为习得的补充,它的作用是监测,以提高输出的准确性。美国语言学家乔姆斯基(Chomsky)在其著名的转换生成语法(Transformational Grammar)中区分了语言能力(competence)或称语言知识和语言运用(performance)。语言能力是一种高度理想化的语言模式,语言运用则指其他的语言形式,包括心理副作用、智力障碍、语言系统的数学特征、意义的微小差别,以及其他相互关联的东西。英国语言学家韩礼德(Halliday)在其系统功能语法理论中区分了语言潜能(linguistic potential)和语言行为(linguistic behavior)。很显然,他的语言潜能与乔姆斯基(Chomsky)的语言能力有相似之处,而语言行为则类似于语言运用。这说明现代语言学家们都特别关注外语学习两种能力的培养,即知识与运用。可是我们现行的课程设置却偏重知识的传授,忽略了语言行为的发展。外语教学必须把语言视为一个系统,是一套开放的与语言运用的社会环境相联系的供选择的"意义潜势",我们教学的目的就是要开发学生的这个"潜势",能够根据环境在这个"潜势"中选择适合环境的语言。教师的任务是以各种适当的形式和方法向学生提供他们所需要的知识和技能。所以,外语专业的课程设置必须增加培养学习策略、交际策略方面的内容。

课程设置必须符合外语教学的特点和规律。外语专业的培养目标及手段与其他专业有很大差异,可是仔细分析我们现行的课程设置却发现它与其他专业基本一致,即所有课程都被分为三大板块:普通、专业、跨学科。尤其是第一、第三板块简直可通用于一切专业,而其中的专业课程设置,也完全可以用于培养所有外语类学生,发展他们的外语能力。这样的课程设置显然难以培养出真正通晓外语的人才。系统功能语法创始人韩礼德(Halliday)认为,有些语言能力在一般的外语学习中极难获得。它们是:用不同的方式讲同样的事;犹豫或无事闲谈(这是保持社会关系的一种形式,虽无概念功能,但有人际功能);预测对方要讲的话;增添新的语言能力。对于外语专业的学生来说,这些能力虽然是极其艰难的,但却是必须培养发展和具备的。我们的培养手段必须适应这一要求,使学生成为真正讲目标语言的人。

同时,课程设置还必须体现多层次语言观。我们的教学无论在内容上还是方法上都不能只注重一个层次,而必须以培养学生掌握语言的意义潜势为目标,使学生的语言能力在意义、词汇语法和音位三个层次上同时发展。

课程设置必须体现创新教育。英国语言学家注意到学习的过程中存在两种截然不同的状况,体现了两大派相对立的理论,他称之为"罐子理论"和"自制啤酒"理论。前者认为,学习过程就是将信息、知识或技能从一个容器转移到另一个容器的过程,即教师将自己桶里的知识倾注到学生的"罐子"里,没有有机交换的过程,学生的任务则是尽可能多地吸取那些万应灵药而无任何遗漏。吸收(学生学得知识)等于输入(教师灌入知识),这就是"罐子"理论的实质。在英国,老百姓通常自制啤酒。他们买来一只木桶和原料,然后按制作啤酒说明书自制啤酒。与"罐子"理论相对的另一派理论与此相似。教师给学生提供原料,并教会他们如何使用这些原料,然后学生就按照各自的途径,用自己的风格去实践,这就出现了完全不同的状况:输入对所有的学生都相同,但吸收和输出就因人而异了。现在的问题是,大家都知道该采用第二种方法,可实际情况却是大家都在自觉或不自觉地实践着第一种学习过程。究其原因就在于采用"罐子"方法,对于教师比较方便,而且即时的成就可能显著。学生也许会记住大量外语材料，并将它们用于考试之中取得好的成绩。但是用这种方法学的东西却常常无法用于更广阔的环境，仿佛在它们周围筑了一道围墙，把它们和使用的环境隔离开来。语言变成了一堆知识，而非交际的工具。外语专业的课程设置必须尽量避免这种可能性，从源头上杜绝它的产生。这里涉及的核心问题是我们的课程设置中必须体现创新教育原则，以培养学生的创新意识、创新精神、创新思维、创新能力及创新个性为主要的目标。大量理论与实践证明，创新精神不是天生的，而是靠后天的训练培养得来的。教育的责任就在于为培养学生的创新精神提供环境，提供土壤。这也正是外语专业课程设置应该实现的最高目标。

课程设置必须进行"需求分析"。人们通常认为，一个人不可能全部掌握一种语言，甚至说本普通话的人也只用到整个语言材料中的一小部分。所以，从教学内容上讲，教师必须尽量满足学生的需要，这就是"需求分析"（needs analysis）理论的基础。课程设置必须先探查学生学习中的需要，调查和研究学生已经能用语言干什么，其"意义潜势"已发展到什么程度，还需增补哪些技能和知识，然后再根据学生需要来安排教学内容。我国高校现行的外语专业课程设置过分强调学科体系，脱离时代与社会发展的特点，也不适合学生的实际情况。二十多年前，外语专业的毕业生当教师、做文秘工作者居多；十多年前，外语专业的毕业生从事贸易、翻译工作的比较多；而如今，毕业生的就业面越来越宽，涉足管理、法律、金融、信息、科技等各行各业。而外语专业的课程设置变化不大，专业基础课程比重太大，专业应用课程和跨学科课程太少，课程之间的比例关系失调，学生的选择面窄，客观上阻碍了复合型人才的培养。一些外语专业的课程和教材内容比较单一、陈旧。如有的外语教材中仍然出现计划经济时期的概念和机构名称，有的对话中的场景是在二十年前的商店，有的文章还在谈论收录机的先进性等，还有的教材中提到的说法是外国人极少用到的或是已经被外国人自己淘汰了的。这些课程的教学内容缺乏时代感，影响了外语专业学生知识的更新和能力的培养，也就无法满足他们的需要。提高我国外语专业人才培养质量是一个系统工程。目前我国大学教育的整个过程主要是围绕课程教学而展开的，课程教学是实现培养目标的基本途径，课程教学质量的高低在很大程度上决定了所培养的人才质量。借鉴并运用西方现代语言学的研究成果，结合我国实际情况，根据学生需要建立起符合外语教育规律及特点，并能体现创新教育精神的课程体系，是广大外语教育工作者义不容辞的使命，也是时代对我们的要求。

十三、组织和人力资源管理

为确保企业在激烈的竞争中保持优势，必须进行变革。在企业发展中，人力资源作为企业变革的主体,是一种能动的、起主导作用的特殊生产要素。它的特殊性和重要性要求企业重视变革中的人力资源管理,采取适当的人力资源管理策略使其很好地为变革服务。在战略变革中取得权利配置系统的均衡及构建与战略目标一致的企业文化,在结构变革中整合组织机构及指引变革方向,在人员变革中选聘人才,合理配置人才,控制裁员及在文化变革中的有效传播,都对变革起着良好的促进作用。与人力资源部门有着伙伴关系的直线部门,也能在组织变革中发挥其人力资源管理职能,通过积极配合人力资源部门的管理活动,鼓励和引导部门员工参与变革等方式来保证组织变革的顺利进行,在激烈的竞争中立于不败之地。

高校虽然不同于企业,但是高校在管理上可以借鉴企业在组织变革中的人力资源管理战略,不人浮于事。大学英语课程教学改革要优化,不仅在组织机构上要做出相应调整,更要强调这个新型的组织机构中人的因素。首先,进行人力资源的评估,取得权力配置系统的均衡。不同的学历背景、专业背景、年龄、教学经验等在组织机构重组中要评估、计划、协调。要组建一支推动变革的领导团队。整合组织机构,要处理好各个部门之间的关系,适度分工、加强合作,使机构之间和机构中的员工之间彼此协调配合,解决分工太细太死、机构臃肿、矛盾多、效率低等问题。进行组织结构变革时,人力资源管理部门应同时协助各直线部门,为教师发展提供各种咨询、培训和激励,通过建立良好的沟通和变革氛围处理变革实施过程中的矛盾和问题。麦肯锡的 7S 模型将组织变革归结为七个方面,其中战略、结构和制度被认为是企业成功的"硬件",风格、人员、技能和共同价值观被认为是企业成功的"软件"。在组织中,成为核心的不是"硬件",而是作为"软件"存在的人或人的价值观念。事实上,"硬件"也脱离不了人而单独存在。任何核心能力的最终载体都是人,因此,解决"人"的问题是组织变革中不容忽视的部分。组织变革会使教师的地位及领导与教师的关系发生较大的变化。当变革触及教师自身利益的时候,这种意识往往会阻碍教师观念的更新,影响教师投身变革的积极性和适应变革的心理承受力。人力资源部门要认识和分析这些变化可能产生的影响,实现人力资源供需平衡,优化人力资源配置,真正做到能者上,庸者下,不浪费人才,不错用人才。

第四章

高校英语基础知识
教学改革与实践

第一节　英语基础知识教学中的问题

一、语音教学中的问题

我国的英语语音教学主要存在五个问题：对语音教学的内容和任务把握不够、对语音教学重视不够、教师语音不标准、对语音教学的长期性认识不够、学生的语音练习机会太少。下面我们就对这五个问题分别进行说明和分析。

（一）对语音教学的内容和任务把握不够

语音教学的内容不仅包括字母、音标和拼读，还包括语流、语调、重音等。但有的英语教师只关注前面几项内容，而忽视了后面几项，这就很容易造成学生发音尚可，拼读也还熟练，但语流不畅，语调不过关，最终影响朗读、口语能力的发展。这是因为，语调、重音等因素对语义的影响有时比单个音素还要大，而且也对学生语感的培养极为重要。因此，英语语音教学不能只停留在单个音素和单词读音的层面上，还应帮助学生在音长、重音、语调、停顿、节奏等方面打下坚实的基础。

除了知识性的传授以外，语音教学中教师必须使学生具备以下几种能力。

（1）能够听音、辨音和模仿语音。

（2）能够将单词的音、形、义联系起来，并能迅速做出反应。

（3）能够按照发音规则将字母及字母组合与读音联系起来。

（4）能够迅速拼读音标。

（5）能够将句子的读音和意义直接而快速地联系起来，从而达到通过有声言语进行交际的能力。

（6）能够朗读文章和诗歌。

（二）对语音教学重视不够

语音不仅是语言的基本要素，更是语言赖以存在的基础。可以说，世界上所有的语言不一定都有文字形式，但一定有各自的语音。因此，英语语音教学也应该是整个中学英语教学发展的起点。然而在实际教学中，对语音重视不够的情况并不少见。这一现象不仅表现为对学生的发音问题（如浊辅音发成清辅音、短元音发成长元音等）不认真纠正就放过；还表现为学生的语音基本技巧不纯熟，无法快速地将字母和语音联系起来，达不到直接反应的水平。总之，对语音教学的重视不够往往直接导致了学生语音基本技巧自动化程度不够。

这一问题不仅阻碍了英语的后续教学，更影响了学生的语言能力和各项语言技能的发展。有调查显示，我国英语教学存在两极分化的现象，包括班与班、校与校、地区与地区的宏观分化和班内学生之间的微观分化。这种分化无不与语音教学有着莫大的关联。因为如果语音基础不好，读单词就会有困难，不会读或读不准单词也会直接影响到单词的记忆和积累。而词汇量不够的话，阅读也就困难重重。另外，语音基础不好就无法将音、义快速联系起来，这也给听力学习造成了很大的困难。而英语听力能力的薄弱不仅会导致听力学习效果不佳，教师如果用英语授课，学生也难以跟得上，最后连听课都困难，就只能放弃英语学习。

(三)教师语音不标准

作为语言的基本功，语音看起来简单，但实际上要想做到发音准确是十分不易的。部分英语教师自身也存在发音不准确的问题。还有一些英语教师不分英式发音和美式发音。这在中国人看来似乎没什么，但在英语本族人听来就十分怪异了。要想解决这些问题，教师必须自觉地提高英语水平，进行一定的专门发音训练。此外，也可以使用录音机等教学工具，一方面保证语音的准确性；另一方面也保证每位学生都能听得清楚，从而起到正音、正调，提高学习兴趣的目的。

(四)对语音教学的长期性认识不够

英语教学是从语音教学开始的，但这并不意味着语音教学只存在于英语教学的初期。事实上，语音教学应该贯穿于整个英语教学之中。这点常为一部分教师所忽视，导致学生的语音越来越差。高年级学生反而不如，年级学生敢于开口讲话。这些问题的产生都和教师对语音教学的长期性认识不够有很大的关系。因为语音是一种技巧性能力，"久熟不如常练"，语音的学习自然就需要经常练习。不仅要指导学生练习，教师自己也要不断地进行纠音和正调。当然，入门阶段以后的语音教学大多是融入语法、词汇、句型、课文教学和听、说、读、写训练之中的，虽然并不明显，但却体现了英语学习的综合性质和科学规律。

(五)学生的语音练习机会太少

语音练习机会少是英语语音教学中的一个显著问题，也是学生英语语音学习效果不佳的一个重要原因。要想解决这一问题，首先，要坚持听音在先，听清、听准、听够，然后再模仿发音或读音。其次，教师可在纠正语音的时候画龙点睛地讲一些语音知识和练习诀窍，如设计单音成组比较练习，音调、词调、句调结合练习，或英汉语音对比练习等。此外，教师还应注意学生普遍存在的语音问题，并有针对性地对学生进行"发声"指导，帮助学生纠正这些语音问题。

■ 二、词汇教学中的问题

我国的英语词汇教学主要存在四个问题:教学方法单一、忽视学生主体地位、缺乏实际生活体验、缺乏系统性。下面我们就对这四个问题分别进行说明和分析。

(一)教学方法单一

词汇是学生在英语学习过程中最感头疼的部分。词汇的记忆和使用往往令学生感到枯燥、乏味。而综观我国的英语词汇教学可以发现,大部分教师依然采用传统的教学方法,即"教师领读—学生跟读—教师讲解重点词汇用法—学生读写记忆"。这种教学方法单调、乏味,学生处于被动的学习地位,这无疑加剧了学生对词汇学习的抵触情绪,词汇教与学的效果都不会太好。

面对上述问题,教师必须重视教学的改革,采用多样、有趣的词汇教学方法来调动学生的积极性,提高学生学习词汇的兴趣。例如,教师可以利用实物、多媒体等教具来呈现和讲解词汇,从而达到抓住学生的注意力,提高他们词汇学习的兴趣的效果。

(二)忽视学生的主体地位

随着英语教学的不断发展,越来越多的人认识到学生在英语学习中的主体地位。然而,这种主体地位在实际的英语教学中仍未得到很好的体现,词汇教学也不例外。词汇教学本应注重对学生智力的开发,重视对学生的观察力、记忆力、想象力、思维能力以及创造能力的培养。而现实状况却是"教师只顾教,忽视学生学"。教师大多采用填鸭式教学,将词汇的发音、意思、搭配等知识灌输给学生,要求学生死记硬背下来,而忽视了对学生主观能动性的激发。实际上,学生的词汇学习到达一定阶段后大多已经具备了一定的英语词汇基础,且有能力对相关的词汇规律进行归纳和总结。因此,教师不应继续"独揽霸权",而应发挥引导作用,使学生逐渐能够独立思考和总结、发现词汇规律、掌握词汇学习的方法,这样的词汇学习才能更加长久、有效。

(三)与实际生活联系不够

词汇教学方法的单一导致词汇的呈现、讲解大多局限在黑板和教师的口头讲述上,这也意味着其与实际生活的联系也十分微弱,而不能使词汇学习与学生的实际生活联系起来就难以引起学生的词汇学习兴趣,也无法因材施教。

为解决这一问题,教师就要将词汇教学和实际生活多加联系。例如,教师可将所授词汇放在一个真实的语境中来呈现或讲解,也可以适度扩展一些学生感兴趣的词汇,还可以补充一些和所教词汇相关的课外内容,并做适当的引申。学生只有认识到所学词汇的实用性,才会产生强烈的学习动机,词汇学习的效果才会更好。

(四)缺乏系统性

英语词汇的教与学都可以按照一定的系统来开展。把握好这种系统性有助于加强词汇之间的联系,从而提高词汇教学的效率和效果。然而,目前我国大多数的英语词汇教学都严重缺乏这样的系统性。肖礼全曾指出:"从小学到中学再到大学,所有的英语课本所包含的课文,其内容的主题都没有一个系统可循,几乎每一册课本都可能包含十个甚至更多的主题,如生活常识、人物事件、生态环境、旅游观光、社会道德、天文地理、历史经济等。"由于这些课文没有共同的主题,其所包含的词汇也就缺乏共同的纽带和轴心,学生能够依附的知识体系繁杂,因而也就无法形成一个可以展开或聚合的体系。这就容易导致学生在应用、记忆、复述、联想这些词汇时陷入一种无章可循的散乱状态,最终导致学生的英语词汇学习效果不佳。

要解决这一问题,教师就应将词汇教学纳入知识系统学习的轨道,用专门的知识系统来引领和组织英语词汇学习。例如,定期按照一定的标准(如相同主题、反义关系、相同语境等)对所学词汇进行归纳总结,这样学生才能更加有效地理解和使用词汇,词汇教学才会取得更大成效。

三、语法教学中的问题

语法是构筑一切语言的奠基石,是语言教学和考试中必不可少的部分。语法教学效果的好坏直接关系到学生对语言的理解和应用能力的高低。就我国目前的英语语法教学现状来看,其中存在五个问题:教学环境差、教学方式单一、教学时间不足、语法地位降低、教学缺乏系统性。下面我们就对这五个问题分别进行说明和分析。

(一)教学环境差

语言环境对语法教学的影响很大。若语言环境有利,则便于学生在真实的语境中理解和使用语法。若语言环境不利,就会对语法教学造成很大的阻力。在我国,英语教学是在汉语的环境下进行的,而英汉两种语言又分属于不同的语系,这就使英语语法教学处于一个不利的语言大环境之中。另外,国内大部分英语语法课堂教学中,教师大多采用汉语授课,更加大了语言环境的不利影响。学生在缺乏语境的情况下,对语法的理解和掌握不够深刻,只能机械地记忆教师教授的语法条目,却无法真正掌握其使用方法,以致错误频出。要想解决这一问题,教师应尽量用英语授课,并注意结合真实的语境来教授语法,便于学生的理解、记忆和使用。

(二)教学方式单一

"先讲语法规则,后做练习"是我国英语语法教学中最常使用甚至是唯一的教学方法。然而,这种教学方法使学生处于被动地接受地位,无法调动学生学习的积极性。这种教学方法往往会令学生感觉好像听懂了、会用了,可是要使用的时候又感觉很陌生,总是遇到这样那样的问题。尤其是当几个语法现象共同出现的时候,学生往往就会不知所措。因此,面对复杂而繁多的语法条目,教师务必要注意教学手段的多样性,以激发学生的学习兴趣,深化学生对语法条目的理解,实现语法教学效果的最大化。

(三)教学时间不足

在缺乏英语大环境的基础上,我国英语语法教学要想取得成绩,主要靠课堂教学效果。然而,英语课堂教学除了涉及语法教学以外,还涉及语音、词汇、听力、口语、阅读、写作、翻译方面的教学,这样一来,用于语法教学的时间就少之又少了。教学时间的不足也是制约英语语法教学效果的一个重要因素。

要想解决这一问题,我们不能硬从其他语言知识和技能的教学中挤时间,而应将语法教学与听、说、读、写、译的教学融合在一起,这样就大大增加了语法教学的时间和效果,同时也不影响语言技能的教学,可谓一举两得。

(四)语法地位降低

近几十年间,英语语法教学经历了从"天上"到"地下"的巨大变化。早些年,语法教学是整个英语教学的重点,甚至还有教师将二者等同起来。一时间,语法教学的地位"无人能及"。然而随着由此观点指导下的英语教学弊端逐渐暴露,大量淡化英语语法教学的现象也随之逐渐显露。导致这种现象产生的原因有两方面:(1)有人认为,学生小学就开始学语法,到大学阶段语法学习已基本完毕,无须重复;(2)还有人认为,试卷中考查语法的题目较少,分值比重也很少,不值得花费太多的精力去学习。事实上,这两种观点均失之偏颇。下面我们就对这两种观点分别进行评述。

第一种观点将语法学习的时间长短和学习内容的多少、学习效果的好坏等同起来,这是不正确的。学习时间长并不代表学到的就又多又好。即使学生掌握了初、高中全部的语法内容,也并不意味着他们能够理解所学语法项目的全部用法。因为中学阶段的很多语法项目有时并不适用于大学阶段遇到的一些语法现象。例如,中学时期学习的条件状语从句的使用要求是"从句用一般现在时,主句用一般将来时"。但是当学生日后遇到类似下面的句子时,就会难以理解。

If it should fail to come, ask Marshall to work in his place.

本例中,不管主语的人称和数如何,从句动词一律采用"should＋不定式"的形式,而主句动词则可根据语义意图采用不同的形式。其中,should 表示一种不太肯定的婉转口气,并不影响条件的真实性。条件状语从句的这种用法在初、高中时期并不多见,学生仅靠对条件状语从句的一般认识是无法彻底理解本句含义的。

由此可知,尽管很多语法项目看似学过,但却往往包含了多种用法和意义。这些用法和意义显然无法在英语学习的初级阶段就全部学到。如果学生不能深入、持久地学习和更新语法知识,就很难理解那些看似熟悉的语言现象。

第二种观点本身就是目光短浅、只见表面不见本质的。尽管英语考试中直接地考查语法的题目所占分值不高,但作为语言构成的基础,语法无论是对英语学习还是对英语考试而言都具有极为重大的意义。这是因为,任何句子的分析和理解都离不开语法。无论是听力、口语、阅读、写作还是翻译,没有扎实的语法基础,学生就可能听不懂、说不对、看不明白、写不出来、翻译错误甚至翻译不出来。可以说,英语测试就是建立在语法基础上的,对学生语法的考查其实贯穿了英语考试的始末。

(五)缺乏系统性

语法教学系统性的缺乏体现为,学生虽然对个 别语法条目非常熟悉,但却对与之相关的语法条目及其之间的差别与联系没有一个鲜明而完整的印象。例如,有一定英语基础的学生都能说出一些语法名词,如现在分词、过去分词、一般现在时、一般将来时、虚拟语气、独立主格等,但是如果让学生回答英语语法中有多少词类、几种时态、几种语态等问题,他们往往回答不上来。这种系统性的缺乏对学生全面、深刻地理解和使用语法知识而言是极为不利的。要想解决这一问题,教师应在语法教学过程中,对学过的语法项目多加总结,以帮助学生形成一个完整的语法体系概念。

第二节　英语语音教学方法与实践

■ 一、英语语音教学方法

(一)模仿教学法

在英语发音教学过程中,模仿教学法是一种行之有效的教学方法。模仿教学法的实施主要涉及以下四个步骤:听音、辨音、模仿和矫正。

1.听音

语音学习的第一步是听音。学生只有听准了,才能说准。因此,教师应让学生大量接触英、美人的地道发音,使学生熟悉其发音特点和规律。另外,学生也要听教师的发音示范,教师的发音示范更方便、灵活,能随时满足学生的需要。要保证听音的质量就要多听、听清、听准、听熟。

胡春洞曾把语音教学中的听分为三种:模仿性的听、辨音性的听以及熏陶性的听。其中,模仿性的听是指以模仿为目的的听,要求学生静静地听,并在心中默默模仿;辨音性的听的目的在于训练学生对不同的语音进行比较和区别,包括元音、辅音、音节、单词、词组、重音、失爆、连读、语调等内容;熏陶性的听并不要求学生模仿或分辨,只是为了增加学生接触英语的次数,使学生在潜移默化中形成纯正的英语语音语调。

在具体的语音教学中,教师应在不同的教学阶段根据教学需要灵活选用以上三种听音训练,使其相互推进、相互补充,共同促进语音教学。

2.辨音

在大量的听音练习之后,教师要适时引导学生进行辨音训练。此时,教师可为学生提供一些语音材料,让学生朗读,并让其他同学判断这个学生发音的对错。这种方法可使全班学生的注意力高度集中,去判断其他同学的语音、语调的正误,能有效提高学生的辨音能力。

3.模仿

听音、辨音的最终目的在于模仿,帮助学生自己输出语音。同时模仿也是检查学生是否听清、听准的最好方法。模仿阶段,教师可提供一小段语音材料让学生听,听完以后让学生模仿,可以将学生分成小组,派出代表来进行模仿。

4.矫正

模仿不可避免地会有很多问题,教师的职责就是发现、指出并纠正这些问题。模仿矫正可通过对比、解说和图表手段来实现。当学生的模仿不够准确时,教师可以利用对比的方法,突出新教语音的特点,使学生体会英语语音的特点,进而准确地进行模仿。若对比过后学生仍不能发现语音特点,教师就应结合发音图表或自己的口型,一边解释发音规则,一边指出相应的发音部位或做发音动作,以帮助学生体会。教师还应告诉学生影响发音的因素,如牙床(开或合)、舌位(高低或前中后)、唇形(圆、扁或中常)、声带(振动与否)、气流逸出(是否受阻)、音(长短)等,并帮助学生找到正确发音的器官部位。图4-1是人体发声器官示意图。

例如,在讲解/v/与/W/的发音区别时,教师就可以这样说:

Now, listen/w/, look at my lips , /w/.

Now, listen /v/, look at my lower lip and upper teeth,/v/—/v/—/w/—/v/—/w/...

如此一来,学生看到了发音器官的活动,了解发音的要领,更容易正确地模仿发音。

　　此外,教师在纠正学生的发音错误时不仅要耐心认真,还要注意纠错的策略,多鼓励,少批评,注意学生的心理效应,要善于发现学生的闪光点并加以肯定,使学生产生一种愉快的情感体验,最大限度地激发学生的学习兴趣,增强克服困难的勇气。

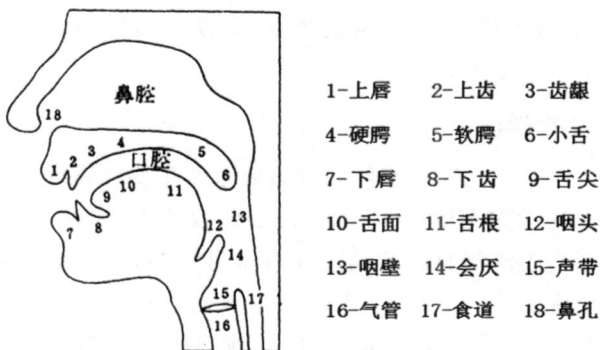

1-上唇	2-上齿	3-齿龈
4-硬腭	5-软腭	6-小舌
7-下唇	8-下齿	9-舌尖
10-舌面	11-舌根	12-咽头
13-咽壁	14-会厌	15-声带
16-气管	17-食道	18-鼻孔

图 4-1　人体发声器官示意图

(二)对比教学法

　　学生在学习英语时,已经掌握了汉语的语音,形成汉语语音的习惯。因此,在对英语语音进行学习时,学生往往会自觉或不自觉地用汉语的语音去比附英语的语音。针对这种情况,教师应对英汉语音进行对比分析,明确指出英汉语音的相同、相近之处,以避免学生混淆。通过对比英汉语音的发音,教师能够预见学生学习上的难点,并有针对性地考虑教学方法和措施,有效地帮助学生解决语音上的困难。

　　需要指出的是,我国方言众多,各地区学生的汉语通常还带有地方性特色。因此,教师仅对英汉语音进行一般性对比分析是远远不够的,还要进一步对比分析学校所在地区的方言、方音,这样才能保证语音教学更具有针对性、突破性。

(三)归纳—演绎教学法

　　在语音教学中,归纳—演绎教学法是指将符合相同语音规则的词语归纳起来进行集中教授的方法。这些词汇既可以是已学过的,也可以是生词。归纳可以多次重复,即同一个单词可以在元音、辅音、重读音节、非重读音节中多次归类。这样的归纳有助于学生通过分析总结,找出其发音的共同点和不同点,深化记忆。

　　除此之外,教师还应归纳总结英语单词重音规则和句子的语音语调,培养学生的语感,为以后的英语学习打下坚实的基础。归纳结束后,教师要及时运用演绎法让学生操练,通过练习加深印象。

（四）听说和朗读相结合

为了避免纯语音训练的枯燥乏味，教师可以尝试将语音训练和日常的听说、朗读结合起来，实行语音练习上的精泛结合，保证语音练习的效果。具体而言，教师要培养学生养成大声朗读的习惯，要求他们做到单词发音正确，句子语调合适。因此，教会学生掌握划分意群、适当停顿的方法，以及用适当的语调表达语境中的含义等成为语音教学的重要内容。

（五）交际语境教学法

语音学习的目的是实现有效交际。这就要求学生要能够通过准确、恰当、流畅的语音语调传达自己的交际意图。因而，在语音教学中，教师可以将角色扮演、辩论、采访、模拟和话剧表演等交际活动融入教学过程中，使学生在交际中练习并掌握流畅和地道的语音。

需要注意的是，在这些活动开展之前，教师应使学生明确本次训练的语音重点，让学生在训练中加以注意。活动结束后，教师要及时对学生的表现给予反馈，对语音练习效果好的学生多表扬、鼓励，并帮助语音练习效果不好的学生纠正发音。

（六）单音教学与语流教学相结合

单音教学与语流教学的结合具体表现为分层次、有重点的教学。

1.语音层次教学

语音层次教学是入门阶段语音教学的主要内容。这一层次的教学方法以示范和模仿为主，发挥创造性只能在学习方法和技巧上。语音层次的教学重点在于使学生掌握语音和语调的简单标准或机械性标准。这种标准是纯粹语言学上的，是假设所有性别、年龄、职业、地位的人在任何场合说话都用同一种语音、语调。

2.语流层次教学

语流层次的教学着眼于使学生掌握语音和语调的变化规则或交际规则。这种规则反映不同性别、年龄、职业、地位的人在不同的交际场合和不同的社会关系中使用语言的自然变化。在实际的言语交际中，语音、语调同语义结合为一体，人们所听的和所说的并不是单个的词和句，而是一连串的语流。这时的语音教学方法就应由语义入手，音义结合，在情景和功能的背景下进行训练，使学生把握语音语调的变化规律，创造性地进行练习。这时的语音练习就可以和朗读、会话结合，相互促进。语音教学得法，可以使学生尽快适应真实交际，同时克服英语学习中的僵化、呆板的思维方式，或不动脑筋的毛病。

(七)绕口令训练法

传统的语音教学通常使用机械、枯燥的练习方式强化学生的发音,这种教学方法很容易让学生丧失学习兴趣。因此,教师可以尝试一些新鲜的语音训练方法,如绕口令训练法。适当编排绕口令是一种目的明确、富有趣味的语音练习形式。绕口令不仅可以训练元音、辅音,还能训练特殊的语音现象。例如:

A flea and a fly were trapped in a flue, and they tried to flee for their life. The flea said to the fly, "Let's flee!" and the fly said to the flea, "Let's fly! "Finally both the flea and fly managed to flee through a flaw in the flue.

A bitter biting bittern bit a better brother bittern, and the bitter better bittern bit the bitter biter back. And the bitter bittern, bitten, by the better bitten bittern, said: "I'm a bitter biter bit, alack!"

Peter Piper picked a peck of pickling pepper. A peck of pickled pepper Peter Piper picked. If Peter Piper picked a peck of pickled pepper, where is the peck of pickled pepper Peter Piper Picked?

实际上,绕口令训练法实施的方式灵活多样,教师可以根据教学需要设计不同的教学活动,如教师可以设计比赛环节,激发学生争强好胜的心理,由此积极主动地投入语音学习中。

二、英语语音教学实践

(一)辅音/S/与/f/的教学实践

教学任务:学习辅音/s/与/f/的发音
参与形式:全班、两人小组。
教学目的:通过讲解辅音/s/与/f/的发音方法,使学生掌握二者的发音,并能正确地区分这两个音。

[教学过程]

第一步,教师教给学生辅音/s/的发音方法。/s/音是舌尖齿龈摩擦音,在发这一音时,要使舌前端靠近上齿龈,但不接触,上下齿靠拢,但不咬住,气流由舌端与上齿龈之间的缝隙逸出,摩擦成音。/s/是清辅音,发音时送气,但声带不振动。

第二步,教师引导学生按照下述模式成串儿练习/s/的发音。

Sssss	sssssspoon	spoon
dessss	dessssk	desk

第三步,复习/s/的发音,再把整个舌身抬起靠近上颚来发辅音/f/。/f/是舌面齿龈后部摩擦音。

第四步,通过读单词来比较/s/和/ʃ/的发音。

sort/short,sew/ show,sell/shell, suit/shoot

最后,为了更好地练习这两个发音,让学生读下面的对话。

A：She comes from England，is she Scottish or English?

B：She's English.

A：Is Miss X Irish or Scottish?

B：She isn't Irish or Scottish! She's Swedish.

A：Is Mrs. Y from Turkey?

B：Yes. She's Turkish.

(二)句子重音教学实践

教学任务:句子重音的读法及用法

参与形式:全班、两人小组。

教学目的:通过练习句子的重音读法,使学生掌握句子的重读与弱读的区别用法,增强学生重读与弱读的意识。

[教学过程]

第一步,在练习之前,教师引导学生按照下述形式进行朗读。

watch

my watch

lost my watch

I've lost my watch.

第二步,通过重读不同的单词来分别读下面的句子(重读单词下面已画线),每读完一次就找出相应表达的意思。

例1：

(1)We drove to Brisbane.

(2)We drove to Brisbane.

(3)We drove to Brisbane.

(4)We drove to Brisbane.

例2：

A. The speaker wants to highlight direction，"We drove to Brisbane, not from Brisbane."

B. The speaker wants to highlight place，"We drove to Brisbane, not Cairns, no Darwin，nor any other place."

C. The speaker wants to highlight who drove，"We, not you，or she or he drove."

D. The speaker wants to highlight how she traveled，"We drove to Brisbane，we didn't go by plane or by bus or cycle or walk there."

完成上述练习之后，教师可以让学生以两人小组的形式练习下面的对话，并划出应该重读的部分。

Peter and Sue are sightseeing. They are waiting for their city tour bus.

Sue：Have you got the money?

Peter：What money?

Sue：The bus money.

Peter：The bus money? I gave it to you.

Sue：Gave it to me? I thought you had it.

Peter：I thought you had it.

第三步，做完这些关于重读的练习后，教师可以向学生介绍弱读规则。在英语中，有大量的单词既可以重读，又可以弱读。请比较下面句子中的 can 和 form。

She can/kan/ swim faster than I can/kzen/. (The first can is the weak form，and the second can is the full form.)

之后，教师可以通过诗歌朗读的方法教会学生在句子中强调重要信息的方法，同时让学生理解在英语交流中使用弱读的原因。

This is the house that Jack built.

This is the malt that lay in the house that Jack built.

This is the rat that ate the malt.

That lay in the house that Jack built.

……

在朗读中，教师要提醒学生注意诗歌中的 that，and，of 等词，由于它们在句子中的作用不重要，因而不需要重读。

第三节　英语词汇教学方法与实践

■　一、英语词汇教学方法

英语词汇教学可以按照词汇呈现、词汇训练和词汇运用三个阶段来展开。为了充分调动学生词汇学习的积极性，提高词汇教学质量和效果，教师要因材施教，在不同的教学阶段运用适当的手段来开展词汇教学。

(一)词汇呈现阶段教学方法

在词汇呈现阶段,教师采用的教学方法主要有直观教学法、趣味教学法、情景教学法和构词呈现法。

1.直观教学法

直观教学法是指利用实物、图像、动作表情等方式来展示词汇的意义,给学生以直观的印象。

(1)实物教学法:在英语词汇教学中使用直观的实物讲解词义可以使英语单词直接与实物建立联系,有利于学生理解所学单词的含义,加深对所学单词的印象,同时也能够培养学生用英语进行思维的能力。英语词汇中存在大量的表示具体事物的词汇,这为我们采用实物教学法进行词汇教学提供了有利条件。所以,在英语词汇教学过程中,尤其是对于低年级学生而言,应尽量多使用实物教学法,把所学单词代表的实物呈现在课堂上,帮助学生理解并记忆所学单词。

例如,在教 desk,chair,blackboard,book,pencil box,door,tree,flower 等名词时,教师就可以采用实物教学法,用实物呈现的方式将新单词呈现给学生,或利用教室内的实物,或在课前准备好这些单词所代表的实物,在课堂上边展示这些实物边说出相对应的英文单词,并让学生重复跟读。

需要指出的是,教师不仅要边说英语边呈现实物,还要将词义讲解与句型操练相结合,即将所学单词套用到句型之中。在学生掌握了这个单词和套用句型之后,还可进行单词扩展和句型扩展,练习其他单词和句型。

例如,在教 pear(梨)一词时,教师可以先不讲解它的读音和拼写形式,而是带领学生反复朗读 pear 的读音,接着教师问道:"What's this in English?"学生就会脱口而出:"It's a pear."然后,教师一边从纸盒里拿出梨,一边让学生分别说出:"two pears,three pears,four pears…"。通过这种方式,可以让学生在不知不觉中既学会 pear 一词,同时又复习了有关的基数词。接着,教师可以趁热打铁,启发学生用 pear 一词组成句子,把 pear 套用到以前学过的句型中,比如:"The pear is big. The pear is sweet. I like pears."这样可以促使学生边听边思考,边说边思考,并在反复听说这一单词的过程中有效地记忆所学单词。

(2)图画教学法:英语中的一些单词在现实世界中无法找到与之相应的实物,在这种情况下,教师可以借助图画或简笔画来教授词汇。在采用这种方法进行教学时,教师要充分考虑学生的年龄特点和教学内容。运用图画教学法进行词汇教学时,教师需要注意两点:一是教师的图画展示要配合词汇意义的讲解,引导学生运用画面所提示的信息或所展示的内容来辅助词汇教学;二是教师要合理掌控图画展示的时机,只有在适当的时候呈现图画,才能保证教学效果的实现。如果教师过早地将相关图画展示出来,会分散学生的学习注意力,降低学生对图画的兴趣,使图画教学方法不能发挥其应有的教学效果。

还有一点教师需要注意,如果教师在词汇教学过程中现场画简笔画,就要做到简、快、像,用寥寥几笔勾画出所学单词所代表的事物。例如,为使学生更好地理解频度副词的强弱,教师可以把频度副词用线标形象地画出来,使学生直观感受到词语的频度、强弱。例如:

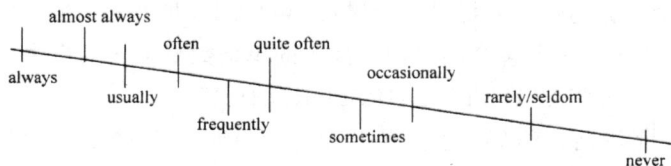

当然教师也可以利用多媒体展示动态图画。从操作的简易性来讲,简笔画是最简便有效的教具。因此,教师应掌握基本绘画技能,这样才能在英语教学中成功地运用这一教学手段。

(3)动作表情教学法:在英语词汇教学过程中,为了调动学生的学习积极性和主动性,教师除了可以使用实物、图画、简笔画等直观教具进行词汇教学外,还可以用动作、表情、手势等来展开教学。借助动作、表情进行词汇教学既可以避免用汉语解释英语,又可创造出一种丰富多彩的语言环境,从而有利于培养学生的语感。

例如,教师可以边做动作边解释 sit,stand,run,listen,look,open,close 等动词的词义,还可以讲解 take away,take out,take down,take off 等动词短语中不同副词的意义等。对于一些表示表情动作的词汇,如 sad,angry,smile 等可以通过做表情的方法开展教学。又如,教师可以借用手势来解释 I,he,she,here,there,this,that 等指示代词的词义。

2.趣味教学法

词汇呈现阶段最忌枯燥的展示和机械的记忆。词汇呈现活动如果不能引起学生的注意,激发学生的想象力,则会使学生从一开始就产生厌倦、畏惧情绪,更不利于词汇的学习和记忆。因此,教师应采用趣味教学法,开展形式多样的学习活动,以增强学习者对词汇学习的兴趣。

(1)唱童谣和歌曲学单词:对于英语初学者而言,通过童谣和歌曲呈现词汇是一种趣味性十足的教学方法。童谣、歌曲节奏朋快,朗朗上口.内容很容易被储存。因而,这种教学方法能够激发学生记忆单词的积极性,优化其记忆单词的过程,同时也提高了单词记忆效果,从而有效地避免了学习者采用死记硬背的方法记忆单词。例如,教师可以通过以下歌谣来呈现所要教授的新单词 nose,turn around,head,touch the ground。

Teddy Bear，Teddy Bear，touch your nose.

Teddy Bear，Teddy Bear，turn around.

Teddy Bear，Teddy Bear，touch your head.

Teddy Bear，Teddy Bear，touch the ground.

（2）互比竞争学单词：学生一般都具有争强好胜的心理，教师可利用学生的这一心理适当引入竞争机制，增加活动的趣味性，降低词汇展现过程中学生的抵抗情绪。例如，教师可先向学习者提供一组字母，共30个，并要求学生按照字母顺序在规定的时间内找出其中所包含的单词。找到的单词数量最多的学生获胜。

KNOWESTONEATHATCHAIRSPORTHISIT

学生查找完毕后，教师可呈现出上列一组字母包含的全部单词：know，no，now，owe，we，west，stone，to，ton，tone，one，on，neat，eat，a，at，that，hat，hatch，chair，hair，air，sport，port，or，this，his，hi，I，is，sit，it 等。

3.情景教学法

所谓情景教学法是指创设生活中的各种情景进行教学。通过情景教学法呈现词汇就是将词汇置于各种情景之中进行教授。这种方法可以使学生既理解了英语单词，又学会单词的用法，将所学单词成功地应用于交流。

具体而言，教师可利用插图、动作表演、说童谣、唱儿歌、做游戏、列图表、找谐音等活动刨创设情景呈现单词。这种情景教学法可以使学生在愉快的课堂气氛中提高对单词的识记、保持、再认和再现效果。

（1）用情景造句教单词：教师可创设文字情景，如句子、段落等，然后让学生根据要求对教师所给出的文字情景进行改编。教师还可以创设动作情景，即由教师示范，边做动作边说单词，然后由学生模仿。例如，教师在教 run，walk，sing，dance 等词时，可以一边做动作一边说单词，再让学生根据要求进行模仿；或者让一部分学生做动作，另一部分学生回答教师的问题。此外，教师还可设定一定的情景，让学生围绕情景做口头作文。

（2）用情景对话教单词：用情景对话教单词就是由教师与一名学生示范对话，呈现单词，然后让学生以两人小组的形式来进行模仿，学习单词。例如，在教 excuse 时，教师可先同一名学生做如下示范对话：

Teacher：Excuse me. Would you mind if I use your ball pen?

Student：Of course not. Go ahead.

之后，学生自由结组模仿对话：

Student 1：Excuse me. Can you tell me how to go to the cinema?

Student 2：Yes，it's a pleasure. Go straight and turn right at the traffic light.

（3）用情景录音教单词：这里我们用具体实例来对这种方法进行说明。例如，教师在教 noise（噪音）这一单词时，可以先播放在上课前所录下的学生课间的讲话声、打闹声、十字路口的喇叭声、叫卖声等，学生听过录音后，教师引导学生猜出所学单词，具体操作如下。

Teacher：What do you hear?

Student：噪音！

Teacher：Some students，cars and other things made the great noise，didn't they?（由此引出英文单词 noise）

Student：Yes，they did.

4.构词呈现法

虽然英语词汇量庞大，然而英语词汇的构成有着其内在的规律，即构词法。因而，教师教给学生一些基本的构词法能够帮助学生突破单词记忆的难关。构词呈现法主要有以下几种途径。

（1）词缀分析法：词缀分析法就是分析所学单词的构成。如在教 rewrite，retell 时，学生已经掌握了 tell，write 两词的含义，教师只需要向学生解释清楚前缀 re-所具有的含义 again，学生就能据此推测出 rewrite，retell 的意思来。教师可以这样引导学生：

"Retell"comes from"tell"，"Retell" means"to tell again".

（2）同根词呈现法：同根词呈现法是利用以前学过的词根词汇来进一步推测新词汇的含义。例如，在学过 use 这一单词后，学生就可以推测出 useful，useless，user 的含义。教师可以按照以下方式引导学生：

"Useful" comes from "use". It means "of use". "Useless" comes from"use"，too. It means "of no use" or "not useful".

（3）合成词分析法：这种方法适用于呈现合成词，如 classroom，classmate，basketball，football，baseball，volleyball 等。

（4）转化法：转化法能够帮助学生了解更多词汇所具有的功能，如 warm，cool，head，dirty 等名词、形容词均可以转化为动词使用。

（二）词汇训练阶段教学方法

词汇训练阶段注重的是巩固学生所学单词。对很多学生而言，巩固词汇要比学习新词难得多。巩固词汇其实是帮助学生将所学单词牢记于心。教师可采用各种方法、通过形式多样的教学活动来引导学生复习、巩固、运用新学的词汇。下面我们介绍一些行之有效的巩固词汇的方法。

1.词块教学法

词块教学法不仅适用于词汇呈现阶段,也适用于词汇训练阶段。由于单词在不同的短语、句式中具有不同的意义,因此教师最好从词的意义、搭配、用法以及常用句型等方面对学生进行全面、综合的训练,帮助学生以词块为单位,提取和记忆所学词汇。

2.归类教学法

教师在指导学生进行词汇训练时,可以引导学生将同类性质的事物归纳在一起记忆,一方面易于识记,另一方面也不容易遗忘。请看下面的归类。

(1)颜色词语归类:white,black,red,green,pink,yellow,gray.

(2)植物词语归类:tree,branch,grass,flower.

(3)动物词语归类:cat,dog,rooster,horse,cow.

(4)自然现象词语归类:sun,moon,earth,wind,rain,snow.

(5)学科名称词语归类:English,Chinese,Russian,Japanese,French,mathematics, physics, chemistry, biology, politics, history, geography, music, drawing, physiology.

(6)文具名称词语归类:pen,pencil,ball pen,fountain pen,pencil box,pen knife, ruler, ink, paper, book, exercise book, notebook, textbook, rubber, school bag, glue, carbon paper.

(7)体育活动和用品词语归类:track and field,high jump,javelin

throw, discus throw, race, marathon race, gymnastics, football, basketball, volleyball, baseball, table tennis, tennis, badminton, cricket, rugby, golf, swimming, diving, skiing, skating, weight lifting, boxing, wrestling,shooting.

(8)交通工具词语归类:car,train,bus,truck,ship,plane,bike.

(9)家庭成员和社会关系词语归类:parent,father,mother,grandfather, grandmother, brother, sister, son. daughter, aunt, uncle.

(10)职业词语归类:teacher,engineer,driver,actor,artist,worker,doctor, nurse.

3.联想教学法

联想是建立在词汇之间的联系上的思维方式。通过联想,学生可以有效地提取和识记头脑中储存的单词。词汇教学中的联想教学法就是将发散性思维运用到词汇学习过程中的一种教学方法。根据词汇本身所具有的特性以及学习者自身的习惯,联想教学法主要包括三种:词汇图联想法、语法关系联想法以及事物关系联想法。

（1）词汇图联想法：词汇图是指利用词汇的范畴类别、话题归属、词义关系等制作的图示。词汇图的制作利用了词汇意义上的关联性，将相关词汇联系起来，通过联想帮助学生记忆单词的词义和用法。

词汇图可以按题材归类绘制，即将同一个话题下经常出现的词汇归集在一起。如图 4-2 所示。

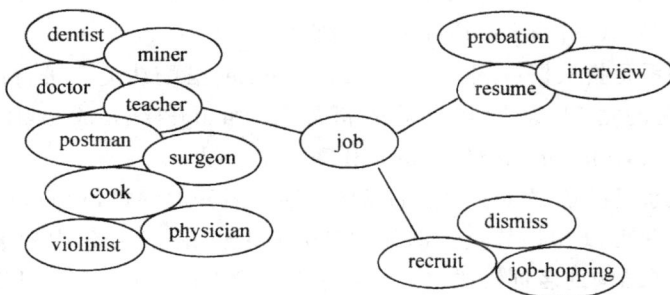

图 4-2　词汇 job 的联想图示例

词汇图也可以按某一中心词归类绘制，即以某一词为中心，充分展开联想，尽量将与该中心词有关的词汇汇集在一起。如图 4-3 所示。

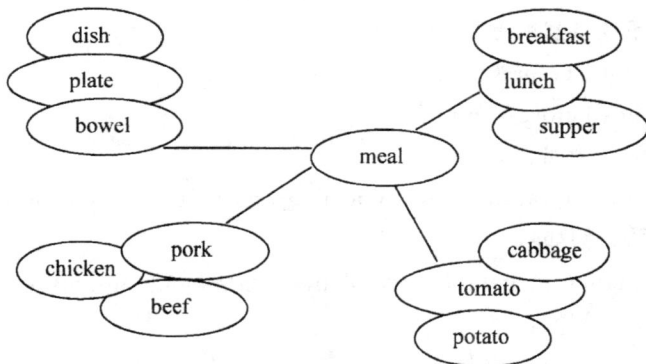

图 4-3　词汇 meal 的联想图示例

我们还可以根据词汇的语义关系来绘制词汇图，如同义词联想、反义词联想、上下义词联想。同义词联想就是在讲授一个特定单词时，联想到与它具有相同含义的单词或词组，并将这些词汇集在一起。反义词联想就是在讲授一个特定单词时，联想到与它具有相反含义的单词或词组，并加以讲授的方法。上下义词联想就是在讲授一个特定单词时，联想到上下位的单词或词组，并将这些单词或词组汇集起来的方法。

当然,我们在进行词汇的学习时,对同义与反义的要求并不像上面的实例中那么严格,因为我们的目的不是去确定它们到底是不是同义词与反义词,而是为了多记忆词汇。比如,教师在讲授 bad 时,没必要把反义联想限定在 good 上,完全也可以扩展到 excellent。

(2)语法关系联想法:语法关系联想法包括横聚合关系(syntagmatic relation)联想和纵聚合关系(paradigmatic relation)联想。

横聚合关系是指根据单词共现(co-occurrence)搭配功能所进行的联想,包括名词与形容词的搭配、动词与介词的搭配等,如 light/heavy traffic, friendly/charming nature, play games/basketball 等。

纵聚合关系是指依据句中词汇的纵向关系所展开的联想,相同句法功能、相同结构的词汇之间可以互相替换。例如,"The girl smiled."一句中的名词短语 the girl 可以用同样结构的名词短语 the boy 替换,句子"The boy smiled."依然成立。

(3)事物关系联想法:事物关系联想法是按照事物之间的内在关系进行联想,比如因果关系、先后顺序或自然顺序、同位关系、类属关系、事物特征等。

①因果关系。例如:

John has not taken his breakfast, so he is hungry. John has drunk a lot of water, so he is not thirsty now.

②先后顺序或自然顺序。例如:

Monday comes before Tuesday.

Spring comes before summer.

③同位关系。例如:

Beijing is the capital of China. Washington, D. C. is the capital of the USA.

④类属关系。例如:

Trees are plants. Vegetables are plants. Plants and animals are living things.

⑤事物特征。例如:

It's warm in spring. It's hot in summer. It's cool in autumn. It's cold in winter.

(三)词汇运用阶段教学方法

词汇学习的最终目标是学会运用。即使学生的词汇量很大,但不会运用仍然是学生英语学习的瓶颈。因此,根据所教词汇的特点,教师应结合学生的具体情况设计丰富多彩的词汇运用活动。下面我们介绍几种在词汇运用阶段适用的教学方法。

1.单词冲刺

单词冲刺适用于初学者和中等学生。需要注意的是,教师在采用这一教学方法时要将活动时间控制在 10 分钟左右。具体操作程序如下。

(1)教师选择 20 个单词分别写在不同的卡片上。

(2)教师将班内学生分成 A、B 两组,排在教室的一端,教师走到教室的另一端。

(3)每组派一名学生跑到教师处看教师手中的卡片。

(4)然后该学生跑到黑板处,将单词用简笔画的形式画出。不能写,不能说,只能画。先认出所画单词的一组得分。

(5)各小组另派组员跑到教师处看单词,两组这样依次进行,直到单词用完。得分多的一队获胜。

2.看图描述

看图描述是指教师选择一些图片,让学生尽量用所学词语进行口头或笔头描述。学生在描述过程中使用所学词汇,这对复习和巩固所学单词、加深印象、减少遗忘极为有利。需要指出的是,所选图片要求内容丰富多彩,不能太抽象,否则将不利于学生的表述。

3.组词成段

教师可根据当前词汇教学的重点,给出几个单词、词组,让学生据此编写一段话。例如:

给出词汇:confidence,self-evident,difficulty,complain,capable

输出文章:Whatever one does,one should do it with confidence. If one has no confidence, there is little possibility that one can achieve anything when faced with hardships. This truth seems to be self-evident. In reality, however, we do see a lot of people who always complain that they lack the ability to do something or that their difficulties are too great to overcome. For some, this might be true. But for many others, this only shows that they have lost heart. Why do some people often feel frustrated even though they are capable of doing something? In the first place, these people don't have a correct estimate of themselves. Secondly, there is another possibility that they exaggerate the difficulties.

4.词汇旅行

词汇旅行是指通过想象力将所学单词融入一个故事之中。这种方法能够给学生充分的想象空间,有利于培养学生的语言思维能力。在具体操作中,教师常用的方式如下。

首先选择五个学生比较熟悉的旅游景点作为参观地点,并将这五个参观地点用单词或词组表示出来,之后组织学生进行旅游参观。参观结束后,教师让学生根据所选旅游路线以及教师事先提供的五个单词或词组,以游客的身份叙述自己的旅行。

例如,教师提供 the Great Wall, the Palace Museum, the Summer Palace, Temple of Heaven, North Lake 五个词组,学生在参观结束后,据此叙述自己的旅行。例如:

On summer holiday my parents took me to Beijing. On the first day, we went to the Great Wall. The Great Wall is very long and old. It has millions of bricks. Each brick is very big and heavy. Lots of people from different countries like climbing the Great Wall. We felt very tired when we climbed to the top of the Great Wall.

We also went to the Palace Museum. The Palace Museum has 9,999 palaces. It has a very long history. I bought a lot of souvenirs of the Palace Museum. What nice palaces these are If you want to know more about the Palace Museum, you can go to Beijing and have a look.

The following days, we went to the Summer Palace, Temple of Heaven, North Lake and Xiangshan Hill. I now know more about the history of China. I really enjoyed the trip to Beijing. I like this trip!

5.连锁故事

连锁故事法适用于中等以上的学生。具体操作步骤如下。

(1)选择与班内学生同等数目的单词,如果班内学生太多,可将学生分成几个小组,选择与各小组学生相等数目的单词,制作成卡片。

(2)分给每个学生一张卡片。

(3)教师拿起最后一张卡片,给故事开个头。

(4)各组同学按次序将故事继续下去。

需要注意的是,教师在采用这一教学方法时最好给每个同学一定的时间和内容限制,如每个人讲话不要超过 1 分钟,每人所说的话最好不要超过三句。

二、英语词汇教学实践

教学任务:掌握有关交通工具的词汇。

参与形式:结对子、小组。

教学目的:通过情景教学和游戏教学相结合的方式,激发学生的兴趣,让学生运用所学词汇,内化词汇知识,做到脱口而出。

[教学过程]

(1)热身阶段。

这一教学环节主要通过以下两个步骤开展,一是欣赏英文歌曲 Ten Little Indians;二是引导全班同学一起跟唱。

One little,two little,

Three little Indians.

Four little, five little,

Six little Indians.

Seven little, eight little,

Nine little Indians,

Ten little Indian boys.

Ten little, nine little,

Eight little Indians.

Seven little, six little,

Five little Indians。

Four little, three little,

Two little Indians,

One little Indian boy.

(2)词汇呈现。

这一环节包括以下三个教学步骤。

首先,教师和学生谈论外出度假,引出有关交通方式的词语。请看下例。

T：Where did you go on vacation?

Sl：1 went to Beijing.

T：How did you get there?

其次,通过猜词游戏,进一步学习单词。请看下例。

T：What kind of transport-is it?

Sl：It goes in the water.

Ss：A ferry.(教师板书)

S2：It is like a bike but goes much faster.

Ss：A motorbike.(教师板书)

S3：It is like a train but goes under the ground,

Ss：A subway.(教师板书)

S4：It takes you about two hours to go to Beijing from Yiwu by it.

Ss：A plane.（教师板书）

再次，学生齐声朗读黑板上的词汇，每词两遍，一遍升调，一遍降调。

（3）猜测游戏。

教师呈现明星的照片，让学生猜测他们乘什么交通工具去工作。例如：

T：How does Wang Fei/Chen Kun/Yang Liwei...go to work?

Sl：Wang Fei takes the car to work.

S2：Wang Fei goes to work by car，

T：How did Yang Liwei go to the space?

Ss：He took a spaceship to the space.

（4）练习。

学生两人一组结成对子，根据下表进行对话练习。例如：

A：How does your father go to work?

B：He walks to work.

A：How long does it take?

B：It takes 20 minutes.

A：How does your mother go to work?

B：She rides a bike.

A：How long does it take?

B：It takes 15 minutes.

```
Father7：00-7：20 walk
Mother6：50-7：20 take a taxi
My sister 6：55-7：10 ride a bike
My brother6：40-7：05 take a bus
```

（5）拓展。

在拓展阶段，教师安排小组活动对其他同学的暑假安排进行调查、总结，并要求各小组将调查结果写成报告的形式向全班同学汇报。

分析：本案例的设计层次分明，经过歌曲热身—猜词导入—游戏操练—半机械操练—有意义交际一系列层层递进的教学过程，将学生引入正题，一方面保持了学生的兴趣和参与的积极性，另一方面也让学生通过多种活动形式参与到词汇学习和语言交流过程中，从而营造了和谐、融洽的课堂气氛，保证了词汇教学的顺利进行。

第四节　英语语法教学方法与实践

■ 一、英语语法教学方法

语法教学是英语教学中的一个难点,究竟采用何种教学方法才能使语法教学实现最大功效一直是教育、教学工作者探讨的关键问题之一。以下我们将介绍几种行之有效的英语语法教学法。

(一)演绎教学法

演绎法是用一般原理证明个别论断的一种方法。所谓的演绎教学法是指教师先引导学生对语法规则进行初步理解,然后举例验证所学语法规则的教学方法。采用演绎教学法进行语法教学是一个从理论到实践的过程。

传统的英语语法教学大都采用的是演绎教学法。这种教学方法操作简单,省时省力。演绎教学法采用的练习往往是替换或变换练习。例如:

教授将来完成时的时候,可以让学生运用所给短语仿造句子。

smartest, Bill, student, class

范例:He will have graduated from high school before his next birthday.

学生根据提供的范例,可能输出下列句子。

He will have left Beijing before his next birthday.

He will have got married before his next birthday.

He will have been promoted before his next birthday.

He will have saved $1.000 before his next birthday.

教师还可以讲解完语法规则和例句后,要求学生用给出的指示词将例句的语言结构变换为另外一种类似的结构,使学生在不断的实践中更深刻、全面地了解所学语法知识点。例如:

教授现在完成进行时时,可让学生运用所给词语对下列句子中的相应成分进行替换。

Tom has been digging in the garden. (read, classroom)

She's been expecting a long distance call all night long. (wait for her boyfriend, all day long)

They have been quarreling ever since they got married. (live here,1980)

学生根据提供的范例,可能输出下列句子。

Tom has been reading in the classroom.

She's been waiting for her boyfriend all day long.

They have been living here since 1980.

(二)归纳教学法

归纳法的运用是从特殊到一般的过程,即通过具体的现象总结出本质和规则。在语法教学中采用归纳教学法就是让学生在接触一些具体的、含有要学习的语法规则的语言材料,在此基础上,进一步引导他们对语言材料中的语法规则进行归纳、总结。归纳教学法包括以下三个步骤:观察—分析和比较—归纳或概括。归纳教学法是一种发现型的教学活动。通过分析、归纳、总结语言使用规律,学生得以深化对语法的理解,提高发现问题、解决问题、归纳、类比等逻辑思维能力,这就避免了教师填鸭式教学的弊端。

归纳教学法认为,只要为学生提供足够的、包含目标语法项目的语言材料,并辅以实物、图片、动作、表情、影像等直观材料,创建一个包含目标语法规则的真实情景,就能够在激发学生的求知欲的同时,帮助学生建立起语法规则与语言情景之间的直接联系,理解语言规则所表达的意义,自动掌握这一语法规则。例如,学生在初、高中阶段已经学习了形容词、副词的比较级和最高级变化,但进入大学阶段以后,随着接触到的词语越来越多,有些词语的变化并不符合通用的语法规则。对于这些词语的变化,教师可先呈现包括这些不规则形容词、副词比较级和最高级现象的句子,然后让学生自己归纳出其变化方式,比较它们与通用规则的不同之处。例如:

Few people don't complain their work is monotonous and tedious, but if they don't work they will feel more bored.

Suddenly, I felt that l was a mere intruder; I became even shyer than Madame Curie.

For a while, this critique turned out to be more right than wrong.

What have you yourself been most wrong about?

If you upend the box it will take less space.

Most of my colleagues have gone down with flu.

根据上述例子,学生可能会注意到一些形容词、副词的不规则变化。教师应趁此机会,让学生将其总结并陈述出来,然后给学生鼓励,并补充学生未提及的变化规则,最后将一些常见的不规则形容词、副词的变化总结为表 4-1。

表 4-1 不规则的形容词、副词比较级和最高级变化示例表

形式 词类	形容词原级	副词 原级	形容词或/和副词比较级和最高级	
形容词	bored		more bored	most bored
	shy/sly		shyer/slyer	shyest/slyest

续表

形式	形容词原级	副词原级	形容词或/和副词比较级和最高级		
词类					
形容词或/和副词	right/wrong		more right/wrong　　most right/wrong far		
	far		ther/further　　farthest/furthest		
与限定词和代词同性的形容词或/和副词	little		lesser/less　　least		
	much		more　　most		

（三）语境教学法

目前我国英语教学普遍缺少一种外在的语言环境,语法教学也不例外。在实际生活中,学生没有说英语的需要,没有说英语的对象,更没有说英语的意识。针对这种情况,教师可以巧妙地设计与学生实际生活相关的情景,创造语境来进行语法教学,即采用语境教学法。这种教学法不仅可以克服非母语教学的缺陷,还可以激发学生的学习兴趣与热情,从而实现有效教学。此外,创立一定的语境教授语法可以使学生很好地掌握相关语法知识和结构,并且理解语法在实际中的运用。下面我们介绍一些常见的语境教学活动。

1.图片案例

本活动通过图片来为学生创设语境,通常可用于多种时态的练习。下面我们以过去进行时的教学为例,介绍图片案例的具体操作流程。

（1）教师设定一个情景。例如:

Teacher：Morning, boys and girls. Today, we are going to learn about a murder. The murder happened at 8'clock last night. Here is the details of the story.

（2）教师展示情景图片,如图 4-4 所示。例如:

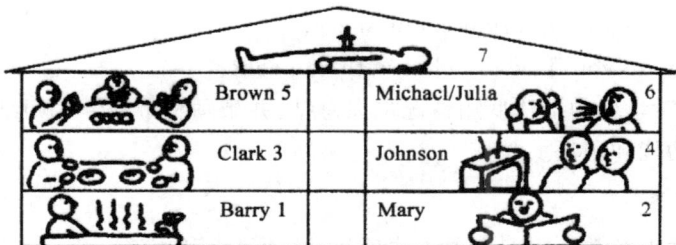

图 4-4　情景图片

(3)教师将学生分成人数相等的若干小组,让学生在小组内展开调查。调查开始之前,教师要将活动任务交代清楚。

Teacher：Now suppose you were the detective. Interview your classmates about what those people in the flat were doing when the murder happened last night. Write down what your interviewees say and report to the class.

(4)学生以对话的方式展开调查并记录下调查的情况。例如：

S1：What was Mary doing last night?

S2：She was reading newspaper.

S1：What was Barry doing last night?

S3：He was bathing,

S1：What was Johnson doing last night?

S4：He was watching TV with a friend.

(5)教师从每组中抽取一名学生做报告,然后总结学生的活动情况和语法使用情况。

2.虚拟情景

虚拟情景活动主要用来训练虚拟语气的用法。这项教学活动是依据人们喜欢设想自己未来的心理而设计的,符合学生的心理特点,有助于提高学生参与的积极性。活动的实施既可以采用全班活动的方式,也可以采用小组活动的方式,其具体安排如下。

(1)教师将学生分成四人或六人小组。

(2)教师给出与学生实际生活、学习相关的问题,让学生运用虚拟条件句大胆做出假设。例如：

T：I can't sleep the night before an exam. What should I do?

S1：If l were you,1 would drink a cup of hot milk.

S2：If l were you,1 would listen to light music.

S3：1f l were you,1 would count sheep.

S4：1f l were you,1 would chat with someone.

(3)教师对学生的语法使用情况加以总结,并鼓励和帮助学生归纳虚拟语气的结构、意义、功能和用法。

3.模拟旅游

旅游活动中经常会用到多种语法项目,教师可以利用这一点,设计模拟旅游活动,让学生通过对话的方式练习目标语法项目。下面我们就以“疑问词十不定式”的教授为例,介绍模拟旅游活动的具体安排。

（1）教师将学生分成两人小组，或让学生自由组成两人小组。

（2）教师导入情景：游客旅游至某座小岛，但对该岛十分陌生，于是向当地土著居民询问详情。

（3）要求小组中的两个人分别扮演游客和土著居民，并根据上述情景展开对话。例如：

S1：Excuse me，but is there a bus to the downtown area from here?

S2：Yes. You see that alley back there? Head down it and afterwards you'll reach a large courtyard.

S1：Ok. And then?

S2：Then there are some escalators. Be sure to take the far escalators because the ones closer to this side of the courtyard take you down to the subway.

S1：Okay，take the far escalator down. After that?

S2：At the bottom of the escalator walk straight ahead until you see an ice cream stand.

S1：Thank you so much!

S2：You're welcome! Have a nice day!

（4）对话完成后，扮演游客的学生和扮演土著居民的学生互换角色，再次展开对话。

（5）全部活动完成之后，教师可挑几组学生上台表演，并对此进行总结和指导。

（四）语篇教学法

语篇教学法是指语法教学应以语篇为基础，引导学生对语篇进行整体的语法分析，解析语篇中涉及的语言使用情景的目标语结构及其语用目的，帮助学生强化语法形式和结构意识。

语篇教学突出语言结构在语言实践中的功能和意义。需要注意的是，教师在运用此教学方法时，要善于对学生进行启发和引导，让学生自己去发现，去思考，亲身体验在具体语篇中语法和词汇是如何结合并形成语义的。比如，教师在教授被动语态时，就可以使用语篇教学法。具体操作过程如下。

（1）教师在课前选用一篇真实的、含有很多被动语态的语篇。

Jessica Johnson was out walking with her husband when she was attacked by an unsupervised Alsatian dog. Jessica's leg was bitten，and she had to have stitches in two wounds. Two days later，because the wounds had become infected，Jessica was admitted to hospital. Even after she was discharged，she needed further treatment from her GP and she was told to rest for two weeks，

Jessica is self-employed and her business was affected while she was sick. Also, the trousers and shoes she'd been wearing at the time of the attack were mined by bloodstains, and had to be thrown away.

Jessica told us, "I'm now trying to get compensation from the owners of the dog."

（2）教师将文章的标题（DOG ATTACK）告诉学生，组织学生分组讨论文章中可能会出现的单词，并将这些单词列出。然后教师把学生讨论得出的单词写到黑板上。在这一过程中，教师可补充一些文章中出现但学生没有提及的单词。

（3）将所选语篇分发给学生，让学生默读文章并小组讨论下列问题。

Who was attacked? Where? How badly?

Who was to blame?

讨论完毕之后，教师可核对并给出答案。接着，教师可以进一步提问下面的问题。

How long was she off work?

What other losses did she suffer?

（4）让学生把材料扣过去，然后在黑板上写下两个句子。

An unsupervised Alsatian dog attacked her.

She was attacked by an unsupervised Alsatian dog.

教师引导学生讨论这两个句子的不同之处，引出被动句的结构"subject + auxiliary verb to be+ past participle"。

教师让学生重读文章并小组讨论问题：为什么第二个句子在文章中更适合？学生讨论后，教师可根据学生的回答引出问题的答案：Because the woman is the topic, or theme, of the story, not the dog. Themes typically go at the beginning of sentences.

（5）要求学生找出文章中其他被动语态的例子，并用下划线标出。组织学生小组讨论被动语态使用的基本原理。教师检验学生的练习完成情况，并将被动语态的以下使用规则呈现给学生。

The passive is typically used：

①to move the theme to the beginning of the sentence, and/or

②when the agent is unimportant, or not known

Where the agent is mentioned, "by+ agent" is used.

（6）教师组织学生以组为单位重新构建故事，然后把学生的故事和原故事进行比较。

（7）组织学生用英语讲述与之类似的故事，并要求学生课下以作文的形式写出故事,以此来考核学生对被动语态的掌握程度。

(五)任务活动教学法

任务活动教学法并不等同于语法的任务教学模式,它只是语言训练的一种方式,而课堂操作未必遵循任务教学的理念。任务活动教学法是将语法教学融入听、说、读、写等各项任务活动的一种教学方法,它能使语法教学真正地为实现交际任务服务。任务活动教学法的显著特点在于,训练和应用某一语法现象时往往采用讨论、调查、采访、海报、粘贴画制作等多种形式,而不拘泥于常规的训练形式。

虽然语法教学和听、说、读、写等活动相融合,但任务活动的中心仍然是语法。因此,语法教学中的任务教学策略具有以语言形式为中心的特点。这类教学活动有两种,一种是具有显性特点的语法活动,一种是具有隐性特点的语法活动。

1.显性语法活动

显性语法活动的任务内容为语法问题。如教师分别呈现一组错误的句子和正确的句子,然后引导学生对这两组句子进行阅读、讨论,并选出符合语法规范的正确形式,指出句子中的错误所在,最终将该语法规则的特点和注意事项等总结出来。

2.隐性语法活动

隐性语法活动所设计的问题没有固定答案,学生可自由表达看法,从而产生参与的积极性和学习的兴趣,并在思想交流的过程当中逐渐内化语言规则。例如,在教授形容词、副词比较级时,教师可先向学生提供表 4-2,然后让学生思考并讨论,同时鼓励学生发表自己的看法。

表 4-2 任务教学中的语法教学活动

	Cheap	Healthy	Tasty	Fattening	Important
Chocolate					
Beer					
Water					
Fruit					
Cigarette					
Alcohol					
Wine					
Milk					

	Cheap	Healthy	Tasty	Fattening	Important
Vegetable					
Apple					
Bacon					

学生的观点不尽相同,可能输出如下句子。

A:I think milk is cheaper than chocolate.

B:No,no,I think chocolate is cheaper than milk,and is tastier.

需要指出的是,教师在采用任务活动教学法开始语法任务之前,可先通过阅读或听力材料引入即将教授的语法点,向学生布置学习任务。然后学生根据教师的指示,完成语法运用的任务。在语法任务执行的过程中,教师还应及时根据学生出现的语法问题有针对性地进行纠正讲解和训练活动。

二、英语语法教学实践

教学任务:学习形容词比较级的不同形式及用法。

参与形式:小组。

教学目的:通过谈论学生身边的老师和家人的外貌和性格特征这个话题,引导学生在交际中有目的地学习和运用形容词比较级。

[教学过程]

(1)导入。

首先,教师向学生展示一张图片,然后采用顺口溜的形式引导学生对这张图片上的两个人物进行比较,包括外貌、性格特征等。

Two gentlemen meet in a lane.

One is short,and the other is tall.

One is heavy,and the other is thin.

One has a hat,and the other has a bag.

Bow most politely,bow once again.

其次,教师引导学生以两人对话的形式来讨论图片中的人物。

A:What can you see in the picture?

B:I can see two men.

A:Do they look the same?

B:No,they don't.

A:So the two men are very different. We know everyone in the world is different and special. Can you describe them?

在讨论结束后,教师抽取学生汇报他们的讨论结果。

(2)语法学习。

在这一环节,教师首先向学生展示两张照片。

I have two photos here. One is the photo of me when l was five years old and the other is that of my son when he was five. Can you tell the difference between us?

之后,教师引导学生用不同的形容词来描述照片中的人物。

最后,教师继续讲授更多的形容词的用法及其比较级。

(3)谈论与分享。

教师引导学生与自己的同伴讨论课前准备的照片。对话形式如下:

A：Is that your father?

B：Yes，it is.

A：Is the man next to him your uncle?

B：Yes，it is.

A：They are tall. But your father is taller than your uncle.

A：Who is calmer, your father or your uncle?

在对话练习结束后,教师向学生出示更多的照片以便学生练习,并引导学生就不同形容词的比较级形式进行练习,如-er,more ＋adjectives。

(4)练习。

教师引导学生以两人对话的形式进行练习。示范对话如下:

A：Is that your cousin?

B：No, it isn't. It's my friend. My cousin is heavier than my friend. My friend is more athletic than my cousin.

教师随机安排几组学生在课堂上展示他们的对话。

(5)拓展训练。

教师引导学生以小组活动的形式讨论"心目中的老师"这一话题。在讨论过程中,教师要尽量保证每个同学都有发表自己观点的机会。

T：What do you think a popular teacher should be like?

讨论结束后,教师安排每个学习小组派代表汇报本小组的讨论情况。

(6)巩固。

在巩固阶段,教师要求学生完成以下练习。

①Who is _____(鲁莽的),Ruth or Rose?

②Li Ping was the _____(镇定的)of the two when the teacher asked them the questions.

③He is very f _____.He usually makes us laugh.

④I like staying at home，but my sister is more o _____.She likes playing with her friends.

⑤He is more a _____ than me. He is really good at sports.

(7)家庭作业。

教师给学生布置如下家庭作业：

Write a short paragraph about your family members using the comparative degrees of adjectives.

分析：本案例用一个有趣的英语顺口溜来导入学习，从一开始就紧紧抓住了学生的兴趣点。由于本课设计的话题贴近学生生活，谈论的都是学生比较熟悉的人，因而学生学习的主动性都比较强。另外，本课结合语境来设计各项活动，综合训练了学生的听、说与写的能力，避免了纯语法教学，达到了学以致用的目的。

第五章

高校英语听说教学改革与实践

第一节　英语听说教学中的问题

一、听力教学中的问题

我国英语听力教学中存在的问题主要有：学生畏惧听力、听力基础薄弱、教学模式单一、缺乏适度引导、教材现状不佳等。下面我们就对这几个问题分别进行说明和分析。

（一）学生的问题

1.畏惧听力

听力是一种综合的语言能力。听力技能的培养涉及理解、概括、逻辑思维、语言交际等能力的培养。但在实际英语听力教学中，很多学生因为跟不上语音材料的语速，且思维缓慢，而不能使听到的语音转化成实际的意义，因而听力效果不佳。也正因如此，学生对听力学习总是心存畏惧。

2.听力基础薄弱

学生听力基础的薄弱体现在多个方面。

（1）英语基础功底差。很多学生即使到了大学阶段，所掌握的词汇量、语法仍然十分有限，对语音的识别能力还很欠缺。这些都直接成为听力的重大障碍。

（2）缺乏英美文化知识。听力材料中不可避免地会包含一定的文化信息，而学生对英语国家的历史文化、自然地理、风土人情、思维方式、行为习惯等不了解，就势必会影响听的效果，甚至会产生错误的理解。

（3）不良的听力习惯。我国的英语教学具有很强的应试性，这种环境不利于学生养成良好的听力习惯。另外，学生在课外也很少练习听力，因而导致他们的听力能力欠佳。

以上这些听力基础的欠缺积累在一起也会导致学生产生怕听的情绪。

（二）教师的问题

1.机械的教学模式

当前我国英语听力教学多采用"听录音—对答案—教师讲解"的教学模式。这种模式下的听力教学不仅缺乏对学生的有效监督,而且忽视了学生对于语篇的整体理解,只是毫无目标地、机械地播放录音,一遍不行就放第二遍、第三遍,教师盲目地教,学生盲目地听,丝毫无法产生听的兴趣,教学效果自然不佳。

2.缺乏适度引导

在应试教学的影响下,英语听力教学也多是围绕考试这个指挥棒而转的。教师大多将教学重点放在如何应付考试上,以考试的方式训练学生的听力能力,而不对学生做任何引导就直接播放录音。这就很容易使对生词、相关的知识背景等尚不熟悉的学生在听的过程中遇到种种障碍,不仅降低了听的质量,而且使学生产生挫败感,因而对听力学习失去信心和兴趣。

与之相反的是,有的教师总是在播放录音之前对学生进行过多的引导,不仅介绍了生词、句型,还将材料的因果关系等一并介绍给了学生。这样一来,学生即使不用仔细听,也可以选出正确答案,这就很难激起学生听的兴趣,听力教学也就失去了意义。

由此可见,如何对学生进行适度的引导是关系听力教学质量的一个重要问题,太多或太少都会影响教学效果,教师应根据实际情况进行把握。

(三)教学条件的问题

1.听力时间不足

由于大多数学生很少在课下积极主动地练习听力,因此,听力学习的时间主要集中在课堂上。而一节课时间有限,而且也不可能全部用于听力,因此,学生能够听的时间其实很少。而听作为一种综合性技能,它的提高并非一朝一夕能够实现的,这就造成学生听力水平提高缓慢。

2.教材现状不佳

教材是教学得以开展的重要依据,对教学大纲以及练习的设计和安排有着直接的影响,对教学活动的开展起着关键的作用。好的听力教材不仅可以丰富学生的文化素质,还可以开阔学生的视野。但我国很多学校使用的听力教材存在内容陈旧、编排不合理等问题,不能反映迅速变化的时代,也无法体现最新的教学思想和教学方法,这也是我国英语听力教学效果迟迟得不到提升的一个重要原因。

二、口语教学中的问题

随着经济、科技、政治等各方面的全球化发展,人们需要用英语进行交际的机会也日益增加。口语教学引起了越来越多的人的重视,而我国学生的英语口语交际水平与实际的需要还相差很远,"哑巴"英语现象普遍存在。造成这一现象的原因在于英语口语教学中存在诸多问题。下面我们从学生、教师、教学条件三个角度来分析英语口语教学中存在的问题。

(一)学生的问题

1.语音不标准,词汇匮乏

受汉语语言环境的影响,语音基础不好的学生有的发音不准,影响了语义的表达;有的带有地方口音;还有的不能正确使用语调、重音等,直接影响了英语口语语音语调的标准性。另外,由于缺乏练习,学生往往很难将学到的词汇用在口头表达中,而造成无话可说或不知如何去说的尴尬。

2.心理压力大,缺乏自信

受应试教育的影响,初、高中的英语教学将重点放在了阅读和写作的训练上,而忽视了英语口语的教学。这就使学生即使日后意识到了口语的重要性,也总是心虚、不自信。虽然有些学生的口语能力不像他们想象的那么差,却仍然不愿意开口说英语。即使有一小部分学生愿意做口头交流,也总是带有紧张不安的情绪,担心自己说错、被批评、被耻笑,更不要说那些发音不好的学生了。这些负面的情绪和压力对学生口语能力的提高显然十分不利。

(二)教师的问题

1.教学方法滞后

我国的英语口语教学是作为英语整体教学的一部分而出现的,而并未被独立出来进行专门教授,因此英语整体教学中存在的问题也直接体现在口语教学上,其中教学方法滞后就是一个重要的问题。口语教学中,教师也习惯性地采用传统的"讲解—练习—运用"的教学模式。这看似体现了教学的规律,实际上却制约了学生说的积极性。在此教学模式下,学生只能被动地接受教师所讲授的词汇和语法知识,在没有语境的情况下做大量机械的替换、造句等练习,这样根本无法有效地锻炼口头表达能力。

2.汉语授课

提高英语口语能力的一个重要方法就是多听、多说。然而,很多英语教师考虑到学生的英语水平参差不齐,为了使所有学生都能跟得上教学进度,而不得不放弃英语授课,这无疑恶化了英语使用的环境,减少了学生用英语进行交际的机会。另外,为了追赶教学进度,应付大学英语四、六级考试,教师也多用汉语讲授知识点。

(三)教学条件的问题

1.课时不足

口语教学的一个显著而直接的问题就是教学时间得不到保证。口语能力的提高需要花费大量的时间,进行大量的实践,而我国的口语教学被纳入英语整体教学之中,教学多重形式、轻运用,因此口语教学未能得到时间上的保证。

以高校使用的英语教材《新编实用英语综合教程》为例,该教材主要包括五项内容:听、说、读、写、译。每个班级若按 45 人计算,加上学生参差不齐的英语水平,那么即使分配给口语课 2 个小时,也显然不足以有太大的"作为"。可以说,教学时间的不足是英语口语教学的硬伤,直接导致了学生的口语能力低下。

2.缺乏配套教材

有调查显示,我国众高校非英语专业的英语教材大多按精读、泛读、快速阅读、听力等单项技能分册发行,而专门的口语教材却十分少见。大多数教材都将口语训练当作听力训练的延展而附在听力训练之后,其内容也多简短、缺乏系统性。这是很难达到英语口语教学在整个英语教学比重标准的,同时也会使学生误以为口语不那么重要,因而从思想上轻视口语学习。而市场上为数不多的口语教材也多难以担当重任。因为这些教材要么是专门针对某一专业、领域的口语教材,难度极大;要么是有关简单的问候、介绍、谈论天气日常用语的教材,过于简单,无法满足社会各领域对相应口语能力的要求。由此可见,配套教材的欠缺是制约口语教学效果的一个重要因素。

3.口语评估制度欠缺

评估可以检验教学的质量,是教学中不可或缺的重要环节。我国最常使用、影响最大的评估方式就是考试。例如,小学、初中、高中都有相应的期中、期末考试,大学有英语四、六级考试。然而,这些考试多是对学生听力、阅读、写作、翻译技能的检测,而无法考查学生口语学习的质量。而专门用于检验口语水平的测试少之又少。造成这一现状的原因在于,口语考试的实施与操作都有一定的难度,如口语测试材料难易程度的把握,考试形式的信度与效度等问题等。对此,大学英语四、六级考试委员会在全国部分省市实施了大学英语口语考试,并规定了统一的等级评审标准。显然,要想切实提高教师和学生对口语的重视程度,提高口语教和学的质量,仅仅增加大学四、六级口试是远远不够的,但大学四、六级口试制度的出台对于完善英语口语评估制度无疑提供了良好的示范作用。在此指引下,我国将来势必会推出更多、更科学的口语评估方式。

第二节　英语听说教学有效开展的策略

听说是一种非常有效的学习工具,是所有其他能力发展的基础,也是学习的基础。通过听说,学生可以学习概念、扩充词汇、理解语言结构。教学的有效性从很大程度上依赖于学生的口头和笔头表达能力。没有一定的听说能力,学生则难以适应课堂教学。培养一定的听说能力是教学的最基本要求。通过多年的实践和探索得出,在明确学生主体地位、实现教师主导地位的前提下,要发掘一切可以利用的方法、手段服务于大学英语听说教学,才能切实提高教学效率和质量。

■　一、明确学生的主体地位

1.明确自身语言状况,找出解决对策

学生以往常常会认定自己英语听说能力很差,从而缺乏自信进而羞于开口。其实他们对自己的语言面貌不是十分了解,究竟什么地方差,自己说出来的英语究竟是什么样的,不能做到心中有数。鼓励学生利用现代录音手段,自己录音,自己听,从而勇于正视自己,发现问题,进而解决问题。其实主要的问题是语音不过关,自己说不准,自然听得就吃力,最终影响到听力理解。尽管在中学阶段都至少学了六年英语,但很多学生的语言基本功并不扎实,还需要下大功夫,提高自身语言水平。变学生被动地由老师挑错为自己找错,针对自身弱点和不足加以改进和提高。

2.培养良好的学习习惯

每天确定一定时间的英语听说时间,可以自我管理,也可以小组协同管理,甚至全班统一时间统一场所共同学习。在小组课外学习的基础上,开展晨读,引入竞争机制。一日之计在于晨,抓好早起的有效时机,让学生提早进入学习状态,并且在大一新生中开展,从而延续中学的作息制度,易于接受,并利于管理。

3.建立课堂演示制度

进一步给学生提供展示的机会,让他们面对全班同学,真正做到自主:从一开始的准备选题,到之后的寻找素材,再到整合素材、取舍素材,到最后的呈现,完全

由学生自己决定、自己做主。这也是一个张扬个性、表达自我的舞台。

4.强化课外自主学习,挖掘学生潜力,增强课堂教学效果

学生自主能力的培养应遵循循序渐进、自上而下的原则。由教师根据入学成绩及课堂表现,指定 4～5 个学生组成学习小组(教师根据情况随时做出调整)。由一人做组长,在课上分工合作。比如,讨论时,大致确定由谁整理、整合资料,由谁主讲,由谁记录,等等。课下共同学习,互相考查,彼此激励,形成机制,提高学习效率,提升自主学习能力,同时激发各自潜力,共同进步。

5.开展网络自主学习

能否有效利用网络也是考核学生学习有效性的手段。向学生推荐英语学习网站,同学之间互相推荐。当然最简单的莫过于网上听力素材的获取,比如 VOA Special English,BBC 和 CNN。还可以找到外国朋友进行网上聊天或网上互动游戏。有些网站有训练听力的音频或视频材料,却缺少英语听力原文,可以要求自己边听边写,或者同学几人打擂台,听写并记录原文,从中找出最为精确的记录者。当然,学生在校期间,比较直接并便捷的方式是登录英语学习平台,欣赏最新的英语电影、电视剧和科教纪录片。

二、实现教师的主导地位

1.明确要求,激发内因,提升学生学习主动性

大学英语第一课:定位(Orientation)。教师先对学生提出诸如"Do you like English? How did you learn English in high school? What do you suppose college English will be in the following two years?"等问题。并随后通过调查,逐步了解学生。学生总体认为自身听说能力薄弱,同时迫切希望通过大学阶段的英语学习提高听说能力。教师因势利导,指出大学英语与中学英语学习的方式不同,从而适时提出大学英语重在学生个人自主学习,而非教师的传授。这样做到统一认识,增进共识,树立发展目标,协同进步。

2.采取多种形式,创造学生开口机会

(1)从模仿入手。选用语感、节奏感强的素材,让学生从听熟语音、语调入手到跟读,直至大声朗读,甚至背诵。比如其中有极强震撼力的语句 I must do it! I can do it! I will do it! I will succeed! 既能引发学生共鸣,同时也提升其自信心。

(2)看图说话。借鉴北京市英语口语等级证书考试,公共英语考试及四、六级考试的口试部分,设计图片,训练学生看图说话。首先是师生一起寻找图片上的文字信息,从而明确图片所要传达的主要内容。其次是指导学生如何观察图片,分析

图片上的人物、事物，找到彼此关联。最后才是要求学生寻找合适的句型、词汇，进而用英语准确表达出来。这实际上是对学生综合能力的考查，不仅仅是语言层面的学习。

（3）利用所学单词、句型，结合个人实际，两人或多人合作创造对话，共同练习。学会的前提是会应用，不受课型的限制，鼓励学生多练习所学句型，可以自设情景，最好能切合学生实际，同学之间合作，开展脑力激荡，巩固所学。

（4）口述日记的形式。如 How did you spend your weekend/Valentine's Day? 尤其是在节日或假期之后，第一次上英语的时候，要学生口头叙述假期中发生的事情。这样学生有实感，并且感受还很新鲜，能有话说，比较愿意与大家分享。

（5）复述视频材料。《新世纪大学英语系列教材视听说教程》特色部分即情景喜剧（City Living），讲的是来自于六个不同国家的六个年轻人在美国纽约的生活情景，人物性格和个性特征鲜明，情节生动、有趣，语言幽默，故事引人入胜。原书只设计了猜情节、判断正误及听写填空练习，结合四级机考的新形式，提出要学生口头做英文概要（Summary），即看完视频后，概述内容。要求复述概要时能回答诸如 Who，What，Where，When，Why，How 等问题，不仅考查是否看得懂，还要考查是否说得明白。

3.调动一切因素，服务听说教学

（1）结合学生特点，与学生找共同话题，发掘有效措施

要建立新型的师生关系，就是改变传统意义上单纯的授课者和听讲者的角色，要与学生交朋友。由于年龄上的差距，难免有所谓的"代沟"。要尝试与学生找到共同的话题，多跟踪最新的资讯、新闻，了解学生的兴趣、爱好。同时多读有益的书籍、杂志，比如《大学生》《新东方英语》等杂志。这样不仅能使教师更进一步了解当代大学生的学习、生活状况，还可以从中发现彼此感兴趣的话题，开展深入的讨论，甚至引发辩论。

（2）拓宽学生视野，贴合题目主题

通过对以往考题题目的内容加以分析，发现题目编写者的关注点与偏好。比如近些年对环保问题的关注，还有由于出题者都为英语语言学方面的专家，对语言学的内容也常有涉及，比如关于乔姆斯基的听力短文。适当增加热点及时事类、语言学、教育学甚至心理学方面的听力材料，进行课堂讨论等口语演练，从而拓宽学生视野，同时有助提升备考自信心。

第三节　英语听说教学的实践

■ 一、英语听力教学实践

下面以"视听结合"教学模式为例,分析英语听力教学实践的过程。

教学任务:学习、了解英国的历史、地理、文化、体育、旅游等方面的状况。

教学目的:结合伦敦举办 2012 年奥运会的事件,采用"视听结合"的方式开展听力教学,以此来提高听力教学的效果、拓展学生的视野、促进学生对英国文化的了解。

参与形式:两人小组。

[教学过程]

Procedure A：Warming up

本环节包括以下两个步骤。

Step1：Watching Video News

Jacques Rogge announced："The games of the 30th Olympics in 2012 will be held in the city of London."

Step 2：Free Talk

自由讨论的话题可以有多种选择。例如:

(1)Why was Great Britain able to beat out four other world class cities?

(2) Have you ever been to the UK?

(3) Can you give us some information about the UK in geography,literature, politics,sports,sightseeing and so on?

Procedure B：Watching Videos

本环节中,教师可让学生观看有关英国地理、文学、政治、体育、旅游等方面的影像,并要求他们尽可能多地写下其中的关键信息。

Procedure C：Pair Work

本环节中,教师可将学生分成两人小组,并让他们讨论关于英国的一些问题。例如:

(1)How many countries does the UK consist of? What are they?

（2）Who rules the UK，the Prime Minister or the Queen?

（3）What are the provinces called in England?

（4）Which is the longest river in England?

（5）Does South Ireland belong to Britain?

Procedure D：Sharing

本环节要求学生互相交流彼此对英国各方面状况的认识和看法。教师可设计以下两个活动。

（1）Write a short paragraph introducing the UK.

（2）Give a talk and share with the whole class.

Procedure E：Homework

本环节中，教师要布置一些家庭作业，以帮助学生巩固课堂所学的内容。例如：

Do some more researches on the geography or history of the United Kingdom.

分析：本案例的亮点在于利用了多媒体教学手段，将视听有机地结合了起来。学生通过观看影像，使视觉形象思维与逻辑思维相互作用，发挥了视觉信息对听的辅助作用，因而能够迅速准确地把握听力材料的主要内容。另外，视听材料形象生动的特点也有助于激发学生了解英国历史、地理、文化等相关情况的兴趣。而两人一组的活动开展模式也有助于培养学生的合作意识，锻炼学生的合作能力。

二、英语口语教学实践

下面以 LET'S 听说教学模式为例，分析英语口语教学实践的过程。

教学任务：完成外研社 NSE 8A M12 U1 听说课的教学任务：Module 12 Traditional life Unit 1 You must wait anal open it later *

参与形式：小组、结对、角色扮演。

教学目的：通过练习，学生能在听懂有关中外习俗的听力材料之余，谈论某地的风俗习惯或规章制度，如家规、校规等。

[教学过程]

Procedure A：LeadingHow much do you know?

Step 1：Leading

Show the study aims to the students.导入环节首先要让学生了解本课将要学

习的内容,使学生明确学习的重点、方向,以便有效、有目的地学习。

Step 2:Stimulating

Ss enjoy the song and answer the question:What is the song about? 教师首先播放一首和礼物有关的歌曲,从而引入"礼物"话题,激发学生学习本课的兴趣。

Procedure B:Exploring Is there anything new to you?

Step 3:Presenting

以礼物为话题,结合情景教授新词,如 wrap,chopstick,chess,set,move,soap purse,chat,receive,hang,break,accept,lucky,anything,immediately 等,然后针对生词进行集中操练,使学生熟悉并掌握,为后面的听力做准备。

Step 4:Listening

(1)Listen and number

(2)Listen and answer the following questions:

What present do they buy for Lingling at last?

What can Lingling use it for?

听的环节中,教师可首先提出问题,让学生带着问题听,这样才能听得更认真、更有效,听的活动才有实际意义。

Step 5:Speaking

将学生分成若干小组,要求各小组以竞赛制讨论家规、校规,并尽量使用本课所学情态动词 must/mustn't/can't。

Step 6:对课文的处理涉及以下三个步骤

(1)Let's listen and answer:Did Lingling open the present when she accepted it? What must you do when you accept a present in China?

(2)Let's read and find:完成 Act.4。

(3)Let's imitate. Read after the tape. Let's do a role play(分角色朗读).

Procedure C:Trumpeting How do you understand it?

Step 7:Pair work

对比不同国家的风俗习惯,结合真实情景讲解本课的语法重点、难点——情态动词 must/mustn't/can't 的用法。

When someone gives you a present in America,you must _____.But in China, you mustn't _____. Immediately, you must _____. When you accept a present in China,_____.But in Britain,_____.

Procedure D：Sharing Can you do it better?

Step 8：Group work

小组活动环节中，教师给出话题，如：How to keep away from H7N9？让学生分组讨论，使学生在讨论中巩固和运用所学情态动词 must/ mustn't/can't，语法功能和话题结合起来，实现交际。另外，学生在小组内的讨论不仅是对本课内容的延伸，同时也为下一节课做了铺垫。

分析：Let's教学模式包括四个环节：Leading（激活旧知、有效导入），Exploring（创设情境、探索新知），Trumpeting（聚焦难点、处理加工）和 Sharing（深入探究、交流发现）。其优点就是能够充分发挥教师的主导作用，灵活安排课堂上的个人活动、配对活动、小组活动、全班活动，使这些活动都围绕学生来展开，体现学生的主体地位，提高学生的活跃程度，加深师生、生生之间的互动，最终提高教和学的效率。

本案例采用了 Let's 教学模式和创设情境的教学方法，组织安排了先听后说、听音模仿、角色扮演等具体的教学活动。其中，先听后说有助于学生为后面的说储备语言材料；听音模仿则为学生提供了正确、地道的发音示范，为他们后面的说打下了一定的语音、语调基础；而角色扮演则有助于激发学生说的积极性，使学生带着轻松、愉快的心情锻炼口语表达，这有利于他们口语水平的快速提高。

第六章

高校英语读写教学改革与实践

第一节 英语读写教学中的问题

■ 一、阅读教学中的问题

阅读教学看似简单,实际上也存在很多问题,主要包括教学观念错误、教学方法滞后、教材设计不科学、课程设置不合理。下面我们就对这几个问题分别加以说明。

(一)教学观念错误

培养学生快速从语篇当中正确获取所需信息的能力是阅读教学的目的,而在实际的英语阅读教学中,这一目的已被很多教师曲解了。他们经常将阅读教学混同于词汇教学、语法教学。阅读教学中,教师常常过分重视语言知识的传授,抓住一个单词、语法点大讲特讲,阅读教学呈现出"讲解生词—逐句逐段分析—对答案"的错误形式,忽视了学生对语篇的理解、从语篇中获取信息能力的培养。造成这一问题的根本原因就在于对阅读教学的观念错误,对阅读教学的目标认识不清,因而使阅读教学成为语法、词汇教学,学生阅读速度慢、质量差的情况并未得到改善。对此,英语阅读教学必须更正教学观念,将阅读作为一种实用的语言技能进行教授,不仅要传授学生语言知识,更重要的是传授他们语篇和文化知识,同时还要注意提高学生的思考能力、分析能力、判断能力,拓展学生的视野,激发学生对英语阅读、英语语言以及英语文化的兴趣,提高他们英语的综合运用能力和人文素养。

(二)教学方法落后

英语整体教学方法的单一、滞后在阅读教学中也有所体现:教师大多让学生自己阅读完后做题目,然后领着学生对答案,再对错题进行讲解。这种教学方法的应试性比较高,因而显得十分死板,学生的阅读习惯、阅读技巧等均得不到培养,主体地位得不到突出,主观能动性未得到很好的发挥,阅读的实际需求也得不到满足,学习兴趣更得不到培养,最终致使阅读教学收效甚微。尤其是在一些教学条件落后的偏远地区,英语教师对阅读教学的重视不够、研究不足、实践不多,以致难以形成科学、高效的教学方法,大大影响了阅读教学的质量。

(三)教材设计不科学

不同阶段的英语阅读教学会使用不同的教材,这些教材本身大多已经十分成熟,但不同阶段的教材之间却缺乏必要的连贯性,这也是英语阅读教材存在的最主要的问题。具体来说,小学阅读教材注重词汇,中学阅读教材注重语法,大学阅读教材则注重阅读技能的训练。虽然这三个时期的教材各有侧重和针对,符合学生认知和阅读学习的规律,但由于每个阶段结尾与下一阶段的开始缺少必要的承接和过渡,学生一下子很难跟上进度,从而造成阅读教与学的脱节。

(四)课程设置不合理

阅读课程设置不合理也是影响阅读教学质量的一个重要问题。很多学校、教师错误地认为阅读教学是英语教学的附属品,导致阅读课程教学目标、教学计划不明确,阅读教学的课时、课程设计、师资力量以及教学组织都得不到保证,直接影响了阅读教学的效果。

■ 二、写作教学中的问题

写作教学一直以来都是英语教学的重点,因而相较于其他英语技能而言,发展得更为充分。但其中也存在不少的问题,如:教学缺乏系统性、形式重于过程和内容、教与学相互颠倒、重模仿轻创作、课程设置不合理、缺乏相关教材、批改方法不恰当。下面我们就对这些问题分别进行说明。

(一)系统性不足

写作教学的系统性不足主要表现在三个方面:教学目标不系统、教学方法不系统以及写作指导思想不系统。

1.教学目标

任何一种技能的学习都不是一蹴而就的,其教学也不可能取得立竿见影的效果。因此,英语写作技能的培养也需要一个循序渐进的系统过程。这种循序渐进首先就要体现在教学目标的系统性上,这是实现英语写作目标的基本保证。

英语写作目标缺乏系统性是因为总体目标(即针对学生的生理、心理特征,结合写作教学的自身规律,并在英语课程要求中明确规定的总体任务)与阶段性目标(即根据总体目标制定的一系列的阶段性目标)之间互不协调,总目标与子目标之间连贯和衔接的科学性严重缺失。造成这一现状的原因可能是显性目标与隐性目标系统不平衡导致的,也可能是教师对写作的目标体系与学生实际写作之间关系的模糊认识所造成的。无论是什么原因,这种写作总体目标与阶段目标的不协调显然会影响目标的实现。因此,学校、教师都必须克服这些不利因素,把握好英语写作教学的总体目标和阶段性目标。

英语写作教学目标之所以难以实现,一个主要的原因就是教师对英语写作教学目标与学生实际之间关系的认识不清。事实上,目标是教师和学生对学习结果的期待,是一个未实现的状态,因此教学目标与学生的实际之间必然存在一定的差距,适当的差距对学生写作能力的提高而言是有利的,而过大或过小的差距则不利于学生写作能力的提高。基于这一点,英语写作教学可被视为帮助学生向目标逼近的过程。英语教师和学生可以借助目标与实际之间的距离,设定一些教学或学习步骤,并熟悉实现每一环节目标的条件、困难和可能性。否则,一旦教师对写作教学的目标与学生实际之间的关系和意义认识不清,就会导致行动和反应上的迟缓,直接影响写作教与学的质量。

2.教学方法

英语写作教学系统性不足还体现在教学方法上。所谓方法,就是一种对活动程序或准则的规定性,是一种能够指导人们按照一定的程式、规则展开行动的活动模式。系统性是英语写作教学方法的内在规定,是有效运用教学方法的重要基础。离开了系统,教学方法也就失去了意义和价值。这是因为,教学方法实际上是整个教学系统的一个子系统。它与教学目的、教学内容以及师生间的互动均联系密切:没有明确的教学目的,写作教学就会迷失方向;而脱离了教学内容,教学方法也就毫无意义;缺少了师生之间的互动性和双边性,教学方法也就没有了价值。因此,不同的教学目的、内容、师生关系应该对应不同的写作教学方法和运作。不同的内外条件,写作教学方法的系统运作会呈现不同的水平和层次。因此,英语写作教学方法的运作必须根据教学系统中的各项组成部分来实施,否则就会造成种种矛盾和冲突,影响写作教学的效率。而对照我国英语写作教学中所使用的教学方法可以看出,这些方法大多是无效的、失败的,因为它们大多不系统、不连贯,缺乏针对性。

3.写作指导

写作指导思想是否系统对写作教学质量的影响极大。写作技能和写作能力的生成虽然需要通过大量的练习来获得,但多练不等于泛练。如果写作练习缺乏目的性,即使花费很多时间也是无用的。另外,从遣词造句到段落和篇章的生成,从撰写记叙文到写议论文,从构思、行文到修改,整个写作是一个由浅入深的系统操作过程。因此,教师对学生的指导也应具有系统性。然而,我国的英语写作教学大多缺乏这样一种系统性。教师教的时候以及学生写的时候都没有一个明确的目标,更没有一个长远的规划,而是跟着教材随机地教授写作方面的知识和技能,这就大大降低了写作教学的效果。

(二)重形式、轻过程和内容

长期以来,我国英语写作教学一直存在重形式、轻过程和内容的问题,导致这一问题产生的原因如下。

1.欠缺英语思维

英语写作教学中,教师往往强调学生要用英语思维来写作,避免使用中式英语。然而要做到这一点很难。毕竟对中国学生来说,英语是一种外语,汉语才是母语。学生的汉语思维模式已经根深蒂固,要想使英语思维成为习惯是极为不易的。

另外,很多人认为,英语写作中侧重语言形式的作用是必然的。所以,在英语写作教学中,重视文句的规范性与文章结构,忽视文章的内容和思想的现象仍然大量存在。部分教师也将文章结构和语言形式看作写作教学的主要内容。而初学写作的学生更是将学会把握文章结构和形式视为写作学习的终极目标。这些最终都使写作的教与学流于形式,很难触及写作的核心。

2.受历史传统影响

在早期的英语写作中,为了快速写出一篇符合要求的英语文章,人们常常模仿类似文章的语言形式和文章结构来写作。久而久之,教师和学生都将形式作为了英语写作教学的重点,而忽视了写作的过程和内容,写作变成了一种模仿,而非创造。

事实上,内容和过程对于写作来说也是很重要的。一篇好的文章应该具有丰富、深刻的内容,而这些内容仅仅靠对形式的模仿是无法实现的。语言的形式和文章的结构仅是作者表达思想和情感的一种手段。学生能否把握文章的结构和格式固然重要,但如果过分强调它们的作用显然并非好事。因为文章的思想和观点是写作和写作教学的根源,而文章结构和语言形式则是写作和写作教学的支流,根源上得不到保证,支流显然就失去了存在的基础。因此,英语写作教学必须处理好源与流、本与末、主与次的关系,在注重写作形式教学的同时还要重视写作内容的教学以及学生写作能力的培养。

(三)教与学相互颠倒

写作教学也并非一种知识性课程,学生的写作技能无法靠教师的讲解来获得。原因如下。

(1)写作是一种实践性活动,涉及写作的技巧和能力。因此,写作教学应该以学生的实践和操练为主,以教师的知识传授为辅。

(2)写作教学的目的在于提高学生的写作能力,因此写作应该是一种学生个体的活动,从构思、写作到文章修改,都应该使学生参与其中,教师过多的讲解只会耽误学生的写作时间,进而影响学生写作的积极性和主动性。

然而,我国英语写作教学一直存在教与学相互颠倒的现象,主要体现在以下两个方面。

(1)写作教学中仍存在教师大量讲解理论知识的问题,使学生,尤其是初学写作的学生,很容易觉得写作枯燥、无用,产生厌倦、畏难等情绪,因而丧失写作的兴趣,最终影响英语写作教学目标的实现。

(2)教师常以自己的写作经验为基础来指导学生写作,常对学生使用一些不恰当的话语指令或规则指导学生,剥夺了学生的话语权,限制了学生的独立思考,简化了学生写作过程的心理体验,遏制了学生写作中的创造性,使他们产生盲从的心理。这显然颠倒了写作教学中的师生地位,而且也很容易使学生在写作过程中在构思、行文和情感体验上出现雷同现象,写作创造能力得不到真正的提高。

(四)重模仿、轻创作

重模仿、轻创作是我国英语写作教学的一大弊病。尽管模仿是写作教学的起始状态,也是学习写作的必经阶段,更对我国学生(尤其是初学英语写作的学生)学习写作起到了促进作用,但模仿并非写作的最终状态。它虽然能够提高学生写作学习的效率,但过度的模仿并不利于学生写作能力的持续发展。因为写作不仅是一种个体的心智行为,更是一种创造的过程。从构思、行文到修改,写作过程始终体现着作者的个性特点与独立思考能力。写作过程中的意义和价值都是由学生创造而来的,一味地模仿必然会抑制学生的写作积极性与主动性,进而影响学生写作动机和兴趣。

(五)课程设置不合理

除英语专业以外,我国部分的英语写作教学是被纳入英语整体教学之中的,而并未被独立出来进行专门教授。这就很容易因为课时有限而无法花费太多的时间来组织学生写作。久而久之,学生也会误以为写作学习不是重要的。如此一来,不仅写作教学本身得不到时间上的保障,学生也会产生轻视写作的思想。

(六)缺乏相关的教材

目前我国的英语教材大多是集语音、词汇、语法、听、说、读、写、译于一体的综合性教材,关于"写"的专门教材相对较少。即使在英语整体教学中,虽然几乎每个单元都会涉及写作的练习,但却并未形成一个科学的系统,同时也缺乏一定的指导,学生的写作练习也多处于被动地位,这对写作学习而言是极为不利的。

(七)批改方法缺乏有效性

作文批改的方式方法也是写作教学中存在的一个显著问题。很多教师在批改作文时,重点仍然放在纠正拼写、词汇以及语法等方面上,而忽略了学生在写作过程中思维能力的培养,这会使学生过分追求写作时的语言正误,而忽视了对文章结构、逻辑层次的把握。

另外,教师对学生作文的批语也同样重要。有的教师一味指责学生写作中的错误,而缺少鼓励,这会制约学生写作的主动性,导致他们消极应付、望而生畏,对自己写作中出现的错误不能很好地改正。

(八)教学改革滞后

随着英语教学改革的不断深入,英语教师对写作教学也有了一定的新认识。尽管如此,英语写作教学方面的改革仍然相对滞后。学生英语思维能力的多方位、多角度、发散性、创造性、广阔性和深刻性仍然没有得到足够的重视和训练。除此以外,作为英语教学的一部分,写作应和阅读、口语、听力、翻译等方面的教学有机地联系起来,而在实际的英语教学过程中,教师并未真正把写作教学与其他方面的教学融合在一起,而是孤立地教授写作,这不利于学生对英语学习的全面认识,也不利于学生对写作学习的深入了解。

第二节 英语读写教学模式

■ 一、英语阅读教学模式

1.运用互动模式提高阅读能力

随着阅读理论的发展,古德曼和史密斯根据心理语言学理论,提出自上而下模式：阅读者不是逐字逐句阅读，而是根据其知识图式、背景知识对文章进行预测。这种模式对于提高理解力确实有帮助。阅读不是一种机械活动，而是读者与作者的交流。但这种方法也有其局限性。研究发现，不擅长阅读的人在阅读中不能激活知识图式。如果缺乏必要的背景知识，也无法对下文进行预测，即使勉强这样做，所花时间甚至超过自上而下的逐字逐句阅读。鉴于上述两种阅读方法的缺陷，鲁墨哈特在《论阅读的相互模式》一文中提出了"相互作用模式"。根据这一理论，阅读理解不再是单一通过视觉解读语言信息的过程，而是视觉信息与读者已有知识或背景知识相互发生作用的过程。在这一模式中，读者被看作是一个积极参与者，读者本人的知识和先前的经验在阅读过程中起着非常重要的作用。这种方法吸收了上述两种方法的优点，克服了其缺点和局限性。在阅读教学中应把这些技巧与基础教学结合起来，逐步提高学生的阅读能力。首先，要培养学生从上而下处理信息的意识。不能再搞"填鸭式"的课堂教学，而要给学生提供背景知识，如作者介绍、与文章有关的历史和文化知识、文章体裁（议论文、说明文、描写文、记叙文）等。其次，要求学生根据文章题目、首末段、段首句，预测文章内容，想象文章主题。然后，帮助学生学会运用以前的阅读方法（略读、寻读等），浏览全文，把握文章的主题，再与第一步预测对比，以确认预测的效果。另外，鼓励学生开展合作学习，如分组讨论，确定文章段意、主题思想，鼓励学生对文章发表见解，等等。

2. 采用互动式英语阅读教学模式

互动式英语阅读教学模式，可以避免传统英语阅读教学模式的各种弊端，是一种优化英语阅读教学过程的教学模式。在教学过程中不仅师生之间相互交流与反馈，而且学生之间相互交流与促进都得到了强化，具有多向交往性，师生之间是交叉相互交流与促进。教学过程中教师处于主导和倡导地位，是指挥者，同时也是参与者。学生处于主动地位，是信息的接受者，同时也是创造者和传播者，真正实现教学过程中信息来源的多元化。总之，互动式英语阅读教学模式是以自主学习、主动参与为基础，以合作学习为重要方式，以培养创造性思维能力为核心、发展智能为目标，师生之间多层次、多元化、交互式往返联系的一种英语阅读教学模式。

总之，阅读是一个特殊的感知和理解的过程。作为教师，我们只能是不断总结教学经验，探索不同的教学方法，利用各种教学法提供的思路，创造适合自己的教学风格和满足学生需要的教学方法。

■　二、英语写作教学模式

不同的写作教学理论应用于课堂教学实践，表现为不同的教学技巧。下面主要介绍常用的 3 种英语课堂写作教学模式。

1.以结果教学法为主导的教学模式

结果教学法一般把写作分为四个阶段：①熟悉范文（Familiarization）。教师解读范文的修辞手段、写作技巧、结构模式和语言特点。②控制性练习（Controlled Writing）。教师就范文中所体现的相关常见句式要求学生进行替换练习，学生在教师指导下渐渐过渡到段落写作。③指导性练习（Guided Writing）。学生模仿范文，使用经过训练的句式尝试写出相类似的文章。④自由写作（Free Writing）。学生可以自由发挥，内化写作技能，为真实交际写作做准备。

2.以过程教学法为主导的教学模式

过程教学法大致可分为以下步骤。

（1）输入阶段。输入阶段包括头脑风暴、阅读、拟提纲、聆听、调查报告等多种构思活动，这些活动可以帮助学生获取写作资源，收集写作素材以及体验构思的不同方法。

（2）写初稿。写初稿是进一步整理思想、确定写作内容的过程。此阶段要求学生将自己的构思用语言表达出来，重点放在内容的表达上，不必过多考虑构思的句子是否正确、选词是否得当等语言形式问题。写初稿也是一个反复进行的思维创造过程，作者应反复构思、修改直至完成初稿。

（3）同学互评。以小组为单位，让学生对照评价表或教师提供的问题对同伴的作文进行评价，评价的着眼点落在作文的内容而不是作文的语言形式上。

（4）写二稿。写二稿时，主要以同伴反馈的信息为依据，力促作者把同伴的反馈和自我反馈的结果结合到修改稿中。写二稿要注意以下的一系列问题：主题是否突出、内容是否充实、段落安排是否合理、文体是否恰当、句型是否正确、是否有语法错误、用词是否得当、表达是否准确、内容与目标是否一致、细节是否典型和充实、文章是否有条理、大小写和拼写是否正确等。

（5）教师批阅和师生交流。教师收集学生的二稿进行评价。教师可根据写作训练的目的一次重点评价一个方面的问题，如语言形式、结构、内容等。教师在批阅时采取鼓励为主的方式，以便培养学生对写作的积极情感。教师还可以采取跟个别学生进行交流的方式对学生的作文进行评价，也可以选取个别学生的作文进行全班评价。

第三节　英语读写教学的实践

一、英语阅读教学实践

下面以"学案导学、先学后教"阅读教学模式为例,分析英语阅读教学实践的过程。

教学任务:完成外研社 NSE 9A M12 U2 读写课的教学任务:Module 12 *Summer in LA* Unit 2 *Learn English in Los Angeles*.

教学目的:通过"学案导学、先学后教"教学方法,引导学生积极参与各种形式的阅读课活动,培养学生的合作精神和自主学习能力。

参与形式:四人小组合作学习、个人自主学习、组际互动交流。

[教学过程]

1.先学

(1)小组内部进行合作学习和讨论,翻译和拼读本课生词和短语,并在同学之间相互检查。

翻译并拼读下列生词和词组:英语课程、美国文化、每天四小时、在……的开端、周测试、在……中取得进步、参加活动、也、填写、体验生活。

(2)助学提示。

①The courses last for four, six or eight weeks.

解读:句中 last 意为"持续",后接一段时间。

练习:会议持续了多长时间? _____

　　　did the meeting _____?

②You will enjoy coming to Los Angeles.

解读:句中 enjoy 意为"喜欢、享受",

enjoy oneself＝ have a good time。

如:Did you enjoy yourself today? 今天玩得开心吗?

练习:Last Sunday the children enjoyed _____ at the beach.

A. they　　　B.them　　　C.himself　　　D.themselves

(3)小组内讨论并思考以下问题:What activities/courses have you ever attended? Where have you gone? How long has it lasted?

2.后教

Step 1：Skimming

Read the text quickly and match the titles with the paragraphs.让学生自主快速阅读课文,启发引导学生抓住本文 main idea 和各段的 topic sentence。

Step 2：Scanning

Read the text carefully and do True or False & correct：

(1)If you come to Los Angeles，you can experience life in England. (　　)

(2) Some families create friendships with the students which last along time. (　　)

(3) You live and have meals with an American family，do some activities with them and take part in American life.(　　)

(4)There are few things to do in LA.(　　)

Step 3：Fill in the from

Suppose you're planning to attend a course，fill in the form.

E.g. My name is…I'm a student of…My e-mail address is…I'd like to start the course on… It can last for… I'd like to study with… It would be better if I can live… because I can…1 want to take trips to… because….

先由学生自己填写,然后 4 人小组内进行交流讨论,再由小组内选出一名代表与其他小组间进行交流。

3.拓展

(1)任务型配对阅读。

有同学在阅读中遇到以下问题,请同学们为以下每个问题选择最佳办法。

(　　)1.I read very slowly especially when there are many new words.

(　　)2.I'm afraid to speak in class because I'm afraid of making mistakes.

(　　)3.I always write Chinglish but not real English.I can't use theright English words or use big words that are not necessary at all.

A. Find a pen pal. You can make penfriends who are from Englishspeaking countries，so you may write letters in English often. Maybe your pen pal can help you improve your English，too.

B. Try to be more outgoing. Don't be afraid of English learning. Everybody-makes mistakes. It's not a big deal to make mistakes in front of your classmates who may do the same thing.

C. Have some good reading habits. First, you have to find out why you can't read fast like others. Do you always read in a right way that isthe same as you are reading your mother language?

这一环节采用了任务型的阅读,要求学生阅读后完成相应的任务,同时通过帮助同学解决问题,培养学生良好的学习习惯。

(2)Write about a course learning Chinese in Yiwu.

E.g. There are four classes a day. They last…Students live…or…There are many things to do in… For example,…All the students have a wonderful time learning Chinese in….

这一环节利用阅读素材设计一些同步的写作活动,使阅读与写作在英语教学中相辅相成,培养学生使用语言的能力。

分析:以上从课前预习(先学)、课堂教学实施(后教)、课后拓展三个方面介绍了"学案导学、先学后教"这一阅读教学实践。在课前预习阶段中,以学案为载体,以导学为方法,这样学生更有信心在有限的课堂时间里参与交流合作。在课堂教学实施阶段,摒弃了陈旧的教学模式,师生边教边学,真正体现了"先学后教"的新理念。在课后拓展阶段,设计了与阅读文章相关的任务型阅读和写作活动,有效实现了知识的拓展。

二、英语写作教学实践

(一)"话题式"写作教学实践

教学任务:Write a composition about"Friendship".

教学目的:通过各种概括性和总结性的练习任务,增强学生对文章整体的感知能力和写作能力。

参与形式:个人、两人、四人小组。

[教学过程]

(1)教师首先通过一封书信引出今天的写作话题 Friendship,也让学生对书信体写作的基本格式和内容有一个整体的感知。

（2）通过书信引出学生要讨论的内容。

Task：What kind of person do you think you can make friends with? Try to find out some adjective words to describe your friends.

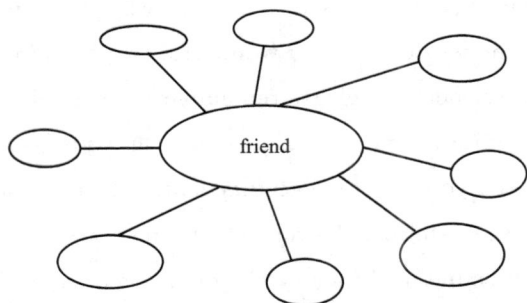

（3）给学生布置任务，让学生 4 个人一小组进行互动，在布置任务的同时，教师要给予适当的提示。

Task：According to your experience，can you give some advice onhow to make friends? Please use the suggestion structures as many as possible. (e.g. It's a good idea to... You should... Remember to...)学生动态生成的建议如下。

A. First of all，you should find out your good points.

B. Remember to be a humorous person and everyone will like you.

C. Don't forget the old ones when you get new friends.

D. How about sharing your good things with your best friends?

E. It's a good idea to smile at everything unhappy and be a bright person.

（4）引导学生独立思考，并让学生开始搜集写作信息和素材。

Task：Please use one or two sentences in your own words to concludeyour opinion about what the real friendship is.

进行思考和收集素材后，学生的情感得到升华，并能表达出对友谊的真正理解。表达对友谊的精彩评论有：

①A truly friend is like gold under the ground；no friend will come to you unless you dig it out by yourself.

②A friend is the God's way of taking care of us；we can not live well without friends.

（5）向学生展示范文，让学生仔细阅读范文，把握文章的整体结构、写作思路等。学生在写作基本要求和感知的基础上准备写作素材。

Dear Ivan，

Do you know the friendship is an important part of our life? If you do，why don't you find your real friend? As you know，no one can sail the ocean of life alone.

When you find the world is not as wonderful as you think it is，or youthink that you are notaperfect person，please remember your good points. Try to imagine that you are a humorous man with lots of bright points，and maybe others will see you as you see yourself.Believe that smile at others and they will smile back.So，never lose your smiling. Never believe the tears；they can't bring anything to you，only sadness. When you think everything is great，and the happiness is just aroundthe corner. See your troubles as chances，and you will hear the voice of happiness. Respect others. Show everything to them and share your happiness with them. Love everyone by heart. Never complain about others or your life，because if you think there is something wrong，the wrong one aren't others，it's just you. Although you think it isn't. What's the most important，cherish your friendship and cherish yourself. Never give up anyone of them，forever and ever.

Everybody is a tree growing in the garden of life，and the friendship is the fruit from God. To be a happy and rich man，just like a child.

Best wishes.

Yours，

Lucy

(6)依据范围和具体要求,学生仿写,教师对学生的写作过程进行监督,同时为学生提供必要的帮助。

(7)成文之后,先让小组学生内两人之间相互批阅,再在小组内收集错误的句子并展示给全班同学,由班上一名同学更正,最后再由教师提出规范性的建议。

(8)最后学生对自己的文章进行重新整理,然后定稿,最后由教师批改。

分析:以上教学活动选择了学生熟悉的话题,将写作与学生的实际感受联系在一起,使学生有事可写,有话可说,同时也使学生体会到了英语的实用性。不同层次的任务安排和设计使学生对单词、句子和语篇有了一个全面的了解,并使得单词、句子和语篇不断生成,大大地丰富了写作的素材。仿写和相互批阅的形式增加了学生接触英语的机会,也培养了学生合作互助的意识。

(二)"以读促写"写作教学实践

教学任务:阅读文章,写一篇关于如何节约和保护水资源的作文。

教学目的:通过阅读输入相关的语言材料,引导学生按照所提写作策略对材料进行加工,充分挖掘文本中的有效信息,为写作输出做好准备。

参与形式:个人、小组。

[教学过程]

(1)让学生阅读一篇关于中国西南旱灾的时文,并分组讨论:What does the passage tell us?

I was terribly moved and shocked when l watched CCTV-9 programme broadcasting the drought case in the southwest of our countrythis morning. In the programme,I saw pupils in Guizhou were thrilled toget one bottle of water per person. And the programme featured one of thepupils holding the bottle to her cheek happily like her dear loved relative. The pupils were so thrilled that some of them even cried when theygot the water for drinking.

The reporter found some pupils hid several bottles of drinking waterin their school desks so she asked why, The little girl who was interviewed said that she would bring them home in the weekend to give her parents to drink. The picture also featured in pupils' bags. Viewers can see that these kids saved three or five bottles of water for taking home in the weekend.

The moment I saw those pictures,my nose turned sour and tears came in my eyes.I used to have little feeling about the "drought" because I never experienced the case personally. We use water every day. We can not live without it.Take myself for example,drinking a cup of boiled water is the first thing I do after I get up every day,not because I am thirsty but because the water can make me fit. I think l will be crazy without water even for one single day!

I think the drought will be an unforgettable experience in their rest life for children in Guizhou and it will teach people to save water in their future lives.

(2)抽取两三个小组汇报讨论的结果。

Ss:Southwest China is facing serious water problem. /People in Guizhou are short of water seriously. /We should save water in our lives. /…

(3)学生四人一组,针对水资源缺乏这一问题,就如何节约和保护水资源进行讨论并用句子的形式提出建议。e.g.It's a good idea to turn off the tap while you are brushing teeth.

Ss:Wash clothes with less water. /Don't throw waste into the rivers. /It's a good idea to keep some rain. /Try to find some ways to reuse the water. /We should ask factories to stop pollution.,When you wash dishes,don't let the water run. /…

(4)引导学生阅读另一篇关于保护水资源的文章,并要求学生注意文章的结构、用词,并找出主题句、过渡句和写得比较好的词或句子,为写作做好充足的准备。文章如下所述。

Napoga is a 12-year-old girl in Ghana,Africa. It is hard for her familyto get clean water. Every morning, she leaves home at half past five to get clean water for her family in a village far away. It takes her six hours toget enough clean water for daily cooking and drinking. She has no time to go to school or to play with her friends. Millions of people in the world arelike Napoga. They can't get enough clean water to keep healthy.

Earth Day is April 22. But on all other days,we must also rememberit. The water we use is the most important natural resource on the earth.

Water covers 70% of the earth's surface. But most of that is sea water. We can't use it for many things. Fresh water covers only 1%of theearth's surface.

You probably feel lucky that your life isn't as hard as Napoga's. Butthat doesn't mean you don't have to worry about water. We all face seriouswater problems. One of them is water pollution. All kinds of things fromcars, factories, farms and homes make our rivers, lakes, and oceans dirty. Polluted water is very bad for people to drink. And dirty water is badfor fish, too. Now, 34% of all kinds of fish are dying out.

How do cars and factories make our water dirty? First, they pollutethe air. Then, when it rains, the rain water comes down and makes our drinking water dirty. Dirty rain,called acid rain, is also bad for plants,animals and buildings.

Scientists say that in 30 years, more than half of the people in the world won't have enough clean water. We have to learn how to save more water for ourselves and our children. Here is some advice for saving water：

①Turn off the water while you brush your teeth. You can save as much as 450 liters each month.

②Leaky taps waste a lot of water. Fix them right away!

③You can easily cut your 10-minute showers in half—and you'll be just as clean.

④When you wash dishes，don't let the water run.

⑤Only wash clothes when you have a lot to wash. If your washing machine isn't full，you're wasting water!

（5）教师为学生布置一篇与水资源有关的作文,时间限制为30分钟。

题目如下：

理解公益广告："If we don't save water, the last drop of water will be a tear-drop."根据以下提示,写一篇不少于120词文章：

①生活离不开水；

②饮用水的数量在减少；

③水污染严重；

④应该节约和保护水资源。

参考词汇：water suitable to drink 可饮用水 amount 数量

要求：①语言表达正确,要点完整。

②运用段落展开策略,适当做些发挥。

（6）学生完成作文以后,将学生的作文贴在墙上,供班上同学共享。以下是学生的习作之一。

Water is very important to humans. As we all know，we can't livewithout water，but now we are facing serious water problems. Scientistssay that in 30 years，more than half of the people in the world won't haveenough clean water. The amount of water suitable to drink is falling now.

However，some people don't seem to care about this. They waste alot of water，for example，they keep the water running while they arebrushing their teeth. What's more，they pour dirty water and throw rubbishinto rivers and lakes so that many rivers and lakes are seriously polluted.

So something must be done to stop the pollution and find ways to reusewater. If we don't save water，the last drop of water will be a teardrop.

  分析：上述教学实践结合了中国社会的热点话题，就如何节约和保护水资源安排了一系列的读写活动。通过阅读，学生可以在整体上把握文章的结构、写作的思路以及语言组织的方式。这种以读促写、结合听说的策略不仅可以训练学生多元化的能力，还能使学生的各项能力互相影响、互相渗透、互相促进。写作能力的提高是一个长期的过程，如何在日常的教学过程中充分利用教学资源来提升学生的写作能力，将是我们今后不断探索的问题。

第七章

高校英语翻译教学改革与实践

第一节 英语翻译教学中的问题

除听、说、读、写以外,翻译也是英语教学必不可少的一个重要组成部分。但在英语翻译教学中存在着很多的问题,既有教师方面的问题,又有学生方面的问题。教师方面的问题主要包括:教学形式单一,对翻译教学重视程度不够;学生方面的问题主要包括:翻译时"喋喋不休",语序处理不当,不善增减词,不善处理长句。下面我们就对这些问题分别进行说明。

一、教师的问题

1.教学方法落后

教学方法是英语翻译教学的一个软肋。实际的英语翻译教学中,教师常采用"布置翻译任务—批改作业—讲评练习"的方法开展教学。由此步骤可以看出,后面两个步骤都是由教师完成的,学生真正参与的只有第一个步骤。这就使学生处于翻译学习的被动地位,整个学习过程不是在发挥主观能动性的积极思考和探索,而是被教师牵着鼻子走,这显然会使翻译教学的效果事倍功半。

2.重视程度不够

对翻译教学的重视程度不够主要体现为以下几个方面。

(1)翻译教学中,教师往往不注重翻译基本理论、翻译技巧的传授,而仅仅是将翻译作为理解和巩固语言知识的手段,将翻译课上成另一种形式的语法、词汇课。

(2)学生做完翻译练习后,教师大多只是对对答案,对翻译材料中出现的课文关键词和句型等进行简单的强调,而缺乏对学生进行系统的翻译训练。

(3)就时间而言,教师花在翻译教学上的时间很少,通常是有时间就讲,没有时间就不讲或只当家庭作业布置下去,由学生自己学习。

(4)英语教学大纲中对翻译能力培养的要求不具体。

(5)英语考试中虽然包含翻译试题,但其所占的比重远远不如阅读、写作等。

以上这些问题最终致使翻译教学质量迟迟得不到提高。

二、学生的问题

1."喋喋不休"

在实际的翻译操作中,中国学生每每看到英语形容词就自然而然地将其翻译成汉语的形容词形式，即"……的"，导致译文"喋喋不休"，读起来很别扭。例如：

The decision to attack was not taken lightly.

原译:进攻的决定不是轻易做出的。

改译:进攻的决定经过了深思熟虑。

It serves little purpose to have continued public discussion of this issue.

原译:继续公开讨论这个问题是不会有什么益处的。

改译:继续公开讨论这个问题没有益处。

2.语序处理不当

英语句子通常开门见山地表达主题，然后再逐渐补充细节或解释说明。有时要表达的逻辑较为复杂，则会借助形态变化或丰富的连接词等手段，根据句子的意思灵活安排语序。相比较之下，汉语的逻辑性较强，语序通常按一定的逻辑顺序（如由原因到结果、由事实到结论等）逐层叙述。这种差异意味着将英语句子翻译成汉语时必须对语序做出适当的调整。而很多学生意识不到这一点，译文也大多存在语序处理不当的问题，读起来十分别扭。

例如：

The doctor is not available because he is handling an emergency.

原译:医生现在没空,因为他在处理急诊。

改译:医生在处理急诊,现在没空。

3.不善增减词

由于语言、文化等方面的差异，翻译时不可能也没必要完全拘泥于英语形式，即逐字逐句地翻译原文。事实上，根据原文含义、翻译目的等方面的不同，译文可根据实际需要而适当增减词。而很多学生并不明白这一点，因而其译文大多烦冗啰唆。例如：

Most of the people who appear most often and most gloriously in the history books are great conquerors and generals and soldiers...

原译:在历史书中最常出现和最为显赫的人大多是那些伟大的征服者和将军及军人。

改译:历史书上最常出现、最为显赫者,大多是些伟大的征服者、将军和士兵。

4.不擅处理长句

英语中不乏长而复杂的句子，这些句子大多通过各种连接手段衔接起来，表达了一个完整、连贯、明确、逻辑严密的意思。很多学生在遇到这样的句子时往往把

握不好其中的逻辑关系,也不知如何处理句中的前置词、短语、定语从句等,因而译出的汉语句子多不符合汉语表达习惯。例如:

Since hearing her predicament, I've always arranged to meet people where they or I can be reached in case of delay.

原译:听了她的尴尬经历之后,我就总是安排能够联系上的地方与人会见,以防耽搁的发生。

改译:听她说了那次尴尬的经历之后,每每与人约见,我总要安排在彼此能够互相联系得上的地方,以免误约。

第二节　英语翻译教学方法

一、回译

有学者对回译描述为:"在已经完成翻译练习的情况下,将翻译结果又重新回译到原语言的过程。"回译,顾名思义是将原文翻译成译文后,又以译文为源语进行翻译回到第一次源语言(原文)的过程。回译既是一种检验译文的手段,也是一种常用的翻译策略。为了在大学英语翻译教学中提高学生的翻译能力,回译教学法在现行教材中变得尤为重要。这既能培养学生的翻译能力,又能将课文的语言点掌握,同时也能有效弥补大学英语教材中翻译素材的不足。作为一线教师,通常在对每个单元的文章结构及语言点分析清楚以后,抽出一个课时给学生讲解翻译技巧,然后要求学生完成每个单元的翻译任务,即将教材中的英文先翻译成中文,然后在中文基础上,又进行回译,最后让学生自己将汉译英的翻译与课文的英文相比较,同时教师针对学生在翻译过程中普遍存在的问题进行分析和针对性专项训练。学生在翻译过程中经常出现的问题是汉译文生硬拗口,欧化现象明显;英译文语序严重受汉语影响,英文行文不规范。因此回译时要求学生注意中、英文两种语系的差异,通过课堂讲解东西文化的差异有助于学生译文更加符合目的语的规范。在不断地回译练习中,学生将自己的回译文本与最初的原文本进行比较能够更加深刻地体会到中、英两种语言结构异同。例如在一次翻译练习中,布置学生翻译莫言小说的第一段,其中第一句话是"我的故事,从 1950 年 1 月 1 日讲起"。学生由于缺乏了解英汉语言的差异直接将句子译成"my story from Jan 1st 1950 telling / began / started"。80％以上的学生受中文语序影响将时间状语放在句中,导致整个句子头重脚轻,失衡规范。当时并没有急于指出学生的普遍错误,而是通过一次回译练习,要求学生特别注意练习中的时间状语。"The movie started at half past eight."这个英文句子非常简单,200 个受试学生都能将其正确地翻译成"电影从八点半开始(放映)"。然后,再让学生将这个句子(电影从八点半开始)回译成英语,自然不会再犯错误。最后要求学生将"我的故事,从 1950 年 1 月 1 日讲起"重新翻译。结果表明 90%的学生基本能够正确地将状语后置,译成"My story begins on January 1,1950",学生的翻译正确率提高了 70%,效果明显。因此,在实际翻译教学中,回译一方面有助于降低学生中式英文、不规范译文出现的频率,尤其在中、英文表示时间状语和形容词做定语修饰中心词的语序上;另一方面有利于提高学生中、英文两种语言文化差异意识,增强学生翻译能力的培养。

■ 二、互评式翻译教学

同伴互评(Peer Review)又称同伴反馈(Peer Feedback),是指学生自己组成两个或两个以上成员的小组,为各自的某一学习任务进行互相点评,讨论该任务中的重点和难点,同时为组员的作品提供反馈意见。同伴互评是一种合作学习机制,该种教学方法被广泛用于其他课程的教学,如大学物理等,但用在大学英语翻译教学相对较少,多见于英语专业翻译教学。这些学者关注的共同点是同伴互评在"翻译教学中的实际应用效果"。在具体的大学英语翻译教学实践中,笔者结合课堂回译方法,每个单元的课文分析完后,通过将成绩好的、成绩差的男、女生分组搭配安排学生课后/课堂分组讨论,发挥帮、带作用,同时,控制每个小组人数,组内成员轮流负责讨论。具体做法可借鉴学者连淑能提出的小组翻译机制:个别阅读→人人起草→共同讨论→轮流执笔→集体修改→轮流拟稿→分别审校→汇总定稿→人人签名→共享成绩。在小组定稿后,可由不同小组间交换译文,互相修改(Cross-editing),修改之处用红笔标示,组员需人人签名,以示认可。湖南科技学院刚建立的课程中心给每个教师提供了课后与学生讨论的平台。学生在多媒体教室、寝室、图书馆或任何有网络的地方,通过互联网登录 QQ,建立小组聊天,人人发言、讨论、完成任务或进入互动平台与教师进行讨论以增加学生获得同伴反馈的渠道。同时,教师也可以对学生讨论和翻译的整个过程、结果进行全程把握,然后在课堂上分析学生所犯的共同错误。互评式教学方法可以让学生在小组讨论和小组修改中互相学习,正如 Kiraly 指出,"如果学生要从自己的错误中吸取教训,那么他们就需要得到别人的反馈意见,翻译教师不应该是唯一的反馈提供者,学生可以参与到评论和校改的过程中来。翻译学习者即使没有接受专门的训练,只要端正态度、认真负责,从自身见解出发,也能提出有效的反馈给同伴,帮助同伴提高译文质量"。这种翻译教学方法能够使翻译学习者利用同伴反馈,提升翻译技巧,同时,"同伴反馈有助于增强学生的自主性,减轻教师批改作业的负担,促进课堂教学与课外实践有机结合,丰富学生的翻译练习"。采用同伴互评的翻译教学方式既有助于减少教师批改作业的时间,减少课堂翻译教学时间不够的压力,又有助于培养学生的团队学习、协作能力,更能"促进学习者探讨翻译理论和策略在翻译实践中的具体应用,强化其对翻译原理的理解和对翻译技巧的应用"。

第三节　英语翻译教学的实践

教学任务:收集翻译有问题的标识语,讨论其中的错误,并改正过来。

教学目的:使学生掌握标识语的翻译方法。

参与形式:小组活动、师生互动。

[教学过程]

(1)提前一周通知学生以小组活动的方式,在生活环境的周围拍摄有问题的英文标识语。

(2)上课之前,教师可让学生展示拍回来的问题标识语,并让学生找出问题所在。

(3)将学生分成若干小组,组织学生讨论问题标识语的错误类型。然后每个小组派出代表汇报本组讨论结果。

(4)学生报告完毕后,教师可对学生的汇报加以点评和总结,并将标识语翻译的常见问题总结如下。

①译写错误。例如:

禁止驶入 NO DRIVE

小心地滑 SLIPPY

吸烟室 MOKING ROOM

的士停靠点 PARKING POT

市政府 GOVERNMENT CITY,CIVIC GOVERNMENT

绣湖广场 XIU HU FORUM

体育会展中心 THE P.E.DEMONSTRATIONCENTER, PHYSICALCUL-TUREEXHIBITCENTER

②中式英语。例如：

即停即下 F STEP BEFORE STOP DOWN

即上即走 LEAVE AFTER STEP IN

凭地下泊位证进入 PLEASE SHOW YOUR UNDERGROUND PARKING PERMIT TO ENTER

游客止步 Tourist Stops/Tourist Stopping/The Visitor halts/Visitors not Admitted

小心落水 Carefully Falls in the Water/Take Care to Falling Water/Please mind falling water

③不规范。例如：

针织市场 Knitting/Knitwear Market

世纪商城 Century Shopping Center，Century Mall/Mart

中国小商品城 The Small Commodity City of China，China Small Commodity City，The Commodity City/Market of China，China Commodity Town

(5)组织学生分组讨论产生上述问题的原因，并让他们使用以前教授的翻译技巧（如直译、意译、增减词、分合译等）提出修改意见。

①译写错误的标识语译文可修改如下。

禁止驶入 No Entry

小心地滑 Slippery 或 Caution

吸烟室 Smoking Room

的士停靠点 Taxi Stand

市政府 Municipal Government

绣湖广场 Xiuhu Square

体育会展中心 Sports & Exhibition Center

②存在中式英语问题的标识语译文可修改如下。

即停即下/即上即走 TAXI ZONE/SHORT TIME PARKING ONLY

凭地下泊位证进入 Entry with Parking Permit Only

游客止步 Staff Only

小心落水 Danger：Deep Water！

③翻译不规范的标识语译文可修改如下。

针织市场 Knitting Market

世纪商城 Century Shopping Center

中国小商品城 China Commodity City

（6）为了提高街头标识语的翻译水平，树立城市文明形象，教师可组织学生分组讨论如何向有关部门提出改进建议和解决措施，一方面使学生意识到标识语翻译的重要性，另一方面有助于城市文明建设。

分析：本案例的成功之处体现在以下几个方面。

（1）将翻译教学与学生的生活结合起来，让学生走上街头，自己发现生活中存在的翻译问题，一方面增加了教学互动的趣味，另一方面也调动了学生参与的积极性，因此也就保证了学生学习、探究的效果。

（2）整个教学过程大多是以小组活动和师生互动的形式完成的，这就无形中增加了学生的合作意识，培养了学生的探究精神。

（3）教学最后还提出了标识语翻译规范化的建议，这一方面使学生认识到翻译的实用性、重要性，另一方面也对国内众多城市的国际化建设具有现实意义。

第八章

高校英语文化教学改革与实践

　　文化是语言中的一个重要组成部分,随着跨文化交际理论的不断发展,教师在英语教学中也逐渐认识到文化教学的重要性。学习者只有了解了目的语的历史、文化传统、风俗习惯、生活方式和价值观念等,才能正确地理解和使用语言。本章主要介绍英语文化教学方面的内容,包括文化教学的重要性、文化教学的目标与内容、文化教学的原则,以及文化教学的新方法及实践。

第一节　文化教学的重要性

　　众所周知,语言是人们用来交流的一种工具,学习语言的最终目的就是交际。但是,随着跨文化交际的发展,之前的纯语言教学已经不能满足社会发展的需要。语言学习不仅要求学习者掌握语言形式,更重要的是学习者要了解和掌握目的语文化知识并具备实际使用语言的能力。

　　在与英美人士交谈时,如果出现一些语言错误,如语法不正确、发音不准确等,他们一般都会表示谅解,最多认为说话者缺乏足够的语言知识。而对于一些文化方面的语用失误,他们就不会像语法错误那样看待了。在他们看来,如果能说流利外语的人出现语用失误,他们会觉得对方缺乏礼貌或不友好,甚至是挑衅或不怀好意。由此可以看出,文化语用失误要比单纯的语言错误更严重,也更容易在实际交际过程中造成不良影响。心理语言学家沃尔夫森(Wolfson)表达了相似的观点,"在与外国人交往时,以外语为母语的人倾向于容忍发音和句法方面的错误。相反地,他们常常把违反讲话规则解释为态度不友好"。

　　因此,现在的英语教学导人文化教学的内容是十分有必要的,也是十分重要的。文化教学的重要性体现在以下四个方面。

一、避免不恰当的社交语用

　　不恰当的社交语用常出现在对人的称呼和问候方式上。如何称呼一个人,实际上要受当时交际环境的制约,比如交际场合是正式还是非正式,交际双方的关系是亲密还是一般等。笼统来说,正式的交际场合称呼方式也相对比较正式,非正式的交际场合或比较亲密的交际双方之间,称谓方式也较随意或亲昵。概括起来,常见的称谓方式有四种。

　　1.头衔十姓氏

　　这种称谓方式经常用于较正式的交际场合,头衔包括 Mr.(男士),Mrs.(已婚女士),Miss(未婚女士),Ms.(婚姻状况不明的女士),对于女士来说,她们更喜欢

"Ms.＋姓"这一称谓,因为很多女士在交际场合都不愿透露自己的婚姻状况。

2.以职务或职称代替

可以用作称谓的表示职务或职称的词在英文中数量不多,常见的有 Professor,Doctor,Nurse,Judge,以及 Captain,Colonel,General,Lieutenant 等军衔。另外,还有职业称谓,但它们听上去很不礼貌,带有一种卑微的含义,如 Waiter,Conductor,Usher,Porter 等。Sir 和 Madam 通常可以单独使用,表示一种尊称,用于较正式的场合。

3.直呼其名

这种方式常用于非正式的交际场合,而且交际双方的关系比较密切。以一个名为 Michael Wood 的人为例,人们(包括他的父母、妻子、朋友、同事甚至儿女)可以使用 Michael 或 Mike 来称呼他。这也是西方人在任何场合都比较喜欢的称谓方式。

4.在人们的实际交往中还有一种现象,叫不称(不好称呼)

有些时候,当不确定对方的名字时最好采用不称,因为不称比错称要好。或者当我们与陌生人打招呼时,也可以直接采用不称。比如可以直接说"Good morning!"

■ 二、避免文化失误

不同的文化背景对人的思维习惯和做事方式有很大的影响,不知不觉会影响着我们的日常交际。例如,中国人热情好客,喜欢给一些初来乍到的人善意的建议和提醒,如果对方是中国人,自然会很高兴并且表示感激;但如果对方是西方人,他们就不会那么开心了,他们认为这是对他们的判断力和智商的怀疑。在我国,表示对某人健康状况的关心,总是用一些带有劝告性的话语。例如,"You should put on more clothes".这样的劝告语气在中国人看来是一种关心和体贴,但在以英语为母语的人看来犹如家长对小孩说话时的口吻,这样的表达会让他们不舒服。

再如,西方人喜欢对人表示赞美,如果对方也是西方人,那么他们会自然地接受赞美,并表示感谢。而中国人面对别人的赞美,常常会表现得谦逊,这让西方人有点不知所措。面对赞美中国人往往会说"No,not at all",而不是"Thank you very much"。

这样的失误反映出语言学习者的文化背景与价值取向,我们不应当只是武断地指责其为"错误"而强行加以纠正。更好的方式可能是:通过教师的引导、语言学习者间的讨论,帮助学习者了解目的语文化与其母语文化的区别,以促进跨文化交际中两种文化间的理解与交流。

三、避免不同价值观的冲突

中西方人有着截然不同的价值观,因此在交际的过程中就会不可避免地发生一些观念上的冲突。

西方人常常抱怨中国人侵犯他们的隐私。而这些"隐私"在中国人看来常常是完全可以公开的信息。欧美人在日常谈话时,除了非常亲近的亲人和密友外,是不喜欢触及个人问题的,如年龄、职业、收入、婚姻状况、家庭成员的情况。还有一些我们中国人司空见惯的问题在他们看来也属于个人隐私,是不愿意告知他人的。例如,"Where are you going?""What are you going to do?"等诸如此类刨根问底的问题是最令西方人讨厌的。

在西方,关于个人收入或者某件东西花了多少钱都被视为隐私话题,不能随便问及。即使在同一个家庭里,人们都可能不知道彼此之间的具体的工资数目。但这并不是说家庭成员间不亲密,这只表明家庭成员间也应该有相对的隐私和独立性的理念。当然,夫妻之间通常知道彼此的工资收入。同样,直接问某人买某个东西花了多少钱也是十分忌讳的。在西方,尽管人们也谈论价格的问题,但一般不直接问他们买什么花了多少钱。所有这些有关个人情况的问题都是可能会引起对方不满或不愉快的,因此我们应尽量少提及。

四、避免文化定式

中国人对西方人和西方文化一直以来就有很多已经定型的错误理解。比如,有些人认为所有美国人都喜欢摇滚乐,所有美国人都很富有,所有美国人都喜欢吃快餐。实际上,每种文化中的人都是形形色色的,不可能都是一个模子的。

再如,欧美人身体能裸露的部位比中国要多,因此,很多中国人就据此认为他们很开放。实际上,外表的裸露程度并不代表观念的开放程度,思想保守的西方人也比比皆是。

总之,外语学习的过程中要重视目的语文化的学习。随着文化在语言习得中的重要性逐渐被肯定,语言学习者应掌握一些能够有效获得文化知识的策略。将语言学习放在文化背景中去就是为了发现并排除干扰语言交际的因素。语用失误的多少与语言水平的高低没有相应的比例关系。因此,不同阶段的语言学习都应融入不同层次的文化学习,只有将两者有机地结合起来,才能建立一个相应的文化认知系统,最终全面提高学生的英语水平。

第二节　文化教学的目标与内容

■ 一、文化教学的目标

(一)国外外语教学中的文化教学目标的界定

拉多(Lado)认为,文化教学能帮助提高学生的整体素质。文化教学又有不同的目的:为了阅读文学著作,为了阅读科技文献,为了作为整体素质教育的一部分服务于国际交流,为了采纳一种民族共同语。

诺斯特兰(Nostrand)等人建立了一个理论框架,目的是帮助学生从仅仅学习文化事实过渡到能分析、比较、综合不同的文化。在他们看来,经过文化教学,学生能够做到:在社交场合反映得体;能描述或对文化社会行为进行归纳;能辨认被举例说明的行为方式;能解释某一行为方式;在特定情形下,能预测某一格式如何被运用;能描述或展示被目的语文化接受所需的重要态度。

美国语言学家希尔(Seelye)修正了诺斯特兰的观点,提出了文化教学的"超目标",即要培养全体学生的文化理解力、态度和技巧,使学生能在出现文化障碍时在目的语社会中语言表达得体。他在 *Teaching CuLture* 一书中提出了旨在提高学生跨文化交际技能的教学目标。

托马林(Tomalin)和斯特姆斯基(Stempleski)不仅在前人的基础上发展地提出了自己对文化教学目标的界定,而且给语言教师提供了生动、有趣、能调动学生积极性的教学材料,从而解决了教师缺少合适教材的问题。他们认为,目的语文化的学习是外语教学大纲中的一个重要部分,同时他们认为人类的文化虽然各异,但仍然存在共同之处。所以,他们又对希尔的教学目标进行补充,认为文化教学的目标应如下。

(1)使学生逐渐意识到人们的行为无不受到有关文化的影响。

(2)使学生逐渐意识到人们的言行受到诸如年龄、性别、社会阶层和居住环境等可变因素的影响。

(3)使学生进一步了解目的语文化在通常情况下的常规行为。

(4)增强学生对目的语中词及词组在文化内涵上的了解。

(5)提高学生用实例对目的语文化进行评价并加以完善的能力。

(6)使学生具有必要的查获及整理有关目的语文化信息的技巧。

(7)激发学生对目的语文化的求知欲并鼓励他们与该文化的人们有所共鸣。

帕特里克·莫兰(Patrick M. Moran)强调文化教学的语言基础和发展变化。他认为,外语教学中的文化教学的目标应只是引导学生理解外国文化。为了让学生能深刻地理解和体会外国文化,学生必须具备一定的语言水平。所以,外语教学中的文化教学的基础是语言教学。他还认为,外语教学中的文化教学不仅是外语课堂上的事情,更是整个社会发展的高度规范化的外语教学中的文化教学。

上述这些学者提出的教学目标都是处于发展中的,但也反映了外语教学的最终目的,即增强学生对外语文化和母语文化差异的认识,丰富学生外语学习的经历,帮助学生突破母语特定文化交际的模式和范围,从而培养学生对外语文化规约的认同和尊重的态度,帮助学生在交际中实现从适应过渡到跨越。

(二)国内大学英语教学中的文化教学目标

学者胡文仲、高一虹指出,对于国内的外语教育来说,外语教学的目标就是学生社会文化能力的总体提高,而不仅仅是把英语当成一个交流的工具。具体可以体现在以下几个层面。

(1)从微观层面来说,外语教学的目标是交际能力。

(2)从宏观层面来说,外语教育的目标是社会文化能力,即运用已有的知识及技能有效地加工社会文化信息,使人格更加整合,潜能发挥更充分。其具体又包括语言能力、语用能力和扬弃贯通能力三个方面。

(3)从中观层面来说,学者们指出,外语教学的目标是培养学生在真实的交际中、在理解和运用的基础上的创新能力。

据此,学者们一致认为,为了更好地让文化教学形成体系,变得更加系统,有必要制定一个文化教学大纲,也就是在现有教学大纲中增添文化项目表。

1.文化教学大纲的定位

胡文仲、高一虹指出,外语教育也是一种人文教育,对于目的语文化整体的了解将有助于学习者具有更高的素质和更完善的人格。

《大学英语教学大纲》一般设有词汇表、语法结构表、功能意念表和语言技能表四个方面。那么,拟订的文化教学大纲需要包括要解决的问题,以及为什么要这么说,如表8-1所示。

表8-1　大纲各种项目表的教学目标比较

项目	教学目标	主要问题
语音项目表	要正确发音,要字正腔圆、流利清晰,要地道	发音是否标准
语法、词汇项目表	要知道怎样遣词造句,要能写会说语法正确、用词准确的句子	说得对不对
功能意念项目表	要知道在什么场合说什么话,怎样说	说得是否得体
文化项目表	要知道是什么思想观念、心理特征、价值观念决定人们的言语和行为	为什么这么说

学者们认为,功能意念表和交际能力表虽然在一定程度上体现了文化因素,但不够系统。它们的出发点是语言本身(某一功能或意念在特定语言中的表达形式)或具体的交际行为(交际行为的类型、身份和情景),文化项目表的内容则应该包括跨文化交际活动所涉及的行为和观念。概括来讲,功能意念项目表侧重于"怎么说",文化项目表侧重于"为什么这么说"。

可以看出,文化项目表和其他几个项目表联系紧密,缺一不可。还要看到,文化项目与其他项目的不同之处就在于,它隐含在语音、语法、词汇和功能意念项目中,通过语音、语法、词汇和功能意念的形式体现出来。

2.文化教学大纲的定量

胡文仲、高一虹等学者根据其他学者的观点拟订了一个适用于英语教学的粗略的文化项目表,如表 8-2 所示。

表 8-2　文化项目表

文化行为项目	非介入性文化行为项目	属生活必需的(如就餐、住宿、购物等)
		属人际关系的(如称呼、寒暄、介绍等)
		属娱乐消遣的(如看电影等)
		属情感态度的(如兴奋、愤怒、惊讶等)
		属观点意见的(如讨论、建设、同意等)
		属个人隐私的(如年龄、收入等)
		属时空意义的(如身体碰触、守时等)
		属生活必需的(如穿着、搬家等)
		属家庭生活的(如家庭团聚等)
		属娱乐消遣的(如听音乐会等)
		属婚姻习俗的(如恋爱、生育等)
		属知识和思想教育的(如课外活动等)
		属社会职责的(如求职、志愿者等)
		属宗教活动等(如宗教仪式等)
文化心理项目	属社会价值观的(如个人与集体、竞争与和谐等)	
	属人生价值观的(如成就、命运、金钱、友谊等)	
	属伦理价值观等(如公正与善良、他人与自我、礼节、面子等)	
	属审美观念的(如色彩、数字、字体等)	
	属自然观念的(如战胜与适应、禁忌、吉祥等)	

■ 二、文化教学的内容

从某种角度来说,明确文化学习的具体内容是学好西方文化的重要前提。表8-3 是文化学习的内容。

表 8-3　文化学习的内容一览表

文化分类	具体文化内容
语言文化	1.词语内涵
	2.习语、谚语
	3.语篇结构
非言语交际文化	1.体态语
	2.副语言
	3.环境语
观念文化	1.地理历史——英美地理、历史
	2.宗教——基督教、天主教
	3.艺术——美术、建筑、音乐
	4.哲学——哲学简介
	5.文学——英美文学
	6.科学技术——世界科学技术发展简史
	7.价值体系——英美价值体系
制度文化	1.政治制度——英美政治制度
	2.法律制度——英美法律制度
	3.经济制度——英美经济制度
	4.生活习俗——英美生活习俗
	5.礼仪——英美礼仪常识
物质文化	1.饮食——英美饮食简介
	2.服装——英美服装流派

有关文化学习的具体内容,下面我们选取其中的一些重要部分来进行详细说明。

（一）语言文化

1.挖掘词和短语的文化内涵

（1）颜色。

"红色"一词，在汉语中表示欢乐、喜庆、愉快等意思。在英语中 red 却有"战争、流血、恐怖"的意思，常常表示"愤怒"和"犯罪"。

"白色"一词，在中国常常与死亡、丧事相联系，表示不幸、不吉利和悲伤等意思。英语中 white 却代表着善良、纯洁、幸福等含义。在英美国家的婚礼上，新娘穿白色婚纱，其寓意为新娘的童贞和纯洁及新婚夫妇爱情的纯洁和忠贞不渝。英语中的 white 还含有"公正""高尚"以及"虚弱、胆怯"等不同意义。

在中国，黄色是一种尊贵之色。由于中华民族发祥于黄河两岸的山西、陕西、河南等地区，而这里的土地是黄颜色，因此黄色是万世不易的大地自然之色，代表了天德之美，于是就被称作"帝王之色"。汉语中，"黄帝"一词就是用尊色作谥号的。天子穿的衣服叫"黄袍"。皇帝的文告叫"黄榜"。相反，英语中的 yellow 含有"胆小卑怯"之意。

（2）动植物。

"龙"在我国被视为吉祥的神物，有不可思议的伟大力量，龙是封建社会帝王的象征，又是中华民族的象征，汉语中也就出现了很多褒义表达法。而西方人却认为dragon 是邪恶的象征，认为龙是凶残肆虐的怪物，应予消灭。

英语中 magpie（喜鹊）只是一种短翅鸟，常带有贬义，喻指爱饶舌的人，但在汉语中它与喜事临门相连，人们称之为"报喜鸟"。

英语国家的 owl（猫头鹰）代表着庄严与智慧，在鸟与兽发生争执的时候，扮演着法官的角色。而汉语的"夜猫子进宅"（an owl visiting a home）预兆着房主将遭不幸。猫头鹰的形象与它的叫声足以让许多中国人毛骨悚然。

在英国文化里 daffodil（水仙）是春天与幸福的象征，常用它来描写春天及春天激发起的欢乐情感。汉语中的"水仙"则象征着纯洁。

2.注意有典故的词汇和短语

英语中有许多具有文化内涵的词，它们的形成与广泛的使用有赖于一些众所周知的文学形象或历史事件，在汉语中我们称之为典故或成语，在英语文化中，这样的词汇不胜枚举。

Fight with the Windmills（和风车搏斗）出自西班牙作家塞万提斯（Cervantes）的代表作《堂吉诃德》（*Don Quixote*）。堂吉诃德原叫吉哈达，是个穷乡绅，却迷恋骑士小说，满脑子骑士梦，还为自己起名堂吉诃德。他想像一个真正的骑士一样，云游四方,行侠仗义,但是却屡屡闹出笑话,包括他把大风车当成邪恶的巨人,却被风车打翻在地。经过一系列的荒唐可笑的蠢事,最后他在懊悔中离开了人世。后来人们常用 Fight with the Windmills 一语比喻"同假想的敌人(或坏事)战斗""无谓的努力"或"白费力气"。

我们都知道,叱咤风云的拿破仑(Napoleon)的完败之地是位于比利时首都布鲁塞尔以南十几公里的一个小村镇——滑铁卢(Waterloo)。拿破仑称帝后,野心勃勃,四处征战,侵略了很多欧洲国家,如奥地利、普鲁士、英国、俄国等。他的军队甚至远征埃及,气焰嚣张,不可一世。但是,1815 年,由威灵顿公爵(Arthur Wellesley,first Duke of Wellington)率领的英、德、荷等国联军,在滑铁卢与拿破仑发生遭遇战,法军大败,拿破仑也从此一蹶不振,被放逐到一个荒岛结束了一生。Meet one's Waterloo 也就成了"惨遭失败"的同义词。

3.了解谚语的深层含义

谚语是一个民族长期以来的文化智慧的积累和经验的沉淀。英语中有许多谚语阐释了生动的真理,反映了西方文化的价值观念和行为准则。学习谚语能帮助我们更加透彻地了解西方文化的精髓。下面列举一些常见的谚语。

a black sheep 害群之马

a bolt from the blue 晴天霹雳

a stony heart 铁石心肠

a wolf in sheep's clothing 伪君子

add fuel to the flame 火上浇油

apple of one's eye 掌上明珠

at one's finger's tip 了如指掌

at one's wit's end 智穷计尽

be at the end of one's rope 山穷水尽

be dead drunk 烂醉如泥

between the devil and the deep sea 进退维谷,左右为难

cast pearls before swine 对牛弹琴

cry over spilled milk 覆水难收

flog a dead horse 徒劳无益

fly into a rage 勃然大怒

good for nothing 一无是处

go through fire and water 赴汤蹈火

have ants in one's pants 坐立不安

in the bag 稳操胜券

kill the goose that lays the golden eggs 杀鸡取卵

kill two birds with one stone 一石二鸟，一箭双雕

let the cat out of the bag 泄露秘密

neither fish nor flesh 不伦不类

shed crocodile tears 猫哭耗子假慈悲

show one's colors 原形毕露

teach one's grandmother to suck eggs 班门弄斧

wash one's hands off 洗手不干

It never rains but it pours. 不鸣则已，一鸣惊人。

More haste，less speed. 欲速则不达。

Strike while the iron is hot. 趁热打铁。

Where there is a will，there is a way. 有志者，事竟成。

When in Rome，do as the Romans do. 入乡随俗。

（二）非言语交际的信息

非言语交际(Non-verbal Communication)是文化学习的一项重要内容。来自不同文化的人，由于语言不通，在交际过程中，非言语交际信息往往会起到很重要的作用。非言语交际并不仅仅局限于手势、表情等，还包括不同文化对时间、空间、色彩的不同看法以及在听觉、嗅觉、视觉、触觉等感官方面的不同感知特点。下面介绍其中的三种。

1.体态语

体态语泛指能传递交际信息的一切表情和动作。由于不同文化传承的动作习惯不同，学习者要加以注意并用心领会。体态语的熟练掌握能帮助我们成功地进行跨文化交际。中西方的体态语既有相同的地方，也有不同点。在此我们主要探讨不同的方面。

（1）动作一样，意义不同。以"跺脚"为例，英语中的含义是"不耐烦"，在汉语中表示"气愤，恼怒，灰心，悔恨"。

（2）意义相同，动作不同。例如，同样要表示"叫别人过来"的时候，中国人习惯把手伸向被叫人，手心向下，几个手指同时弯曲几次；而美国人则会把手伸向被叫人，手心向上，握拳，食指弯曲几次。

2.副语言

说话时的音高、语调、音质等都属于副语言，所谓副语言就是指伴随话语发生

或对话语有影响的有声现象。喊、叫、哭、笑、叹气、咳嗽、沉默等也可以看作是这一范畴。

副语言在交际过程中代表着一定的含义。比如,某个字音拉得很长表示强调或暗示,说话口气尖酸表示冷嘲热讽,整句话带鼻音可能表示对方生气了,压低嗓音表示谈话内容较为机密,结结巴巴说话则暗示对方在说谎或紧张等。所有这些副语言都是伴随话语而发生,对话语有一定影响或者有某种意义,从这个角度来说,学习掌握这些语言之外的副语言现象能更好地理解说话者的意图。

3.环境语

环境语是指文化本身所造成的生理和心理环境,包括时间、空间、颜色、声音、信号和建筑等。这些环境因素都能为交际提供信息,所以环境语也能展示文化特性。下面以时间为例进行说明。

欧美文化是典型的单元时间文化,他们认为时间是一条线,是单向的,因此在单一时间内只能做单一的一件事。这就决定了欧美人做事严格按明确的时间表进行,并强调阶段性的结果。他们认为时间是有形的,认为"时间就是金钱",十分注重做事的效率。

中国的传统文化是典型的多元时间文化,他们认为时间是由点构成的,认为可以在一段时间内同时做多件事情。做事没有明确的时间表,往往比较随意,不看重阶段性结果,只要在最终期限内完成所有任务就可以。他们认为时间是无形的,强调"以人为本",不是十分讲究做事效率。

这样两种不同的时间观念在跨文化交际中就会凸显出来。比如,中国人在拜访朋友时一般不会事先约定,尽管有时会让主人措手不及;而欧美人不仅要事先约定,往往还要约定谈话结束的时间,时间到了,谈话就要结束。在这样的前提下,一个中国人突然去拜访外国朋友就会让主人产生一些误会。中国人认为欧美人很冷漠,而欧美人认为中国人没有时间观念。

(三)观念文化

1.英美国家的地理和历史知识

我们知道,一种文化的传承源起与一个国家的地理、历史变迁是密不可分的,所以学习文化就必须研究其演变和发展的过程。有效地掌握英美国家的地理、历史知识将使文化学习更有据可依。

为了更好地获得这种客观性知识,学生应该扩大自己的阅读量。既可以阅读一些历史人物传记、纪实性的文章,也可以观看一些纪录片,如《世界地理杂志》。为了积累知识、开阔眼界,这些学习资料可以不必局限于英文书刊,也可以借助中文的书和影像资料。

2.价值观念和思维方式

价值观念是文化的核心,价值观念又决定了思维方式。因此,在文化学习过程中,要尽量了解中英两种文化在价值观念和思维方式上的异同,使自己能在交际中做出正确的预测,完成有效的交际。中西方基本价值观念和思维方式的不同可以归纳为以下四个方面。

(1)自然观。中国传统思维方式的重要标志是朴素的有机的整体思维。在此思想观念的指导和影响下,中国人在思想意识、思维模式以及言语观方面都倾向于求整体、求笼统、求综合,更加重视直觉。因而,中国人的语篇结构也是从整体到具体或局部,先综观全局,后具体到细节。与中国文化相反,英美文化中强调将人的本质与自然界相分离,人的灵魂和人的肉体相分离。英美文化的上帝信仰,使个体不用依赖他人。另外,西方的哲学家认为世界上的万物都是对立的,事物都是一分为二的。因此,西方人重视逻辑,习惯于分析。

(2)人性。关于人性,中国人的传统观念是人性本善。这源于孔子的思想,他指出,"人之初,性本善,性相近,习相远",认为"仁者爱人"。孟子发展了孔子性本善说,注重发扬人的"恻隐之心""羞恶之心""辞让之心"等与生俱来的善行。西方的基督教的人性论强调"人之初,性本恶"。他们认为自己在上帝面前是有罪的,被西方学者称为"原罪说":即人类祖先亚当和夏娃因吃了禁果而犯了原罪,失去乐园,堕落到万恶的现实中来受苦受难。在世上只有悔罪,才能在基督再世的审判末日得到解脱。

(3)思维方式。从实质上看,思维模式属于最为隐含的文化内涵之一,也是一个民族文化的核心。具体来说,思维模式既能反映民族文化的本质特征,又是构成民族文化的重要内容。在文化内涵的各个构成要素中,思维模式起着关键性的作用,它会决定人们的价值观念、行为准则和精神追求等。可以说,思维角度下的中西方文化差异主要体现在思维模式上,而且该模式也是造成中西文化差异的一个重要原因。表8-4就是中西思维模式的差异对比。

表8-4　中西思维模式差异一览表

地区	思维模式			
中国	整体思维	形象思维	主体思维	间接思维
西方	个体思维	抽象思维	客体思维	直接思维

(4)人际关系。中国人一直以来推崇的都是"群体取向"和"他人取向"原则。

在"群体取向"的影响下,中国人提倡凡事以家庭、社会和国家利益为重,个人利益必须服从国家利益,社会提倡"舍小家保大家"。在人际交往中,中国人在言行上一般都不愿得罪人,有时还会说一些善意的谎话。与中国文化相反,西方人崇拜个人主义,每个人都被当作一个完全不同于其他人的独特个体。西方人更强调个人意志、个性自由以及自我实现。所以,西方人在与人交往中总是显得直接。

(四)制度文化

1.社会习俗

我们知道,不同的文化背景有不同的语言习惯和行为方式。因此,学习者在学习过程中要对目的语文化中的人们的一些行为方式有所了解。例如,在日常交往中英语国家的人喜欢谈论天气、地理位置等话题,而不谈论年龄、工资、婚姻状况等禁忌话题。再如,中国人在接受礼物时,习惯推辞几次才接受,也不会当着客人的面打开礼物;而英语国家的人则习惯当场把礼物拆开,并且要赞美几句。

对于社会习俗的学习,最好的方法当然是身临其境了,但是一般学生没有这种条件,因此可以通过观赏英文的影视剧来学习西方的社会习俗,这些直观地对西方人的生活、学习、工作、娱乐等方面的多角度描绘为我们提供了学习资料。因此,在观看的过程中,我们要有目的、有意识地去关注西方的社会习俗,只有这样才会有所收获。

2.日常交际礼仪

在日常生活中,中国的礼节与西方的礼节有很大差别。如果你想同西方人和谐相处,了解西方的礼节是非常重要的。以问候语为例,英语的表达很宽泛、不具体,而汉语往往就事论事且明知故问,问话人并不在乎听话人回答的内容如何,也不期待回答,只是问候而已。

(五)物质文化

1.餐饮礼仪

一般来说,宴会请柬的下方都会注明客人该穿的装束。较隆重的社交场合,欧美人士主张男士们都穿一样的装束,如颜色相近的整套深色西装或黑礼服。

西方习俗是男女交叉安排,以女主人的座位为准,主宾坐在女主人右上方,主宾夫人坐在男主人右上方。而在中国,安排席位一般按照各人的职务顺序排列,以方便各自交谈。如果夫人一同出席宴会,则要安排女士们坐在一起。

西餐餐具的摆法:正面放汤盘,左手放叉,右手放刀,汤上方放匙,再上方放酒杯。餐巾放在空汤盘里或插在空酒杯里,面包、奶油盘摆在左上方。

普通西餐的上菜顺序是:面包、汤、各类菜肴、布丁、咖啡或红茶。在正式餐会上,内容会更加丰盛。

入座后摊开餐巾或离座前收起餐巾,均应以主人为先。

2.西方节日文化

通过学习西方节日文化,可以对西方的宗教和历史有更为深刻的认识。以万圣节(Halloween)为例简单介绍一下。万圣节起源于公元前 1000 年左右的欧洲凯尔特部落。凯尔特人崇拜祭司神。据凯尔特人的宗教信仰记载:每年的 10 月 31 日,死亡之神和黑夜之神要将天下亡灵驱赶到祭司神面前。万圣除夕的许多活动都与迷信有关。万圣节前一周,孩子们就会在家长的帮助下开始准备南瓜灯、鬼怪面具和让人感到恐怖的服饰。到了万圣节前夕,孩子们成群结队提着南瓜灯笼,扮相狰狞,挨家挨户敲门,嘴里喊着"Trick or treat(捉弄或款待)",开门的家长既要表示害怕,还要拿出准备好的糖果招待孩子们。

3.西方禁忌文化

所谓禁忌就是那些因传统习惯或社会风俗等原因应避免使用的词语或忌讳的行为。如果不了解一些禁忌,很可能会给自己或对方带来一些不必要的误会或不快。文化教学中,一定要掌握一些禁忌文化。

英语国家忌讳数字是 13。据《圣经》记载,在最后的晚餐上,出卖耶稣的犹大是餐桌上的第 13 人,因此 13 是个不吉利的数字。由此,饭店里没有 13 号房间,高层住宅 13 层标为 12B 或 14A,请客忌讳 13 人,每月的 13 日不举行重要的活动。

在英美等西方国家,黑猫被视为禁忌动物。如果人们遇到黑猫穿过马路迎面走来,那将预示着灾祸临头。

英语国家用鲜花送礼时也有一些禁忌,包括花的颜色和数量的选择。送花忌送双数,因为双数的花会招来厄运;也忌讳送白色的花,如白色百合花,被看作是厄运的预兆或死亡的象征。

为了保证交流的顺利进行,避免触及对方所忌讳的语言和行为,需要在学习中加以重视。

第三节　英语文化教学方法与实践

一、显性文化教学法与实践

(一)显性文化教学法的特征

第二次世界大战之后,外语教学受到了人类学和社会学的影响,文化教学也不例外。人类学视角的文化是"特定群体整个的生活方式"。这种观点对外语界产生了深远的影响。这样,文化从"心智的完善"和"人类文明成就"转向了"某个社会的生活方式",也就是说,外语教学中的文化从"大文化"转向了"小文化"。随着文化概念的扩大,如何在有限的课堂时间里有效地实施文化教学成了一个难题。很多外语界人士指出,必须区别"大文化"和"小文化",并且在语言教育中应将重点从"大文化"转向"小文化",在语言学习的初期阶段更是如此。在这个转变过程中,文学并没有被遗忘,因为人类学的观点也认为文学作品是异文化生活方式的镜子,而对异文化生活方式的了解也有助于更深入地理解外国文学作品。

这种相对独立于语言教学的、较为直接系统的、以知识为重心的文化教学法,我们称之为显性文化教学法。归纳起来,显性文化教学有三个主要特征。

(1)基于对语言与文化的密切关系的认识,在外语教学中有意识、有目的地补充了外国文化的教学。

(2)对"文化"概念的认识吸收了人类学和社会学的观点。文化教学的内容从"大文化"转向了"小文化"。

(3)不论文化教学的重心放在"大文化"还是"小文化",文化均被认为是一种知识,传授的方式是直接、明确,较系统的,并相对独立于语言教学之外。

(二)显性文化教学法的优势

显性教学法直接明确地介绍外国文化,这有助于减轻人们由于对异文化不熟悉而产生的困惑感,而且这种知识是培养跨文化交际能力的基础。我们是在全汉语的环境下学习外语的,因此,显性文化教学法省时、高效的优点是显而易见的。而且,这些相对独立于语言教学的自成体系的文化知识材料可以很方便地供学生随时自学。

(三)显性文化教学法的缺陷

(1)尽管显性文化教学法追求直接和明确,但是,还有很多东西是无法教授的,如文化的内涵。一个已被普遍接受的比喻是:文化就像一座冰山,我们能够看到的只是它的一小部分,我们无法看到的却是大部分。因此,显性文化教学法很容易使学生对异文化形成简单的、粗线条的理解,形成的定型观念往往会阻碍跨文化交际的有效进行。

(2)虽然显性文化教学的理论基础是"语言与文化是不可分割的整体",而实际的操作却把外国文化的教学与外国语言的教学脱离开来,这样不利于文化教学的整体实施。

(3)学习者始终扮演着被动的、接受的角色,与目的语文化之间构成一种静态的关系,这忽略了学习者实际面临异文化时的主观认识、思维过程和行为能力,忽略了学习者自己进行文化探究的能力和学习策略。

(四)显性文化教学法的实践运用

中国对显性文化教学的运用大致可分为两种模式。一种是在语言课程之外开设专门的文化课程,如英美概况、英美文化、跨文化交际等。这类课程直接系统地传授英语国家的历史、地理、制度、教育、生活方式、交际习俗与礼仪等有形的文化知识。另一种是在语言课程中"导入"与"语言点"相对的"文化点"。廖光蓉将英语专业基础阶段"文化导入"的内容归纳为以下几个部分,如表 8-5 所示。

表 8-5　英语专业基础阶段"文化导入"的内容

主要方面	具体内容
知识文化	1.基础阶段阅读教学导入的主要内容包括物质生产成果、生产力发展、科学技术 2.语言和著名文学艺术作品 3.历史、地理、民族、政治等常识和当代社会情况
词语的文化背景	1.源自文学典故的词语 2.英汉基本意义相同但派生意义差别很大的词语 3.文化含义不相同的词语 4.英汉理性意思相同但感情意义、比喻及联想意义不同的词语 5.体现文化内容的成语、俗语、谚语、格言等
话语、语篇结构蕴涵的文化因素	包括上面的知识文化和词语的文化背景等方面的内容
非语言形式的文化背景知识	1.手势 2.姿态 3.体距等
干扰交际的文化因素	1.社会准则、风俗习惯,如称呼、问候、询问、道谢、打电话等用语的规约 2.社会组织及其成员间的关系 3.价值观念等

这种文化导入虽然是有目的、有意识的,所涉及的文化知识既有文化事实、与文化有关的语言现象,也有跨文化交际的规约,但往往是结合阅读课文或听力对话等语言知识的学习,因此这种文化教学是不够系统的。

■ 二、隐性文化教学法与实践

(一)隐性文化教学法的理论基础

诞生于欧洲并迅速盛行全球的"交际教学法"给外语教育中的文化教学带来了

新的思路。海姆斯的"交际能力"概念的提出进一步加强了外语教学必须教授外国文化的思想。

威尔金斯(Wilkins)以语言学习者的交际需求作为出发点提出的意念大纲,对交际教学法产生了深远的影响。意念大纲不只注重语言形式,还注重语言的交际功能,认为语言内容必须置于一定的社会文化背景下才有意义。这种从语言形式向语言内容的转变使语言教学的主要目标由用法转向了使用,也促进了文化教学与语言教学的自然结合。

专门用途英语(ESP)也是基于语言学习者的交际需求应运而生的,它也是"交际教学法"的一个重要组成部分。专门用途英语考虑了学习者个人具体的学习需求,随之发展起来的是学习者需求分析、各种水平的个人学习材料、分级语言测试等,以适应各种情况的学习者。专门用途英语清晰明白的"实用目的"给文化教学开拓了一个重要的思路,使外国文化的学习从文化全貌缩小到科技、商务等某些领域。

交际教学法进一步加强了"外国文化教学是外国语言教学的一部分"的认识。当注重以交际为目的的语言在一定社会文化背景下的使用时,外语教学与外国文化的教学自然地融合起来。文化教学不再是直接地传授文化知识,而是强调在课堂提供的真实的交际情景中以交际为目的而使用语言的过程中自然地习得异文化,是践行"通过实践来学习"的理念。隐性文化教学法就是融于语言学习之中的、较为间接、相对分散的、以行为为重心的文化教学法。

(二)隐性文化教学法的优势

隐性文化教学法的优势主要体现在四个方面。

(1)注重语言的社会功能和交际功能的培养,使语言教学与文化教学真正有机地结合起来。

(2)提倡"通过实践来学习"似乎可以填补如何教授外国文化的隐形内涵这一空白,尤其是隐含在语言使用中的文化知识和话语规则。

(3)课堂的各种交际活动给学习者提供了一个认识和感知异文化的机会,并注重学习者自主探究异文化的主观能动性和思维的过程。

(4)关注学习者个体的交际需求能够更加有的放矢地定义课堂文化教学的内容,在有限的课堂时间内最大限度地提高文化教学的有效性。

(三)隐性文化教学法的缺陷

隐性文化教学法的弊端主要包括两个方面。

(1)因为隐性文化教学法强调语言在特定社会文化背景下的使用,文化的概念被狭窄地定义为"小文化",专门用途英语的兴起更进一步缩小了外国文化的范围,所以无法满足语言学习者的交际需求的文学就变得不再像以前那么流行了。

（2）过分强调语言和文化的自然结合，让学习者在语言学习的过程中自然地习得异文化，这样做必定会导致文化教学缺乏系统性。因此，如何才能有目的、有意识地使外国语言的教学与外国文化的教学有机地结合起来依然是我们要解决的难题。

（四）隐性文化教学法的实践运用

由于隐性文化教学法是与语言学习融合在一起的，因此在英语课堂教学中的应用也比较普遍。教师通过间接的方式，将文化内容分散到课堂教学中，让学生在不知不觉中习得异文化。

比如，在学习"Would you like something to eat/drink?"这一句型时，教师引导学生思考，在我们日常生活中，我们会推托或谦让一番，而在英语中，我们只需说"Yes，please."或"No，thanks."就可以了。这样的回答方式也反映了中西方不同的文化导致的说话、处事的不同风格。

■ 三、文化旁白教学法与实践

文化旁白是教师在课堂上最常用的方法。一般来说，教材所选的课文都有特定的文化背景，可以是作者背景，也可以是内容背景或者时代背景。如果学生不了解或缺乏相关的背景知识，就会影响他们对文章的正确理解，自然也就不能对阅读理解的问题做出准确的推理和判断。

例如，在《21世纪大学英语》第一册第十单元的 *Cloning：Good Science of，Bad Idea* 中有一句话："Faster than you can say Frankenstein，these accomplishments，triggered a worldwide debate."（不等你说出弗兰克斯坦，这些成果就已经引发了世界范围的大辩论）。初读这样的句子，如果没有相关的文化背景，学生将很难理解它的内涵和社会意义。因此，教师在讲授时，要以文化旁白的形式进行文化背景介绍。这里需要进行介绍的主要包括以下三点。

（1）"Faster than you can say Frankenstein"源于英语成语 before you can say Jack Robinson，意为"开口讲话之前"。

（2）Frankenstein 是英国女作家 Mary. W. Shelley 同名科幻小说中的主人公，是一个创造怪物而最终也被它毁灭的年轻医学研究者。

（3）本文提及此人物有其社会意义，能使读者将克隆技术与小说情节产生联想，表达出作者担心克隆技术会使人类作茧自缚、玩火自焚的心情，这种担心又与世界上已经掀起的大辩论不谋而合。了解这些文化背景后，学生就能轻松地理解文章了。

　　文化旁白除了教师的解说以外,还可以借助图片或实物等实现。例如,对于具有特定文化蕴涵的词汇,用语言讲解有时候未必能让学生明白。利用图片,加上旁白,或放映一段影片,既能吸引学生的注意力,又有助于丰富学生的感性认识,促进理解。例如,当涉及美国历史上的"西进运动"时,会有很多描写西部边疆恶劣自然环境的词汇,如 frontier,Death Valley,can-yon,grizzly bear 等,这些词汇的文化蕴涵是中国学生比较陌生的。这时教师就可以借助相关图片,辅以简单的文字介绍,学生就会很快明白这些词汇的含义,同时也有助于理解拓荒精神的含义。

　　在听力教学中也可随时引入文化旁白。因为在听力理解的过程中,听者的社会文化背景知识与语用学知识和语言方面的知识同样重要。如果缺乏对中西文化差异的了解,就会影响对话语深层次的理解。请看《新英语交谈》第四课的一段对话。

　　John：OK，Beth，what's the problem? Do you want to talk about it?

　　Beth：No... Yes...I don't know.

　　John：Come on，Beth，I'm your brother. What's the matter?

　　Beth：It's Ken. He's really fun to be with，but he's the cheapest guy I've ever gone out with.

　　John：Why? What did he do?

　　Beth：Last night we went to a movie. I bought the tickets while he parked the car.

　　John：So?

　　Beth：Well，he never gave me any money for his ticket. And you won't believe what happened next!

　　John：Yeah?

　　Beth：He went to the snack bar and came back with popcorn and a soda... for himself! He never even asked me if l wanted anything!

　　John：Wow! That sounds pretty bad.

　　Beth：I know. I really like him，but he makes me mad，too. What should I do?

　　John：You should start looking for a new boyfriend!

　　要理解为什么 Beth 认为她的男朋友 Ken 是最小气的人,就首先要了解欧美人的交往习俗。一般来说,英美人在很多场合讲究分摊费用,除非对方讲好是 a treat,否则费用大家应该分摊。搭乘朋友的汽车到较远的地方去旅游,应该付汽油钱;男女朋友约会也不例外。知道了这个习俗,就很好理解 Beth 认为她的男朋友 Ken 是最小气的人了。因为按照 Go Dutch 的交往原则,她的男朋友应该还给她电影票钱。

四、外国文学作品的鉴赏法与实践

这种方式是指在教师的指导下,对文学作品进行多角度的剖析,了解人物的情感和不同文化背景人物间的交流和文化冲突。

《大学英语》(外语教学与研究出版社)第四册第三课 *Solve That Problem With Humor* 第 10 段中的一句话:"Suddenly, the graying pencil-line mustache on Michener's face stretched a little in Cheshirean complicity. 'How very nice of you all to turn out to see me! ...shall we go in?'"

这里的 Cheshirean complicity(柴郡猫式的共谋)虽是作者杜撰出来的一个短语,但 Cheshirean 一词是有它的产生背景的。柴郡猫(Cheshire Cat)是著名英国儿童文学作家卡罗尔的作品《爱丽丝漫游奇境记》中的一个形象。总督(Michenner)酷似柴郡猫样地咧嘴一笑,把纠察人员及旁观的工人当作是来欢迎他的人,机智地使自己摆脱了困境。学生不能很快理解深层意思时,教师要及时地为学生讲清出处,这样学生也能更好地记忆。

五、角色扮演教学法与实践

角色扮演教学法可以利用微型戏剧的表演模式。微型戏剧一般只包括 3～5 幕,每一幕都有 1 个或 2 个反映文化冲突的典型事例。让学生通过观察体验剧幕情景,亲历文化休克、困惑和尴尬的情景,寻找造成交际障碍和文化冲突的原因。在设计角色扮演的脚本时要注意,脚本应该清楚简洁,具有趣味性和戏剧的张力,而且结局最好是开放式的,语言尽量采用日常生活工作或社交场景中使用的语言。

角色扮演活动中真正的表演时间一般只有 5～7 分钟,而准备的时间通常很长,有时可以达到一小时。角色扮演的主题可以是与来自其他文化的人第一次见面、进行国际谈判、在某一个你不熟悉的文化场景中拒绝别人等。

角色扮演的实施过程如下。

(1)向学生说明角色扮演的目的是使他们练习使用某一策略,鼓励他们尝试新的活动;向学生介绍角色扮演发生的情景。

(2)确定参演的学生,给参与的学生提供背景知识,让他们有足够的时间做准备。参与的学生既可以是老师指定,也可以是学生自荐。老师最好教师还要指导参与表演的学生的准备工作。

(3)教师给观看角色扮演的学生们分配学习任务,让他们协助布置表演场地。

(4)表演过程中要做笔记,记录下表演者说的要点,以便之后开展讨论。

(5)表演结束后,请观看的学生们思考,在相似的情景中有没有其他的解决问题的方法。

(6)请学生们回答一系列的问题,目的在于使学生们能够描述角色扮演中出现的问题,给学生思考其他策略的机会。

例如,教师可以帮学生设置场景如下:两个美国人正在穿越一些虚构的地方:Fondi,Dandi 或 Crony。过了一段时间,他们想返回居住的旅馆,但他们走得太远了。糟糕的是,他们又把钱弄丢了。他们需要向当地人询问,借钱买票乘车返回他们的旅馆。扮演美国人的两位学生应该想出一种向当地人借钱的合适的办法。如果他们不知道这些当地人的生活习惯和行为方式,当地人就不会借钱给他们。

在活动之前,我们可以为这些虚构的地方设置一些独特的生活习惯和行为方式,例如,Fondi 当地人表示同意某件事时,就会皱眉,眼睛向下看;而当他们不同意某事时,就会微笑点头;Dandi 当地人和别人谈话时,只与别人保持一英尺(30.48 厘米)之内的距离;Crony 地区的人在需要帮助时,他们不会听从男人的建议,因为在他们的社会里,所有重要的事情都是由女性决定的。

活动开始后,教师可以要求扮演当地居民的学生应该按照当地居民的习俗去做。

类似这种角色扮演的戏剧活动,能够使学生在演绎或观赏的过程中,体验到一种真实的使用英语的语言环境,形成一种互动的学习氛围。在这样的活动中,既培养了语言的流利感,同时这种双向的、即时的、应景的语言输入与输出保证了语言习得过程的真实性与有效性,使得语言学习与文化活动相结合,体现了语言学习的实用性。

六、文化感受法与实践

文化感受法是指在给学生补充外语文化内容的同时,对两种不同文化进行对比,从而培养学生对母语文化和外语文化差异性和相关性的认识。

《大学英语》(外语教学与研究出版社)第三册第四课开始的一段中主人公有这样一句自我介绍:"I have a wife, three daughters, a mortgaged home and a 1972 'Beetles' for which I paid cash."如果按照中国的国情,有车是一些生活较富裕的家庭才会购买的"奢侈品"了,所以学生会很难理解主人公的境况。因此,教师有必要先向学生介绍一下西方的生活情况了。对于英美国家的人来说,汽车可以说是生活必需品,所以一个家庭有一部车是很平常的事情。主人公特意说了是 1972 年的 Beetles 汽车,但是,如果学生仅仅知道 Beetles 是德国大众产的"甲壳虫"恐怕是不够的。教师要介绍此款车的一些特点能帮助学生理解:这款车虽小,但很结实,又节油,关键是它深受中低收入家庭喜爱的一种车型。有了这些必要的文化背景知识,学生对文章中的主人公的生活状况就会有进一步地了解了:他人过中年,又拖家带口,生活比较拮据。在此基础上,教师还可以进行小范围的拓展,对比中国人和西方人的消费观念。比如,在购买大宗商品时,中国人喜欢一次付清货款,而英美人则会采取多种购买方式,如分期付款、抵押贷款等。这样,中层文化被引入到深层文化,学生能够透过文化现象了解英语国家人的价值观念和思维方式,进而对英美文化有了全方位的认识。

■ 七、同化法与实践

(一)同化法概述

同化法是由彼得勒等人于1971年提出的文化教学方法。这种方法包括三个方面。

(1)通过一篇短文指出在文化交往中出现的误解。

(2)对误解产生的原因给出几种不同的解释。

(3)要求学生做出判断,选择合理的答案。

文化教学应把"行为文化"的传授放在第一位,让学生逐渐意识到人们的行为都要受到文化的影响。只有进一步了解英美人士日常生活情景中的言语行为方式,熟悉英语词汇内涵和外延(包括其文化含义),了解不同社会背景的人的语言特征,才能避免交际时的"文化错误",最终提高跨文化交际的能力。

同化法可以广泛地运用到听力课与口语课。教师先让学生就一些交际中的错误进行讨论,引导学生发现造成误会的原因。这种方式有利于从敏感性、宽容性和灵活性方面逐步培养学生的跨文化能力。

(二)同化法教学实践

下面介绍一个同化法在课堂教学中的实例。

题目:社会行为

教学目标:帮助学生了解英美国家人们的日常行为;引导学生就这些行为进行文化对比,增强文化意识。

[教学过程]

(1)把材料发给学生,让学生自己阅读。

(2)把全班分成若干小组。

(3)让学生在小组内就所读的内容进行讨论,并在四个选项中选出答案。

(4)请每组派代表总结发言。

(5)老师让学生发挥想象,如果这个情景发生在自己身边,自己会怎么办。

(6)围绕下面两个问题组织全班讨论。

①What did you learn about behavior in English-speaking countries from this activity?

②What did you learn about behavior in your home country?

阅读材料

Susan，an American college student，was walking on campus with a new exchange student Wang Bin from China. He had been staying with her family for a few weeks before school got started and he had gotten to know her family quite well. She was walking with him around the school to show him the classroom buildings. As they passed male and female students on campus，she would occasionally say hello to them as they passed. Wang Bin finally commented，"You know many people at this school." Susan said she didn't really know many people，which confused Wang Bin since she had greeted so many people. "I just like being friendly，" she added.

Then Susan happened to run into a close girlfriend whom she hadn't seen in several months. They called excitedly to each other and then hugged. Susan introduced her girlfriend Larraine to Wang Bin，and explained that Wang Bin was a new student in the US. Larraine extended her hand and said，"Nice to meet you."

After a brief conversation the three parted. A short time later，Susan and Wang Bin ran into Susan's brother Andy who was also on campus with a group of his guy friends. Wang Bin and Andy knew each other quite well by now and got along very well. As soon as Wang Bin saw Andy he also excitedly called hello and grabbed Andy to hug him. Andy，stunned，pulled away and laughed nervously. Andy's friends laughed and teased Andy about his new "friend". Embarrassed，Andy quickly departed. Wang Bin obviously noticed Andy's embarrassment but also was deeply hurt by Andy's actions of rejection. He knew he had caused an embarrassment，but he didn't quite know why Andy treated him this way. He had just watched Susan and her girlfriend hug when they greeted and assumed the custom of hugging a friend to be acceptable here.

从以下四个选项中选择一个正确答案。

A. Andy doesn't really like Wang Bin but has just been polite these last few weeks since Wang Bin is new to the US.

B. Wang Bin doesn't know that it is not an American custom for male acquaintances to hug in public. It is the custom for men to shake hands. Since hugging is generally used only for some male relatives to greet，men might be thought to be odd or too friendly if they display such greetings in public. That is the reason Andy's friends teased him and why Andy acted embarrassed.

C. It is impolite in America to hug a male acquaintance when other male friends are present. This causes jealousy among the friends. The American male must instigate the hugging of any foreign male friend or guest.

D. It is an American custom for brothers and sisters to hug and greet each other before acknowledging other friends. Wang Bin should have waited for Andy and his sister to hug first and for Andy to introduce Susan to his friends.

答案解析

A. This is probably not true at all. If Andy has been polite to Wang Bin at home, he probably does like Wang Bin. There is no reason to believe this would be true.

B. It is true that most men in America do not hug when they meet each other in passing or in business meetings. It is acceptable and appropriate for two men, in any circumstance and at any level of acquaintance, to shake hands instead. Even many male relatives do not hug in public (or in private). That is usually a sign of affection and not just of acquaintance. Some people might suspect that two men that showed such affection in public might be homosexuals, and this is probably why Andy's friends laughed and teased him. It is completely acceptable for women to hug as a greeting and it is not thought to have a sexual connotation. This is the correct answer.

C. Since it is not considered appropriate for male acquaintances or friends to hug, especially in public, this answer is not correct. American men usually don't hug a male friend, foreign or domestic!

D. American brothers and sisters often hug in public. But it is not required that they greet before others can greet either one of them. This is also the wrong answer.

随着英语教学的发展,还会有新的文化教学方法不断涌现。教师在课堂教学的过程中,要结合学生的实际情况和教学内容,选择合适自己的教学方法,真正提高学生的跨文化交际水平。

第九章

高校英语课外活动教学改革与实践

课外活动是相对于课堂教学而言的,实质上是课堂教学的延伸。丰富多彩的课外活动有助于培养学生的智力、能力,不仅可以为每一个学生提供施展自己才华的机会,还可以激发、培养学生对英语学习的兴趣;不仅有利于教师因材施教,而且可以为学生提供更多的语言实践机会,让学生在课外活动中获得成就感。因此,在英语教学中,英语教师要引导、组织学生积极开展多种课外活动,发展学生的语言学习兴趣。

第一节 英语课外活动与课堂教学的关系

英语学习在我国是非母语学习,绝大多数学生的英语学习依靠课堂教学。因此,课堂教学的质量对整个英语教学质量的影响至关重要。而英语课外活动作为整个英语教学过程的一个有机组成部分,它与课堂教学紧密相连,是英语课堂教学的延伸,是使学生掌握英语所不可缺少的辅助形式。

■ 一、课堂教学

任何教学工作都是通过一定的组织形式来实现的。课堂教学是英语教学的基本形式和主要途径,同时也是整个英语教学过程中比较集中地反映教学质量的环节。不管是教师的教学水平,还是学生的学习质量,都会在这个环节比较集中地反映出来。

在我国,英语学习是外语学习,而我国学生生活于以汉语为母语的环境中,缺乏使用英语的真实语言环境。因此,在我国英语教学中,课堂教学是英语教学的基本形式,是教师向学生传授语言知识、进行言语训练、培养学生运用语言的能力的主要形式,也是学生学习英语的主要途径。所以,在我国,英语课堂教学的质量关系到整个英语教学的质量。

由此可见,英语课堂教学意义重大,英语教师在课堂教学中应该根据教学安排的目的,遵循英语课堂教学原则,精心安排教学步骤,灵活使用各种教学方法,充分调动学生的积极性,充分、有效利用每一分钟,使学生在有限的课堂时间里吸收到更多的知识,言语和思维能力得到快速提高。

■ 二、课外活动

课堂是一个为学生提供学习场所和学习手段的最佳环境,它对英语教学有着重要且直接的影响,决定着绝大多数学生英语学习的成败。但是,课堂教学时间毕竟是有限的,因此教师还应该引导学生积极开展课外活动,以提高英语教学的效果。

课外活动是指学校在正式课程以外对学生所实施的各种有意义的教育教学活动。具体而言,课外活动是指学校在国家统一规定的教学计划和统一编写的教材之外,为了发展学生的个性、兴趣、爱好和特长,开发学生的智力,根据学生自由选择参加的原则,在课余或节假日中组织学生开展的、有目的、有计划的教育活动。而英语课外活动是指为了促进、巩固英语课堂教学内容,在课堂之外由学校、学生、家庭以及社会以各种手段共同开展的、方式多样的、富有个性的接触、使用和实践英语的活动。

随着社会生活和教育的不断发展,课外活动已经成为有目的的教育活动的组成部分。当前,我国教育界提倡课外活动,这是对传统教育的重大改革,不仅反映了现代社会发展对人才素质的要求,而且反映了现代社会对个性得到充分的自由发展的需要。课外活动以学生自愿选择为原则,活动内容和形式灵活多样,并且学生在课外活动的组织、方法上具有独立自主性,这就决定了课外活动在教育过程中,特别是在英语教育过程中能够发挥其特有的作用。

我国新课程改革强调学生用英语做事情,在做事情的过程中发展语言能力、思维能力以及交流与合作的能力。在英语教学中,通过真实而丰富多彩的课外活动,学生能够更贴近自己的学习实际,贴近生活的信息资源,其参与意识随之不断增强,交流方式也将由课内活动的单、双向交流转为多向交流的方式。

开设课外活动的目的在于弥补课堂教学中存在的客观局限性,使学生通过活动课拓宽知识,培养能力。英语课外活动与课堂教学有着密切的联系,它与课堂教学的目的是一致的,是英语课堂教学必不可少的辅助形式。开展好课外活动可使学生储存一些学好英语的潜在能量,对课堂教学会有很大的促进作用。

三、课外活动与课堂教学的关系

课外活动作为学校教育的一个组成部分,与课堂教学一样,都是正规的教育活动。两者的方向是一致的,都服务于教学目的,并且两者都是通过一定途径、内容、方法、手段,对学生的身心影响,为社会培养人才。两者存在以下区别和联系。

(一)区别

课堂教学与课外活动虽然都是教学的重要组成部分,但是两者仍然存在一些区别,如表 9-1 所示。

表 9-1　课堂教学与课外活动的区别

教育途径 区别角度	课堂教学	课外活动
统一要求和发展个性	是学生尽可能同时达到教学大纲上的要求	使学生在全面发展的基础上发展各自的个性特长
强制与自愿	学生被统一编入一定的班级上课、具有强制性	学生自愿参加
内容与形式	内容受课程计划、教学大纲的限制；形式主要是班级授课制	内容不受或不完全受教学计划的控制，有灵活性；形式多样性
学习方式	以接受、练习为主	以自主探索为主
教师在活动中的地位	教师起主导作用，学生既是教师教的对象，又是学习主人	教师起主导作用，活动由学生自主进行

(二)联系

　　课堂教学与课外活动既存在区别，也存在一定的联系。课堂教学与课外活动是一个完整的教育系统。课外活动是在课堂教学活动之外对学生进行多方面教育的有效形式，它是对课堂教学活动局限性的弥补手段，与课堂教学相互作用、相辅相成。课堂教学与课外活动二者没有主次之分，二者对完成教学任务、实现教学目的具有同样重要的作用，对解决受教育者的全面发展与因材施教、一般发展与特殊发展、间接经验与直接经验等矛盾具有重要的意义。

第二节　英语课外活动的意义与作用

　　学生如果仅仅依靠每周的几节英语课学习英语，而在课外没有接触英语的机会，不主动进行英语练习与实践，那么学生的英语学习成绩是难以提高的。因此，学生除了在英语课堂上认真学习英语之外，还要开展、参与多样的英语课外活动，以便巩固课堂上所学的内容。英语课外活动作为整个英语教学过程的一个有机组成部分，主要具有以下意义与作用。

■　一、将英语课堂教学与课外活动相结合

　　开展课外活动教学有利于将英语课堂教学与课外活动相结合。英语教学不应

该仅仅局限于课堂教学中,而要引导学生积极开展丰富多彩的课外活动,充分利用课外时间开展各种英语实践活动。开展英语课外实践活动,有利于避免课内与课外人为地割裂,加强课内外的联系,加强校内外沟通,加强学科间的融合。开展课外活动,可以给学生创造更多使用英语的机会,有助于巩固、扩大学生课堂上学到的英语知识,从而加强听、说、读、写、译各项基本技能的训练,培养学生的综合英语应用能力。

将课堂教学与课外教学相结合,实际上也是将理论与实践相统一。课堂教学往往以书本为基础,限于书本知识的传授与学习。不可否认,书本知识的教学是十分有必要的,但是,将教学局限于书本也存在一定的缺点:学生很少接触到实际,缺乏感性知识,在书本上所学的不是完全的知识,而开展课外活动,可-以弥补课堂教学的这个缺点。通过有效的课外活动,学生可以把在课堂上学习到的知识与实际生活联系起来,应用到课外实践活动中去,并从中获得感性知识。这样,通过课堂教学与课外活动的结合,学生就能够将理性知识和感性知识统一起来,从而促进理论与实践的统一,使学生感到学有所用。

二、调动学生学习英语的积极性

托尔斯泰说:"成功的教学,所需要的不是强制,而是激发学生学习的兴趣。"兴趣是学习的动力,当学生对英语学习产生兴趣时,学生的心情就会处于愉快的状态,学习效率也较高。因此,教师应该为学生提供更多的用英语进行交际的机会,以激发、增强学生对英语学习的兴趣。

教师为了激发、培养学生的英语学习兴趣,发展学生的英语知识能力,需要多方面、多渠道地进行教育和影响。虽然课堂教学是一个重要方面,但是要提高学生的英语学习效率,仅仅依靠课堂教学是不够的。

课外活动方式灵活多样,内容丰富,范围广泛,为学生提供了将所学知识运用于实践的机会,使学生能够认识自我,可以充分发挥学生的主动性、创造性.并在实践中取得成就感,从而增强信心,增加学习英语的兴趣和乐趣,使"要我学"转变为"我要学",进而对英语学习保持长久兴趣。此外,由于课外活动是学生自愿参加的,积极性较高。因此,教师只需要稍加引导,就能够把学生的学习兴趣激发出来。所以,教师在把握好课堂教学的同时,还要指导学生开展丰富的课外活动,以激发、培养学生的学习兴趣,为学生的智力发展提供更多的机会。

三、培养和发展学生的自主学习能力

课外活动固然需要教师的指导,但主要依靠学生自己的努力学习、实践。课外活动通常需要学生自己读书、观察、动手,自己去发现问题、分析问题、解决问题。

这是一个自学的过程,是锻炼学生自学能力的有效途径。因此,开展课外活动有利于培养和发展学生的自主学习能力。课外教学活动的丰富多彩,不仅可以为学生提供轻松愉悦的学习环境,而且可以为学生提供自主学习与探究的机会和条件。与课堂教学不同,课外活动教学中没有严肃紧张的气氛,因而学生可以无拘无束、积极主动地完成教师分配的任务。此外,在完成活动任务的过程中,学生学会独立思考问题,独立解决问题,同时学生实际运用语言的能力也得到提高并获得成就感。由此可见,英语课外活动不仅能够激发学生的学习兴趣、调动学生的学习积极性,而且有利于培养学生的自主学习意识,真正体现了学生在英语教学中的主体地位。

■ 四、培养学生良好的文化价值观

开展课外活动有利于培养学生良好的文化价值观。文化价值观是体现一个社会的意义、价值、风俗、规范、概念与符号的总体。文化价值观包括人文精神和科学精神两种含义。开展丰富多彩的英语课外活动,可以提升学生的文化品位、审美情趣和人文素养,从而很好地培养学生良好的文化价值观,包括人文精神中思想道德素质层面的社会价值标准、有关个人的价值标准、有关国家和世界的价值标准和认识世界的价值标准等方面。另外,开展英语课外活动还有利于培养学生的爱国主义、国际主义以及共产主义思想。

■ 五、提高学生的整体素质

学生在课堂上接触、接收的知识是十分有限的,而这些有限的知识,不利于对学生的整体素质的提高。而课外活动由于不受现行教学计划和教材的限制,活动丰富多彩,形式灵活多样,具有很强的社会性、实践性,为学生提供了一个很好的实践机会。课外活动不仅能够培养学生的观察力、想象力、思维力以及实际操作能力,使学生学会将课堂上获得的知识运用于实际,从而在实际应用中加深对知识的理解以及对技能的掌握,开阔视野,并且有助于培养、锻炼学生实事求是的科学态度、百折不挠的探索精神以及严谨细致的科学作风,促进学生整体素质的提高。

此外,英语课外活动教学的开展还可以促进英语学科与其他学科的相互渗透和联系,扩大学生的知识面。例如,通过参加公益劳动,不仅可以锻炼学生的劳动能力、体力,还可以掌握一些基本的生产技能;让学生独立主持一些活动,可以锻炼组织管理能力,还可以培养学生良好的心理素质。

总之,要经常开展英语课外活动。英语课外活动的开展不仅有助于学生加深、巩固和扩大课堂上所学到的英语知识,而且还有利于学生不断地获得课堂以外新的知识。对于提高学生整体素质十分有帮助。因此教师在英语教学中有必要开展丰富多彩的课外活动教学。

六、促进学生的个性发展

学生由于在各自不同的遗传素质的基础上,生活实践和教育不同,具有不同的心理个性差异。这种个性差异是客观存在的,具体表现为兴趣、能力、性格、气质的差异。这些差异既是教育的结果,又是教育的依据,教师只有针对这些差异进行因材施教,才能取得较好的教学效果。

但是,我国传统的课堂教学,使用统一的教材、统一的教学方法、布置统一的作业,难以使每个学生的聪明才智得到充分的发展。而课外活动教学由于不受大纲、教材的限制,允许学生按照自己的兴趣、爱好、特长以及才能等参加各种活动,一方面可以充分发挥学生个人的兴趣、爱好、特长以及各种才能,另一方面教师可以在课外活动中发现在某一方面有特殊才能的人,对其加以训练、培养,从而促进学生的个性发展和人才的早期培养。教师在组织学生开展课外活动时,要考虑学生的年龄特点、个性特点和英语知识水平,选用适当的形式和方法,有计划、有目的地开展课外活动。这样,不但可以使课外活动有利于促进学生的个性发展,而且不会加重学生的负担,同时还可以提高英语教学的效果和质量。

七、培养学生的合作精神

很多的英语课外活动是集体活动,如小组之间的英语游戏、班级或者年级之间的英语竞赛活动等。在准备课外活动的过程中,有许多的工作需要不同学生之间、学生和教师之间相互配合来进行。在活动进行过程中,许多任务都是需要参加活动的每个成员相互协作来共同完成。因此,开展英语课外活动对于培养学生的合作精神、集体荣誉感、班级凝聚力十分有利。

八、增进师生感情

课外活动的主体是学生,但是在开展课外活动的过程中,有许多的活动都离不开教师的参加和指导。毫无疑问,教师在课外教学活动中仍扮演着重要的角色,他指导、监督着学生的课外活动,但不再扮演权威者的角色,而是融入学生当中,和学生成为一体。因此,英语课外活动能有效地促进和加深教师与学生之间的感情交流,增进师生感情。

由上述英语课外活动的意义与作用可知,积极开展多样的课外活动教学是当代英语教学发展的必然趋势。因此,教师应大力开展英语课外活动教学,在课外为学生创造良好的英语学习环境,为学生提供使用英语进行交际的机会,并且在活动当中要选用适当的形式,有目的、有计划地开展,以促进学生的英语语言能力的不断发展。

第三节　英语课外活动教学方法与实践

英语课外活动教学方法是多种多样的,英语教师可以根据教学内容的特点和学生的兴趣、爱好、特长、性格、实际英语水平等,选择采用哪一种课外活动方法。本节介绍几种课外活动教学方法。

■ 一、英语课外活动教学方法

开展课外教学活动的方法有多种,教师可以根据学生的实际情况和需求,采用不同的教学方法。通过这些方法,不仅可以减轻学生的负担,培养学生的英语能力,而且还能有效地提高英语教学的质量。下面我们介绍一些常见的英语课外活动教学方法。

(一)英语兴趣小组活动

英语兴趣小组活动是一种常见的英语课外活动方法。组织英语兴趣小组的目的在于培养学生对英语的浓厚兴趣,根据学生各自的特点发展学生的英语才能,综合训练学生运用英语的能力。

参加英语兴趣小组需要有一定的条件,那就是必须是对英语特别感兴趣的学生。课外活动小组一般可按班或年级组织,因为同班、同年级的学生,英语水平相近,便于开展活动。英语兴趣小组一般是根据学生的兴趣和自愿及其英语水平进行编组。每组人数的多少取决于小组活动的性质和特点,如会话小组人数不宜过多,以 2～3 人一组为宜,阅读翻译小组人数可稍多一些。课外活动小组分长期性和短期性两种。阅读翻译小组、会话小组通常都是长期性的,至于短期性的小组,如戏剧小组,在完成了它的演出任务之后便可解散,以后需要时再重新组织起来。

小组的活动按计划进行,小组活动计划由学生自己制定,但教师要给予指导,教师主要在选材方面发挥自己的作用。小组活动一般每周一次,每次活动前,应使每个组员明确活动的内容并认真做好准备,以保证小组活动的质量。

英语兴趣小组可以包括读书小组、会话小组、书法小组、朗诵小组、表演小组、办报小组等。英语兴趣小组通过组织多种多样的活动,可以使学生在与同伴的交流中形成学习英语的良好氛围,在学习中互相帮助,解决问题,共同进步,还可以激发其他学生对英语的兴趣,吸引他们加入英语兴趣小组中来。

下面我们介绍几种最常见的英语兴趣小组。

1.阅读翻译小组

英语教师可以引导和组织学生成立英语阅读翻译小组,英语阅读翻译爱好者可以自愿参加,制订出阅读翻译计划,在教师的指导下开展英语阅读翻译的活动。

英语阅读翻译小组的目的是培养学生独立阅读英语原著、直接理解英语原文、进行标准翻译的能力。这一小组的活动能否坚持下去,能否取得成效,关键在于阅读翻译材料的挑选是否得当。课外阅读翻译材料的选择,应该是学生在教师的指导下进行。选择阅读翻译材料应该遵循一定的原则:既有一定的难度,又适合学生的水平,能为学生所接受和理解。课外阅读翻译的材料,基本上与所学课文的难易程度相当,应完全选自原著,或者是经过改编的原著,其中的难点可采取加注释的办法解决。课外阅读课文的体裁应该力求多样化,既要有故事、童话、小说等文艺读物,还要有社会政治、科普方面的读物,以便培养学生对各种不同文体的阅读和欣赏的能力,扩大他们的视野,吸取其中有用的知识。

课外阅读的方法,以采用泛读为主、精读为辅,精泛读相结合的方法为宜。因为泛读要求直接理解,阅读的速度快,而这种能力正是需要通过课外阅读来培养。但是,学生在泛读中遇到的难点仍需进行分析和翻译,这时就需要利用精读的方法。另外,阅读方法还取决于读物的性质和阅读的目的,如阅读科普读物,是为了吸取它的全部信息,这就需要搞清它的每一个细节,这类读物也可采用以精读为主的方法。

学生每读完一篇课外读物,都应该系统地写读书笔记,以巩固阅读的成果,读书笔记一般可以包括以下内容:作品的名称、作者;作品内容提要;习惯用语、成语、特殊的句子结构;难句和部分段落的标准译文等。

在个人阅读的基础上进行小组活动,小组活动的方式有:朗读部分段落;讨论难句,对难句进行语法分析和标准翻译;介绍作者生平和作品的时代背景;座谈读后感等。

2.英语会话小组

英语会话小组的目的是发展学生的英语听说能力。英语会话小组可定期活动,每1~2周围绕一个中心题目进行活动,每次以不超过一小时为宜,活动的中心题目应以日常生活的题材为主,相应地配合学过的课文的题材。会话小组的活动方式有如下几种。

(1)讲故事。

(2)按关键词叙述。

(3)按指定的题目编写对话。

(4)按图(反映一定的情景)叙述。

(5)就日常生活的某一题目的即兴对话。

(6)现场对话(如参观动物园、公园的现场对话)。

(7)听教师或录音机讲故事,然后就故事内容互相对话。

另外,英语会话游戏也是英语会话小组可以使用的活动方式。英语游戏不仅可以增进学生学习英语的兴趣和信心,而且可以训练学生的英语发音、练习学生对词汇的运用、巩固学生语法知识、发展学生的口语技巧等。此外,它还可以缓和课堂上的紧张气氛,有助于消除学生的疲劳。因此,英语游戏不但是课外活动的主要形式,有时也可在课堂上应用。由于英语游戏通常具有比赛的性质,参加游戏的人都抱着渴望获胜的心理,因此采用英语游戏开展英语课外活动可以促使学生积极思维,并有助于学生克服腼腆羞怯的心理障碍。做游戏时,由提出游戏的学生用英语说明游戏的做法,接着就可以开始做了。

下面介绍十种常用的英语会话游戏。

(1)拼词。

教师预先选好一些单词,并把学生分成两组。由各组学生依次轮流向对方发问,要求被问者迅速、准确地口头拼出单词,如:people/p-e-o-p-l-e。拼对一次得一分,拼错一次扣一分。拼完一定数量的词后,计算每组的积分,确定胜败。教师可以事先制订出奖惩规定,对胜利的小组进行表扬奖励,或对失败的那一组进行惩罚,例如,为胜利的小组唱一首歌。

(2)重新组词。

重新组词就是将单词中的字母顺序打乱,构成新单词,但是字母数与原单词的要一样。例如:tea-ate-eat,now-own-won,rat-tar-art,are-ear-era,stop-post-tops,meat-mate-team。

(3)记忆游戏。

教师先在讲桌上摆许多东西,这些东西的英语名称都是学生知道的。教师叫一个学生到讲桌前仔细看看,并尽量记住讲桌上所有的东西,然后让学生转过身,回答教师的问题:"What's there on the table?"学生回答:"There's a book on the table." "There's a pencil on the table."

这项游戏可以逐步加深。比如,教师问:"What do you see on the table?"学生说出他所见到的东西,然后教师再提问:"What did you see on the table?"学生先要说看到了什么东西,然后再接着说出这些东西的位置。例如:"The pen is under the book.""The book is between the pen and the ball..."教师改变东西的位置,学生再说:"The pen was under the book and now the pen is on the book..."

(4)寻物。

开展寻物游戏时,教师先把参加游戏的人分成两组。同时,把几件东西放到平时不常放的地方,但是,这些东西学生都能看得见。让学生考虑几分钟,然后每组学生轮流说出他(她)看见了什么东西、这个东西放在什么地方。例如:

There is a pen on the chair.

There is a hairbrush on the floor.

There is a book on the top of the door.

There is a bag in the waste-paper basket.

There is a piece of paper on the recorder.

每说对一个句子,小组得一分。

(5)谁最快。

教师先把全组学生分成两队,要求两队相向而坐,并要求两队之间保持 2～3 米的距离。假定全组有 20 个学生,则甲队的第一名学生面向乙队的第 10 名学生,甲队的第 2 名面对乙队的第 9 名,依此类推。在两队之间的中心位置上放一小凳子,上面放一只球。教师指定两队中同一个号码的队员枪球,抢得球的次数较多的那一队获得胜利。例如,教师说"No. Five",两个队的第五名学生立即跃起,抢凳子上的球。抢得者所在队伍得一分。教师在指定队员时,既可以用基数词,也可以用序数词。

(6)二十个问题。

这个游戏由全班人参加,并不需要分组。先由一个人想出一件物品,并告诉大家它属于动物、植物、日用品、交通工具或其他方面的东西。然后,大家依次向他发问。所提的问题总数不能超过二十个。提问者只能用一般疑问句发问,而被问的人只用 yes 或 no 回答。每次提问的目的在于缩小所猜物品的范围,最后确定是什么物品。例如:

A：I'm thinking of an animal.

B：Does it live in the forest? A：No.

C：Can it work for people? A：Yes.

D：Can it help plough the land? A：No.

E：Is it very big? A：No.

F：Does it have two legs? A：No,

G：Is it in your house? A：Yes.

H：Does it like to eat fish? A：Yes.

I：It's a cat. A：Yes.

(7)侦察。

首先,由参加游戏的人当中一人当"侦察兵"。他环顾四周,暗自确定一件物品,然后说:I spy something beginning with...(我侦察到一个东西,第一个字母是

……)接着,其余参与者环顾一下四周,猜测可能的答案,依次向侦察兵提出。谁猜对了就当下一次的"侦察兵"。例如:

I spy something beginning with B.

A：Bed? Scout：No.

B：Book? Scout：No.

C：Box? Scout：No.

D：Bottle? Scout：No.

E：Bell? Scout：No.

F：Bookshelf? Scout：Yes.

(8)发命令。

教师先将参与者分为两组,两组学生轮流发命令,互相指定对方的一个学生执行命令。例如:"Open the book. Shut the door.","Come to the blackboard.""Put your book in Li Wei's schoolbag.", "Draw a picture on the blackboard." "Touch your nose.""Hold up your left hand. Mop the floor.""Comb your hair…"与此同时,其他学生做裁判,说"Right.""Yes."或"No."。

命令发对的得一分,执行对的也得一分。发错的或对方一时难以执行的(如"Go to the cinema.")或不合逻辑的(如"Write a pencil."),扣一分。做错的也扣一分。得分最多的小组为优胜者。

(9)讲故事。

参加讲故事的学生围成一个圆圈,每人讲一句话,这些话要连成一个故事。一个人先起个头,下一个人接着讲,依次不断讲下去。谁犹豫时间过长,或讲的句子不接上文,或使故事中断,谁就算输。所讲的内容应是已学过的材料。这样,学生不仅能讲出很有趣的故事,而且能够起到复习课文的作用。

(10)集体组句。

首先把游戏参加者分成两组,同时把黑板也分成两部分。每组在已学词汇的基础上造一个句子,每人在黑板上只许写一个词。事先规定造句的具体要求,例如,用多少个词,使用哪种句型等。游戏开始后,两组分别派出一个人跑到黑板前,分别写上各组的第一个词,然后回到座位上。接着,两组再分别派出下一个人跑到黑板前,写上句子的第二个词,以此类推。如果单词写错了,要叫该组下一个学生来改错。写完一个句子后,要让全组朗读这个句子。句子错误少的小组为优胜者。

3.英语歌唱小组

各班都可以组织英语歌唱小组,学唱英语歌。唱英语歌有助于训练语音,有助于记忆单词,而且很容易引起学生的兴趣,因此,是一种很有益的课外活动形式。

英语歌唱小组学唱外语歌曲的方法:学唱之前,先要理解歌词,翻译成汉语,朗读几遍,然后,主要采用模仿法,或由教师教唱或跟唱片、录音机学唱,直到学会为止。低年级还可以在课堂上用适当的时间教唱英语歌曲,这样,既能使学生学习英语,又能活跃课堂气氛。低年级(初学者)学习唱歌时多采用模仿法,这时以教些简单容易的歌曲为宜。可先用一点时间教歌词中某些生词的读音,然后再由教师教唱或跟录音机学唱,一般唱上几次,学生就能学会一首歌。还要利用早读或上课前五分钟进行练习,以便巩固。英语歌唱小组集体的合唱或个人的独唱,是外语文艺会演节目的主要来源。

4.英语广播小组

由于大部分学校都设立了广播站,因此英语教师可以充分利用广播站开展英语课外活动,即组织学生形成英语广播小组。各年级都可以组织英语广播小组。从英语广播小组成员中选出语音、语调比较好的学生,作为学校英语广播站的播音员,根据学校的统一安排向全校做英语广播。教师要审查他们的广播稿,并给予指导,以使学生通过英语广播小组在英语方面获得更大的进步和提高。

5.英语戏剧小组

英语戏剧小组的目的是培养学生有表情说话的能力和表演技巧。选择合适的剧本是英语戏剧小组活动的关键。简单而言,合适的剧本应该是:动作较多,易于理解,易于用动作表现,情节生动的故事(需改编成对话)。

参加英语戏剧小组的学生应该具备一定的条件:一方面,在语音、语调、朗诵、对话这几方面必须具有较好的素质;另一方面,还必须是戏剧爱好者,具有一定的表演才能。

在排练戏剧的过程中,教师要像导演对演员那样,对演员的台词、语调、表情、手势、动作给予精心指导,更重要的是,教师要注意发挥学生的创造性。因为表演的主要目的在于学习语言,当然,学生也会从中受到一定的美育和思想教育。

(二)英语课外阅读

创造条件指导学生进行课外阅读,并采取多种形式让学生交流读书心得,是课外英语活动的主要形式。

开展课外阅读活动,首先需要教师的指导。市场上的书籍多种多样、良莠不齐,学生难以选择适当的、有益的图书进行阅读。因此,教师首先要向学生推荐有益的读物。推荐的读物应该是思想内容正确健康、适合学生知识水平和理解水平的读物。教师推荐读物,应由浅入深、由易到难,同时兼顾学生阅读题材的广泛性和体裁的多样化。另外,教师要努力为学生创造课外阅读的条件、环境,通过多种渠道增加学生的阅读量。比如,指导学生建立图书角,动员学生把个人的图书存入图书角,让学生借阅,从而为学生提供更多的阅读资源。

教师除了要在选择书籍、拓宽学生阅读资源上帮助学生之外,还应指导学生写读书笔记,从而帮助学生从课外阅读中吸收到更多的知识,获取更大的进步。教师指导学生写读书笔记,不但有助于学生习得语言知识,更有助于学生巩固所学知识。当然,并不是所有的学生都具备写读书笔记的水平,教师需要考虑学生的英语水平,再选择是否要求学生写读书笔记,要求学生如何写。读书笔记没有固定的格式,写法也多种多样。教师可以要求学生摘录精彩生动的词句段落,也可以要求学生按照书中的故事情节、段落层次进行综合提炼,选择恰当的词句写梗概,或者要求学生用自己的话把书中的主要内容归纳出来,当然也可以写自己阅读后的心得体会。学生阅读书籍之后,教师还可以采用学生喜闻乐见的方式组织学生进行阅读交流,例如,读书报告会、故事会、演课本剧、英语演讲、展览读书笔记等。

(三)英语角

英语角是我国学生较为熟悉的英语课外活动形式。英语角活动的开展对场地的要求低,适合不同水平的学生参加,可以有效锻炼学生的英语交际能力。但是应当注意,在英语角中,教师要注意监督学生是否用英语进行交流,防止学生在用母语进行交流而使英语角失去其活动意义。教师可以组织学生定期开展英语角进行口语训练,并划定一个场地作为英语口语训练基地,邀请所有人参加,这样可以让更多人参与到英语实践活动中,有利于扩大英语课外活动的受益群体。

(四)英语讲座

英语讲座也是英语课外活动的一种常见形式。教师可以邀请专家、编辑、作者开展英语讲座,也可以请学生的家长或其他老师主讲,举办语音、书法、词汇、语法、语言学、文学、翻译研究、中英对照研究、英语表现法、英语国家风俗习惯等专题讲座,扩大学生的知识面。需要注意的是,讲座的时间不宜太长,时间长度要视年级高低而定,一般以1~2课时为宜;讲座内容要通俗、浅显,并且具有趣味性,尽可能结合学生实际举例;还可以根据需要配合采用图片、视频等手段进行演讲。

(五)英语竞赛

竞赛是常见的英语课外活动形式。教师指导学生以学校、年级、班级或小组的形式有计划地开展英语竞赛,不仅可以有效激发学生学习英语的兴趣,而且对开发学生的智力、创新性都具有积极作用。

英语竞赛以考查学生的英语能力为主。英语竞赛既可以是单项比赛,如英语朗读比赛、查字典比赛、讲故事比赛、看图说话比赛、短文写作比赛、翻译比赛、书法比赛等，又可以是综合性比赛，如听说读写综合竞赛、办报比赛、辩论会等，还可以与其他学科联合起来进行综合性比赛。竞赛可按年级举行，也可以是全校性的，还可以与其他学校联合举办。

比赛前，教师要做好动员工作，向全体学生宣布比赛项目、日期和要求，并鼓励更多的学生报名参加，从中得到锻炼。教师可以先在各班进行初赛，选出各班的代表参加全年级或全校的竞赛。在准备比赛的过程中，教师要帮助所有参加比赛的学生选材、审稿、辅导他们练习，以此帮助学生克服缺点，提高运用英语的技能和熟巧。比赛应该由学生主持，以培养学生的组织能力；由英语教师组成评判委员会，评委会要在比赛前订出各项比赛的评分标准，并向学生公布。比赛结束后，应当立即评出各项比赛的成绩，排出名次，奖励优胜者，发给奖品，还可公开展览优秀的作品。比赛结束后，教师还要进行总结，指出本届比赛中的优缺点和今后努力的方向。

（六）英语电影

为配合课堂教学，教师可以为学生放映英语教学电影，作为学生课外活动的一种形式。通过放映电影，可以让学生通过形象理解抽象的表达方式。为了使学生了解英语国家的风土人情，教师还应该放映一些介绍相关国家的工农业生产、人民生活、名胜古迹等的纪录片。现在有专供学习英语用的电影片和录像带，教师可以组织学生看电影和录像。学生可以从中学习英语，又能得到消遣。无论选用电影片还是录像带，都应注意适合学生的英语水平，内容健康。每次放映电影，教师都应该事先有所准备，片子不宜过长，可以连续多放几遍，事后可以组织学生用英语讨论影片、写观后感，以取得课外活动应具有的实效。

（七）英语文艺演出

英语文艺演出是比较受学生喜爱的一种英语课外活动形式。英语文艺演出可在周末、学期末或者节假日（如元旦等）举行。文艺演出的节目可以包括演唱英文歌、演奏外国音乐、朗诵英文诗歌、表演短剧、讲故事、猜谜语等形式。节目内容应密切结合教学，稿子由学生自编，教师审阅。一方面，这样准备出来的节目，适合学生的水平，使学生能在语言上得到提高，在工作能力上得到锻炼；另一方面，英语晚会趣味性强，气氛轻松，在这种氛围下，学生很容易对英语学习产生兴趣，在以后的英语学习中就能够主动、积极地进行英语学习。

（八）英语学习报告会

英语学习报告会对提高学生学习英语的认识、端正学习态度、改进学习方法、开阔眼界、增进对英语国家人民的了解等都能起很好的作用。报告会应针对学生在英语学习中存在的问题,如缺乏学好英语的信心、学习目的不明确、学习方法不科学等,邀请专人做报告。这类报告会的形式和内容有:请科学家、学者、教授来校做报告,专门讲英语对四化建设所起的重要作用;请本校毕业生结合自己参加工作后的体会,介绍自己学习英语的经验;请在校学习好的同学介绍学习英语的方法;由英语教师做报告,介绍英语学习的规律和科学的学习方法。

(九)英语学习成绩展览会

英语学习成绩展览会的目的是肯定成绩,鼓励先进,找出差距,进一步推动英语学习。一般是在期中或期末以班级或以年级为单位举行,邀请学生家长和有关人员参加。展览会上有计划地陈列英语课本,课外读物,教学用具,学生作业、作文、英语试卷、学习成绩统计,学生所写的有关英语学习的体会,以及上英语课、自习、课外活动、辅导等的照片或记录。以展览优秀生的各种书面作业为主,这样,可以起到典型示范的作用。结合展品由学生用英语做简短的汇报,还可以由学生表演英语节目,作为成绩展览会的组成部分。

(十)英语专题性实践活动

专题性的英语活动也是英语课外活动的一种形式。开展专题性英语实践活动,不仅有利于学生协调发展阅读、习作和口语交际能力,还有利于提高学生在实践中综合运用语言文字的能力。教师可以根据学生的英语水平和生活经验,以及根据学校和学生的实际情况指导学生展开专题性活动。例如,可以指导学生调查周围的生活环境,了解近年来环境发生了哪些变化,提出保护环境的措施,写出调查报告等。专题性实践活动要求时间较长,因此教师需要耐心地为学生做指导,并适时地鼓励学生,使学生坚持完成实践活动。专题性实践活动可以由学生合作完成,也可以由学生独立完成。

二、英语课外活动教学实践

(一)唱歌教学方法实践

活动时间:2019 年 3 月 25 日

参加人员:全体活动小组成员

主要内容:学唱英文歌曲 Yesterday Once More

活动纪实:

(1)播放英文歌曲 Yesterday Once More。

When I was young 当我年轻时

I'd listen to the radio 我喜欢听收音机

Waiting for my favorite songs 等待我最喜爱的歌

When they played I'd sing along 当他们播放时我会跟着唱

It made me smile 这让我笑容满面

Those were such happy times 那段多么快乐的时光

And not so long ago 并不遥远

How I wondered where they'd gone 我是多么想知道它们去了哪儿

But they're back again 但是它们又回来了

Just like a long lost friend 像一位久未谋面的旧日朋友

All the songs I loved so well 那些歌我依旧喜欢

Every Sha-la-la-la 每一声 Sha-la-la＋la

Every Wo-o-wo-o 每一声 Wo-o-wo-o

Still shines 仍然闪亮

Every Shing-a-ling-a-ling 每一声 Shing-a-ling-a-ling

That they're starting to sing 当他们开始唱时

So fine 如此欢畅

When they get to the part 当他们唱到

Where he's breaking her heart 他让她伤心的那一段时

It can really make me cry 我真的哭了

Just like before 一如往昔

It's yesterday once more 这是昨日的重现

(Shoobie do lang lang) 无比惆怅

(Shoobie do lang lang) 无比惆怅

Looking back on how it was in years gone by 回首过去的那些时光

And the good times that I had 我曾有过的欢乐

Makes today seem rather sad 今天似乎更加悲伤

So much has changed. 一切都变了

It was songs of love that I would sing to then 这就是那些跟着唱过的旧情歌

And I'd memorize each word 我会记住每个字眼

Those old melodies 那些古老旋律

Still sound so good to me 对我仍然那么动听

As they melt the years away 可以把岁月融化

Every Sha-la-la—la 每一声 Sha-la-la-la

Every Wo-o-wo-o 每一声 Wo-o-wo-o

Still shines 依然闪亮

Every Shing-a-ling-a-ling 每一个 Shing-a-ling-a-ling

That they're starting to sing 当他们开始唱时

So fine 如此欢畅

All my best memories 我所有的美好回忆

Come back clearly to me 清晰地浮现在眼前

Some can even make me cry 有些甚至让我泪流满面

Just like before -如往昔

It's yesterday once more 这是昨日的重现

(2)学生学唱 Yesterday Once More。

(3)分小组齐唱 Yesterday Once More。

(4)各小组间互评。

(5)评选优秀小组。

(二)看英语电影教学方法实践

活动时间:2019 年 3 月 20 日

参加人员:全体活动小组成员

主要内容:观看电影 Roman HoLiday

活动纪实:

(1)播放电影 Roman Holiday。

(2)活动参加者用英语写下观后感。

(3)观后感演讲比赛。

(4)评选优秀作者和演讲者。

有的同学这样写道:

This is the most beautiful girl I have ever seen. I saw the film Roman Holiday on Wednesday morning. It was a beautiful and sad story. Audrey Hepburn played very well in this film. As a young princess,Ann was beautiful and out-going. She wanted to be free but there were so many duties and she had to be responsible for her people and country,That nearly drove her mad. So she left the palace and met another main character Joe.

看原版影视能成为活动小组成员的阅读兴趣和阅读习惯。看原版电影能提高他们英语阅读的兴趣,也能增强他们英语阅读的能力,让人受益匪浅。

(三)专题性活动教学方法实践

活动背景:

初二下学期以后,随着学生语言交际能力的增强,学生已经可以接受社会调查任务。通过他们与社会的接触，了解掌握了更多的信息。

活动目标：

(1)学生通过阅读材料(教师提供的小资料或是教材课文 JEFC Book Ⅲ Unit 3 *Make the World More Beautiful*，Unit 11 *Planting Trees*)，在实践中激发学习英语的兴趣，增强学生探究环境污染和环境保护的主动性。

(2)启发学生积极思考解决有关问题的办法，并且用英语通过不同方式表达出来。

(3)营造合作交流的氛围，列举周围环境问题，培养学生的环保意识。

活动形式：

小组活动与个人调查

活动过程：

(1)组织学生调查周围环境情况。

可根据学生所在社区、兴趣小组或是个人意愿，将活动成员分为4～5组，对我们周围的环境情况进行调查，并做好记录，每小组选派1～2名代表向大家介绍各小组调查情况。(可以从图书馆或互联网上查找有关英文材料)

[举例]

我们的团队成员有：_____、_____、_____、_____、_____。

小队长：_____。

个人调查记录：_____。

(2)了解调查对象对环境、人、动物和植物的危害。

每组调查对象的不同决定了调查报告形式的多样性。该环节学生的自主性特别强，也乐于被他们所接受，所以对教师的指导提出了更高的要求。

例如：有学生问"白色垃圾"是从哪儿来的？为什么一些地方老能见到它们？对环境、人、动植物有何危害？那我们应该怎么做来改变这种现状呢？还有同学自己设计了调查表，如表 9-2 所示。

表 9-2　专题性活动调查表示例

调查对象	地点	时间	问题产生原因	备注
思考				
讨论结果			签名	

*虽然该表略显稚嫩，但是为后面用英语进行口语汇报、讨论提供了丰富的资料。

(3)汇总各小组调查成果,开展各种形式的交流讨论。

该环节重点突出了"做中学",用英语做事情。各小组成员首先逐次口头汇报调查报告,组内进行初步的交流。在每小组理清思路后,写出小组报告,并推选一名报告人与其他各组代表进行陈述和交流讨论。

例如:一些学生通这次调查活动,还做了一些任务延伸。有人写了故事形式的说理小短文,有人办了黑板报,还有一些人建议把"保护环境"问题和团队活动结合起来,校园的英语角经常可以听到他们热烈地讨论。这说明学生的环境保护意识正不断增强,原先感觉难学、枯燥的课文,也成为他们学习的需要。

活动小结:

(1)通过本次活动,学生更加关注我们的生存环境,每一个人的"环保意识"得到增强。情感态度的发展目标较好地渗透到英语教学之中。

(2)以学生为主体,以活动为主线。学生在对主题任务理解与活动内容构思的同时,主动活用过去所学,加深了对教材内容的理解和记忆。

(3)培养了学生的创新精神、竞争意识与合作意识。

(4)拓宽了学生获取信息的渠道,增加了学生的语言实践,切实提高了学生综合运用英语的能力。

(5)学生各自体验到了属于自己的那一份快乐——成就感。

第十章

高校双语教学存在的问题及改进

第一节　双语教学的含义

　　"双语"(Bilingualism)这一术语来自拉丁语。布龙菲尔德(Bloomfield,1980)将"双语"定义为"如果学外语学得跟本地人一样,同时又没忘掉本族语,这就产生了双语现象"。孙旭东认为,双语(或双语现象)是指在某一社团中,人们平行使用两种语言。一般来说,双语是指个体(或群体)掌握两种语言,并使用两种语言进行正常交际的方式。例如,在一个同时使用两种不同语言的地区,语言使用者经常会面对两种语言的选择,他们不仅熟练地掌握这两种语言,而且能在各种语境中,根据需要进行两种语言的转换。在美国双语主要指熟练使用英语和西班牙语,在加拿大是英语和法语,在新加坡、中国香港和澳门地区主要是英语和汉语。

　　对双语教学的理解因各国语言环境和教育取向的差异而不尽相同。王宗炎在《英汉教学语言学词典》中对双语教学或双语教育的定义是:在一个国家里,使用两种语言授课。双语教育可以有以下几种不同的类型:①在某些特种学校里,不用母语而另选一种语言作为教学语言。这种做法有时称为沉浸式教学(Immersion Programme)。②学生初进校时,用母语授课,但是逐步过渡到部分科目使用学校规定的另外一种语言教学,这种做法有时称为保留性双语教学(Maintenance Bilingual Education)。③学生刚进校时,部分或全部使用母语教学,后来转为仅使用学校规定的另外一种语言教学,这一做法有时称为过渡性双语教学(Transitional Bilingual Education)。M-F.麦凯认为,双语教学是以两种语言作为教学媒介,且其中一种语言常常是但并不一定是学生的第一语言。Garcia 把双语教育定义为"在学校里运用第二语言或外语教授知识性科目"。张维佳指出,教师在学科教育中交互使用本族语和外语甚至完全使用外语进行教学活动,以满足学习者的工具型动机(Instrumental Motivation)和综合型动机(Integrative Motivation)。美国教育理论家鲍斯顿的阐述更为全面:"是对同一学生群体,运用两种话言(母语和一门外语,通常是英语)进行各门学科的教学,一个完美的双语教学应该培养学生的自我认同感与两种文化的自豪感。"

　　上述"双语教学"的定义虽然没有明确界定掌握本族语和外语的程度,但都表明:

　　(1)双语教学是以学习者的外语为媒介来学习知识,使学习者本族语和外语的

使用能力均衡发展,目的是培养两种语言(双语)的高水平使用者;

(2)双语教学有同时提高学生专业能力和运用外语能力的双重功效。也就是说,双语教学是在学科教育中用两种语言作为教学媒介语,通过授课语言的运用培养具有较高本族语和外语能力的高水平"双语人才"。

需要指出的是,双语教学不包括下列情况:第一,全部教学仅仅使用一种语言而这种语言并不是学生的第一语言;第二,在教学过程中使用同一种语言的两种变体如标准形式与方言形式;第三,一切学科教学用语为学生的第一语言,第二语言只是作为一门课程;第四,以第二语言为手段进行第一语言或其他语言学科的学习。

双语教学不是语言教学,语言教学以语言的讲解和训练为中心,双语教学是以讲授专业内容为中心,英语只是师生课堂交流的工具。双语教学虽然是以专业知识的学习为中心,但"它能比较省时、省力地培养学生的语言能力,尤其是第二语言的能力",正是这种一举两得的效用使双语教学在世界各国受到普遍重视。

第二节　双语教学的发展历程

■ 一、国外双语教学的发展历程

双语教学的历史可追溯到18—19世纪的美国。当时一些民族学派语言学团体(Ethnolinguistic Group)将他们自己的非英语语言誉为超越新大陆英语的文化标志,是公司和贸易的商业象征,因而在19世纪的美国由民族学派语言学团体建立的双语学校比比皆是。这些学校的教学采用两种语言:该团体确认并通用的语言以及新大陆主流语言即英语。同时在世界各地此类民族学派语言学团体为许多学校提供了双语教学的资源。这一时期的双语教学还只是停留在提高外语教学的元语言学的水平上。然而,随着19世纪末20世纪初公共教育事业的全面发展以及民族主义的出现,双语教学被终止,代表着少数征服者语言团体的单语教学为全世界教育系统所接受。

1928年,国际教育局(IBE)在卢森堡召开第一次双语教育会议,提出了"双语教学"的概念。真正出现正规研究,突破双语教学元语言学范围的双语人才的培养是在二战后,特别是六十年代后,非洲国家的独立,亚洲、欧洲及美洲国家本土文化生命力的日益强大,美国民权运动的兴起和全世界移民动态分布从某种意义上引起了全世界各民族对种族渊源和种族地位的更大兴趣,从而导致了所谓的"弱小"民族保卫并继承传扬本民族语言的极大欲望,单语教学由于其语言排他性而受到公开批评指责。世界政治形势导致了世界各国双语教育规划的开展。

根据联合国教科文组织拟定的国际人素质,在设立语言熟练程序素质拟定上,以美国外交学院(the U.S.Foreign Service Institute -FSI)设立的语言熟练程序测定方法为基准,受到很多国家双语教学界的首肯,并作为双语教学能级的测评定位参考标准。美国外交学院颁布的语言熟练程度评价测试标准法,一举掀起了双语教学实验研究模式的高潮。从 20 世纪 60 年代初,特别在早期的学校教育阶段,母语与主流语言共同使用成为学校教学发展的新趋势。

20 世纪 60 年代是美国公民权利运动深入发展的时期,美国传统的双语教育制度就是在这一政治背景下形成的。它最早起源于佛罗里达州南部。当时那里有不少来自拉丁美洲的难民,这些难民为了日后重返家园,就要求当地教育部门不仅为他们的子女提供英语教育,也提供西班牙语教育。当局答应了他们的要求,结果这些孩子的学业成绩优于佛罗里达州其他地方的单一英语儿童。由于这一成功的双语教育例子,得克萨斯州的一名议员便呼吁联邦政府拨款资助学校,为墨西哥移民的孩子提供英语和西班牙语双语教育。当时也有一些研究报告表明单一英语教育对墨西哥裔移民儿童的自尊心有伤害作用,使大量墨西哥移民孩子辍学。当时,墨西哥移民儿童的辍学率高达 60%。1968 年美联邦通过了"双语教育法案"。根据这一法案,联邦政府每年向实施双语教育项目的学校提供资助以鼓励学校进行双语教育。其后,各州先后颁布双语教育法令。例如。马萨诸塞州在 1971 年颁布了双语教育法令。该法令规定:如果讲同一语言的非英语儿童人数达到 20 人以上,学区就要为他们提供过渡型双语教育。

美国的"双语教育法案"保证了来自不同语言背景的学生与拥有英语背景的学生受到平等的教育机会。受美国的影响,曾经坚持单语教育的欧洲国家如英国、西班牙等也开始对少数民族地区实行了双语教学,威尔士和西班牙分别在 1967 和1978 年将双语教育措施列入法案;1974 年新西兰政府将毛利语设为除英语以外的第二官方语,毛利血统的新西兰人学校都以两种语言授课;1973 年菲律宾宪法规定英语和菲律宾语均为官方语言并在学校教育中采取了双语教学,为亚洲国家学校的双语教育或多语制的成功积累了经验;印度的许多学校采用了三语教学,即英语、印地语和本土语言均可用于学校非语言课程的教学;非洲许多国家自独立起对本国的语言政策进行了调整,比如在坦桑尼亚,初入学的孩子用母语教学,到小学四年级开始加入斯瓦希里语和英语,随着年级的升高,不同语言量不断变化,高校用英语教学的课程占很大的比例,英语和斯瓦希里语成为该国的官方语言,母语作为种族语言的标志,斯瓦希里语成了不同种族部落间进行社会、商业、文化交流的族际通用语,而英语则成了政府部门公事、外交、执法或正规教育等方面使用的高效率语言。

世界众多国家和地区的双语教学中,卢森堡的三语教育、欧洲语学校的多语教育和加拿大的双语教育取得十分理想的效果,值得我国借鉴。

1.卢森堡的三语教育

卢森堡地处欧洲两大强国——德国和法国之间,已成为欧洲经济网络的枢纽地带,这使得卢森堡国民普遍掌握了德语、法语以及本国的卢森堡语。学校实行三语教育,即儿童在幼儿园以及小学一年级时就要以卢森堡语,即他们的母语,作为教学语言。而在小学二年级以上和中学则分别采用官方行政用语的德语和法语作为教学语言,逐渐取代卢森堡语。在这种三语教育体制下,卢森堡学生能熟练地掌握三种语言。

2.欧洲语学校的多语教育

为提高外语能力、消除语言障碍,欧洲实施了"欧洲语学校多语教育计划"。在该计划中,同一课程用九种不同的语言开设。家长可以自由选择某一语种让儿童接受教育。同时学生还必须选修英语、法语或德语中的任何一门作为第二语言,这被称为"工具语言或媒介语言",并作为一些主要科目的教学语言。自三年级以上,儿童必须参加专门为练习欧洲语言的混合语言小组活动("European Hours"for mixed language group activities),旨在促进各种文化的交流和融合。此外,学生还必须学习第三种语言,起初作为一门语言课程来学,以后则作为一些科目的教学语言来学。

令人惊奇的是,在这些欧洲语学校学习的学生不仅能熟练地掌握三种语言,而且由于同伴之间的互相学习,即使学校不教授第四种或第五种语言,学生也有可能学会,从而成为真正的多语者。

贝滕斯·比尔德斯摩(Baetens Beardsmore)把"欧洲语学校多语教育"的成功归因于课内与课外的因素以及被他称之为"迅速有效的关联"因素。因为这些因素能给予学生短期和长期的回报。短期的回报是学生能有机会在课内外使用社会交往的主要语言和其他多种语言。长期的回报是:在欧洲各主要大城市为多语者提供好的工作前景。在这种教育体制下,学校周围环境以及团体之外多语的特征不仅能为学生提供使用语言的令人目不暇接的机会,而且能促进他们用这些语言进行交流。

3.加拿大的"沉浸式"教育

加拿大 1967 年制定的"官方语言法案"使"沉浸式英法双语教育规划"得以实施。由于殖民历史原因,加拿大形成了"英语加拿大"(除魁北克省以外的大部分地区)和"法语加拿大"(以魁北克省为主)并存的局面。基于经济保护和文化保护的考虑,一群英语加拿大人认为他们的孩子应该学会法语,以便与魁北克社会完全融为一体而成为真正的双语者。于是在圣·兰伯特学校进行了著名的"沉浸式"(Immersion Program)教育实验。那些以英语为家庭语言的儿童在学校教育的一开始就只通过法语接受教育,这样让操英语的学生们沉浸在法语里直至受完中等教育。沉浸式双语教育的结果令人惊奇:圣·兰伯特学校的学生不但掌握了英语也掌握了法语,并能熟练使用。沉浸法由此流传开来,现在已颇负盛名。

从教育语言学的观点看,把某种语言作为课程的教学用语十分重要。因为课程的学习为学生在语言、认知和智力的发展提供了丰富的内涵,并使人的思想产生深刻的变化。由于语言和思维的有机联系,如果在学习、思维、解决问题、日常交流上积极使用某语言,那么该语言会在自然而然、无意识的状态下得到熟练地掌握。社区语言的使用对学习课程也有帮助,因为它为学生的活动提供了有现实意义的、可靠的联系。

实际上这也是"沉浸式"教育成功之所在。相反,如果把语言只作为课程来学习,语言往往被限制在课堂内,课堂外无法使用,会带来这样一种负面影响,即学习者与这种语言结构的学习脱节,学习者的经验与该语言所表述的真实世界不能产生迅速的关联,不利于语言学习。而当一种语言不是积极地、持续地被用来思维、阅读、写作、交流或相互影响的话,语言学习很难有进展。

随着国际交流越来越频繁,双语开始逐步受到重视,其学习和应用已成为一座相互交流往来的桥梁、一个国家文明程度提高的标志,可以说,双语的普及是世界的潮流。欧洲许多大学用英语讲授自然科学、哲学和经济学课程,不少公司内部职员也用英语沟通交流,如法国的电信巨头阿尔卡特公司。在瑞士塔维尔等城镇的小学已开始用英语教数学,学生会用英语进行日常对话。东欧各国年轻一代大学生几乎都不学习俄语,而对英语的兴趣却与日俱增。南联盟的中学英语教材难度相当于我国的"大学英语"。

世界范围的双语教学一直持续至今,方兴未艾,而且出现了第三语,乃至多语教学实验及办学模式,甚至把计算机等人工智能语言也加入到了人类自然语言之列。难怪美国未来学家奈斯比特在他的《大趋势》一书里在谈到未来教学的语言趋势时曾说道:美国公民要想得到真正的成功,就必须要通晓三种语言:流利的英语,西班牙语和电脑语言。如果把他的预测加以概括,那就是要通晓母语和一门外语,外加网络时代的电脑通用语言,即双语学习的自然语言加上电脑的人工程序语言。双语学习或教学已经突破了传统的语言教学的狭小空间,正在汇入 21 世纪教育信息化所促成的教育国际化的偌大教育时空之中,使双语教学在新世纪的网络学习与教育变革中被赋予全新的时代内涵,并越来越引起各国教育人士的关注,从而成为 21 世纪全球新一轮教育改革大趋势之一。

■　二、我国双语教学的发展历程

　　我国的双语教学与翻译源远流长。早在东晋时期,诗人谢灵运就是一位翻译高手。唐宋时期,从事翻译工作的人大有人在。唐朝有专门的佛经译场,宋朝成立了译馆,明代设有沅洋语院,清朝设立了同文馆。

　　鸦片战争后,西方传教士在通商口岸地区建立以华人为教育对象的教会书院。道光二十三年英国传教士理雅在香港建立英华书院,这是西方传教士在华建立的第一个书院。道光三十年上海出现清心书院。咸丰三年美国公理会在福州创立福州格致书院。教会书院的教学内容分为三部分:一是宗教内容,系一般教会书院所必备;二是汉学部分,包括汉语识字教学或四书、五经中的某些内容;三是西学,这是教会书院的主要教学内容,包括西文、社会科学、自然科学等。西学被越来越多的人接受,西式书院的教育影响越来越广泛。中外交涉的日益增多和外务的紧急需要促使清政府于十九世纪六十年代初兴办了以培养外语翻译人才为主的京师同文馆、上海广方言馆、广州同文馆等学堂。洋务派创设同文馆,将西文和西艺引入课堂,效法西方采取班级授课,这是对中国传统儒学内容和个别施教方法的一次革新和突破。虽然同文馆存在教学质量不高、后期管理不善、不重视西政学习等弊端,但它毕竟开创了中国人兴办西式学校的先河,对中国新教育的发展具有划时代的意义。从历史的观点审视,洋务教育办同文馆,开创了双语型新学校办学模式之先河。同文馆的产生标志中国近代高等教育的发轫,同时也是双语教学模式首先在大学的发轫,它是我国近代第一所过渡性高等学校。此外,洋务派还创办了军事学堂和科学技术学堂,聘请英、法、德等国的外籍教官,这应该是中国历史上最早的双语学校了。

　　洋务兴学后,维新运动倡导“财务学堂”。光绪皇帝筹办京师大学堂,奉行“中西并重,以西学为学堂之一门,不以西学为学堂之全体”。双语教学主体语言地位亦为御批钦定。此时积极筹建新式学堂,旨在双语双文人才培养双管齐下。其中天津海关海盛宣怀 1895 年于天津创办“西学学堂”,1897 年上海创办“南洋公学”。前者分头等学堂(高等学校)和二等学堂(中等学校)两级,并聘请美国学者丁家立为总教席。教学科目除"中学为体"四书五经外,以机械、工程、电学、矿务、机器为主。此举把双语双文与中学西艺双艺结合起来,在教育史上有一定的实用人才学的进步意义。维新派推行西学,积极效仿西人教育,促进了我国大学近代化进行双语教学。

除国内兴办新式学堂外,清朝亦致力于海外留学教育,初期以语言文字学科为主,后期致力于武备、科技、海运、工程,派遣学生遍布英、法、德、美、日等国,成为我国早期的双语双艺人才,其中不乏学贯中西的近代著名学界大家。

民国时期任北大学长的蔡元培,领双语教学之先,使中国各大学培养双语理工人才,倡导公办留学以造就更多双语师资。天津大学前身中国第一所大学北洋大学以及南开大学深受北大影响,成为重要的文理双语人才培养基地;而南方的陶行知的生活教育实验,开创了双语生活教育模式的先河,并影响了南方诸大学。到国民政府时期,大学教育体制已基本完成了诸如学分制、学位制、课程设置、双语教学语言制(即英文)和理工西学技艺,采用原版教材,洋人或熟练外语人才外语授课制,如上海、南京等地的教会学校以及清华、交大等名牌大学都曾使用英语讲授文、理相关课程。

改革开放后,尤其是 20 世纪 90 年代后,全球经济一体化和教育国际化更加促进了外语教学向双语人才培养的方向发展。然而,由于语言环境、外语师资、考试制度等诸多不利因素,使得双语教学实验模式种类繁多、混杂,真正的双语型办学模式还不成熟。

第三节　全面推广双语教学的必要性

双语教学的优越性有目共睹,且已被许多国家的教学实践证实。相关文献经常提到的优越性有四个方面:

(1)提高专业文献阅读能力。

(2)提高口语能力。

(3)有利于加深对专业知识的理解。

(4)有利于理解学科前沿理论知识。

推广双语教学是扭转目前我国大学英语"费时低效",提高学生英语能力的最优措施。这是因为如下几个方面原因。

(1)教学语言能改善语言环境,增加学习者接触英语的时间,对促进外语语言能力的生成具有极其重要的作用。双语教育是以学习者的外语为媒介来学习知识,使学习者本族语和外语的使用能力均衡发展,目的是培养两种语言(双语)的高水平使用者。

(2)双语教学可同时提高学生的专业能力和外语能力。学生不仅掌握了会计、金融、法律等专业知识,而且长期沉浸在以英语为媒介的教学中,能操一口流利的英语。

(3)双语教学的实施和推广促使高校打破学科教育体系中教学语言单一的现状,推动高校教学语言的改革。

应社会对双语人才的强烈需要,2002年教育部在《普通高校本科教学工作水平评估方案(试行)》的通知中明确提出了"双语教学",并作为一个重要的评估指标。通知要求高校要积极推动使用英语等外语进行公共课和专业课的教学,特别是在信息技术、生物技术、新材料技术、国际金融、法律以及国家发展急需的专业领域开展双语教学,对高校开展双语教学的范围定了位。可以推断,高校双语教学应定位于那些国外处于领先地位,同时对我国经济发展具有重大影响的学科领域。各高校积极响应号召,迎接挑战,研究实施双语教学的有效模式。"清华大学1440门课程中,已有54门全部用英语授课;北京大学有30多门课程,中山大学有8门课程采用原版教材;复旦大学引进哈佛大学全套课程的7600多种教材"。广东省提出了更高的要求:将英语确定为部分课程的教学语言,并逐步使其成为与普通话地位相同的教学语言。我国高校的双语教学已经迅速开展起来,目前双语教学在各高校的课程体系中已占有相当比例,且有逐年上升的趋势,双语教学必将成为新世纪中国高校教学语言改革的亮点。

第四节　双语教学存在的主要问题

一、对"双语"和"双语教学"的实质缺乏正确理解致使双语

教学出现偏差

教学目标是教学体系建构的出发点和归宿,是课程设置、内容选择、教学实施与评价的依据和标准。没有正确的目标导向,教学过程必然是盲目、混乱、无序的,教学无法取得成功。由于对双语教学的教学目标缺乏正确的认识,有人将"双语"理解为"加强英语",从而大办特办"英语强化班"。有的教材使用英文原版,但教师课堂讲授、与学生交流依旧使用中文或很少使用英文,作业和考试也均使用中文。这实际上不是真正的双语教学,只能是双语教学的初期或过渡阶段;也有的使用英

文原版教材,教师课堂讲授、与学生交流也使用英语,但讲授内容均是学生已经学习过的,这也不是双语教学,因为这种教学的目的不再是使学生熟悉专业内容而是熟悉语言,是语言教学。这样的方法势必造成人财物和时间的极大浪费。

这一现象普遍存在的根本原因在于教学管理者和教师对双语教学的实质和目的缺乏正确认识。双语教学的实质是以英语作为教学媒介语的学科教学,有着既要提高学生英语水平又要完成学科教学的双重目标,是"学科教学"而非"语言教学"。双语教学的目的是培养高水平的双语人才,因此教学中无论是传授知识还是解答问题.教师都要坚持使用英语,向学生提供较多的语言输入信息,让他们在无意识的情况下更多地接触英语。

■ 二、缺乏成熟双语教学理论与模式指导、缺乏科学的信息

反馈和教学质量评价系统具体表现在以下四个方面。

(1)对双语教学重要性认识不足。

(2)对双语教学师资培养和课程设计缺乏长远规划。

(3)对开设双语教学班级或教师缺乏必要的条件审核。

(4)对双语教学质量评价不够科学。

第五节　双语教学的改进策略

■ 一、高度重视双语教学、加大投入

目前对高校双语教学的成效普遍不十分认可,究其原因主要有两个方面:一是开展双语教学的时间较短;二是双语教学课程比例较小,没有形成规模。双语教学的成效并非短时间内可以显现。总体上看,我国高校双语教学尚处于初级阶段,因此,各高校必须有长远规划,高度重视双语教学,加大投入力度,逐步提高双语教学课程比例。

■ 二、正确理解双语教学、重视双语教学师资培养

双语教学的正确方向是培养既了解本专业国际前沿知识又具有很高国际交流能力的高级人才。国际交流能力包括书面和口头两方面,而口头交流能力不足是我国大多数毕业生所面临的尴尬。现在大多数双语课程仅将英文原版教材作为学习材料,教学语言仍然一味地使用汉语,这种双语课程只能使学生了解原版教材的

知识,对提高国际交流能力作用不大。双语教学必须使用一定比例的英语做教学媒介,并逐渐向全部使用英语做教学语言过渡;双语教学必须创造师生之间、学生之间使用英语围绕所学专业知识进行交流的情境。这对双语教学师资提出了极高的要求。双语师资的培养是独立组织的双语教学模式的核心工作,决定着该模式的成败,必须引起学校足够重视。上海财经大学主要是通过将专业教师派往国外学习的方式培养双语师资,这种方式虽然收效显著,但投入较大。各高校可以通过聘请有国外留学经历的人员作双语课程的教师或者通过英语教师协助专业教师加强英语学习以达到双语课程的教学语言要求。

■ 三、对双语课程进行必要的审核

双语课程与普通课程不同,学校、教师和学生的投入都相对较高,教学效果不佳将造成极大浪费,并影响双语教学的进一步开展,因此对准备开设的双语课程进行审核非常必要。教学管理部门在审核双语课程时,至少要考虑以下三个方面。

(1)该双语课程对学生专业发展的作用。实施双语教学需要学生对英语学习有强烈的需求。但是,双语课程的设计必须考虑到学生所学专业长期发展的需要。语言学习是双语教学的副产品,不能因强调语言学习而忽略了专业知识。专业知识的学习必须有助于学生了解和掌握某一领域的世界前沿,同时为他们以后进一步学习打下坚实基础,使他们终身受益。

(2)学校是否具备讲授该课程的合格师资及学生是否有学习该课程的英语语言和专业知识功底。实施双语教学需要师生双方都具备一定的英语语言知识。双语教学不同于语言教学,语言教学的学习可以从零开始,双语教学则不能。在移民国家或者不同文化发生地缘接触的国家,外语学习有良好的环境,师生双方都有双语的生活背景,开展双语教学自然会容易一些。在我国,从整体上看,学校学生英语水平参差不齐,现阶段要全面开展双语教学显然是不现实的。但是,在高校中,在一些英语整体水平较高的班级开展双语教学是可行的。在开展双语教学前不仅要对双语课程对学生专业发展的作用进行分析,还必须对师生的英语水平及专业基础知识进行评估。对没有达到要求的班级不允许开设双语课程,对不具备双语课程教学能力的教师不允许其承担双语课程的教学工作,以防止人力物力资源的浪费。达到标准开设双语教学的班级,教师也要秉承循序渐进的原则,逐步加大英语的使用力度,以真正达到双语教学双重功效的目的。

(3)实施双语教学要受到学科内容的限制。学科性质和内容是实施双语教学的限制条件之一,教学管理部门在双语教学课程设置时要重点考虑。有的学科便于实施双语教学,有的学科则不便实施。一般来说,经济和管理类学科比较适合开展双语教学。如果不考虑学科内容的特征,一味地进行双语教学,就会把双语教学变成纯粹的语言教学,从而影响双语教学的效果。双语教学真正的目的是辅助和促进学科教学,因此,它不能超越学科教学,更不能影响和削弱学科教学目的的实现。

■ 四、双语教学的质量评价必不可少

双语课程的质量评价和最终考核应有别于普通课程。质量评价应关注以下几个方面:

(1)学生对课程核心知识的理解程度。

(2)教学中应用英语的程度。

(3)专题讨论、辩论会和模拟实验等非常规教学方法的应用频率及效果。

(4)课题调研、个案分析和研究报告等新型作业形式的应用频率及效果。

课程考核应从两方面进行:书面考核和口头考核。书面考核考查学生对原版教材中重点内容的理解和掌握程度,口头考核考查学生围绕所学专业知识进行表达或交流的能力。科学的教学质量评价对促进双语教学有重要作用,学校应该根据双语教学的目的和特点制定有针对性的教学质量和课程考核标准,正确引导双语教学。

高校通过自己组织力量进行双语教学的课程设计、教材选编、教学效果评价等工作而建立起的独立组织的双语教育模式在初始阶段一般教学效果不尽理想,这并不能说明该模式本身存在问题,而主要是因为双语师资的培养、双语课程教学方法的探究、双语课程设计的科学性等方面都需要有一个渐进的、逐步完善的过程。随着国内高校这些方面的工作日趋成熟,独立组织的双语教育模式应该成为我国双语人才培养的主力军。该模式培养成本最低,培养模式灵活机动,具有大规模培养的可行性,应该成为我国高校双语教育培养模式的主攻方向。

参 考 文 献

[1] 张梅.当代高校英语教学改革与创新发展研究[M].成都:电子科技大学出版社,2018.

[2] 教育部高等教育司.大学英语课程教学要求[M].上海:上海外语教育出版社,2007.

[3] 姜向军,郑鑫,阮小燕.新视野下的高校英语教学法研究[M].长春:吉林大学出版社,2017.

[4] 罗毅,蔡慧萍.英语课堂教学策略与研究方法[M].武汉:华中科技大学出版社,2011.

[5] 孔丽芳.大学英语课堂教学艺术与应用实践[M].北京:九州出版社,2018.

[6] 何一丹.英语语言研究与高校英语教育探索[M].北京:光明日报出版社,2016.

[7] 黄和斌.外语教学理论与实践[M].南京:译林出版社,2001.

[8] 任梅.新时代大学英语教育教学理论与实践研究[M].成都:四川大学出版社,2018.

[9] 鲁娅辉.大学英语语法教学研究[M].长春:吉林大学出版社,2017.

[10] 朱金燕.大学英语教学改革探索[M].武汉:中国地质大学出版社,2018.

[11] 刘润清.论大学英语教学[M].北京:外语教学与研究出版社,1999.

[12] 唐旻丽,周榕.现代高校英语教学方法的多维研究[M].北京:中国戏剧出版社,2018.

[13] [美]博比特.课程[M].刘幸,译.北京:教育科学出版社,2017.

[14] 金开建.教学理论中角色扮演教学法研究[J].现代商贸工业.2013(05):147-148.

[15] 袁平华.大学英语教学环境中依托式教学研究[J].解放军外国语学院学报,2011,34(01):41-45.

[16] 潘孝泉.基于CBI模式的大学英语自主学习型网络课堂教学[J].内蒙古电大学刊,2012(06):106-107.